사회과학 연구를 위한

회 귀 분 석

이 학 식

집 현 재

서 | 문

본서의 집필 동기

회귀분석은 사회과학 연구를 위해 가장 널리 이용되는 통계분석방법이다. 연구자들이 다른 연구자의 논문을 읽거나 자신의 연구를 위해 회귀분석에 대한 지식을 습득하기 위해서는 회귀분석 관련 서적(e.g., Chatterjee and Hadi 2006; Cohen et al. 2003), 연구방법론의 회귀분석 분야(e.g., Hair et al. 2010; Kelley and Maxwell 2010), 회귀분석 응용관련 서적(e.g., Iacobucci 2008; Jaccard and Tirrisi 2003), 회귀분석 응용관련 논문(e.g., Baron and Kenny 1986; Zhao, Lynch, and Chen 2010), 그리고 회귀분석을 이용한 논문(e.g., Chan and Wan 2012; Latovicka and Sirianni 2011) 등을 이용할 수 있다. 저자 역시 이러한 문헌들로부터 회귀분석에 관한 지식을 습득하였으며, 그 지식을 대학원의 연구방법론 강의를 통해 그리고 논문지도를 하면서 학생들에게 전수해왔다.

예를 들어, 학생들이 회귀분석의 전반적인 내용을 학습하도록 하기 위해서는 Hair et al.(2010)을, 매개효과분석에 관한 개념적 및 절차적 이해를 위해서는 Baron and Kenny(1986)를, 그리고 Baron and Kenny의 방식이 논문에서 어떻게 적용되는지를 이해하도록 하기 위해서는 Latovicka and Sirianni(2011)를 이용하였다. 그러한 과정에서 사회과학 연구에 자주 이용되는 회귀분석 지식이 체계적으로 통합 정리된 문헌에 대한 필요성을 절감하였다. 본서의 집필은 그러한 필요성에 따라 시작되었으며, 본서의 내용은 다년간에 걸쳐 학생들에게 전수한 회귀분석 지식과 아울러 본서의 집필을 위해 입수한 문헌들로부터 추가적으로 습득한 지식을 체계적으로 정리한 것이다.

본서의 독자와 차별적 특징

저자는 회귀분석을 이용하여 학술적 논문을 집필하려는 석박사과정 학생들과 대학의 교수 및 강사들을 대상으로 본서를 집필하였는데, 회귀분석에 관한 기초적 개념과 SPSS 등 통계프로그램의 이용방법을 어느 정도 이해하고 있는 독자들을 대상으로 하였다. 회귀분석은 변수들 간의 인과성 규명을 위해 이용됨을 전제로 하여 1장은 인과성에 관한 내용을 담고 있다. 상관관계분석(편상관 포함)은 회귀분석의 기초가 되므로 2장은 상관관계분석과 회귀분석의 기초적 내용을 다룬다. 3장과 4장은 다중회귀분석을 그 내용으로 하는데, 3장은 보편적인 내용을, 그리고 4장은 계층적 회귀분석, 평균비교를 위한 회귀분석의 적용 등 특수한 내용을 설명한다. 회귀분석을 적용하는 데 요구되는 가정에 관련된 내용은 5장에서 다룬다.

사회과학 중, 경영학의 마케팅 및 인사조직, 심리학, 사회학, 교육학 등 행동과학(behavioral sciences) 분야에서는 변수들 간의 인과관계 조사에서 조절효과(moderating effect)와 매개효과(mediation effect)를 검증하는 경우가 흔하다. 이에 관한 내용은 6, 7, 8장에서 다룬다. 구체적으로 6장에서는 조절회귀분석, 7장에서는 매개모형 분석을 설명하며, 8장은 근래에 점차 많이 이용되는 매개적 조절모형과 조절적 매개모형을 그 내용으로 한다.

본서에서는 각 주제에 맞는 자료를 제시하고 자료분석을 위해 SPSS를 실행하는 절차를 소개하는데, 독자들이 SPSS를 어느 정도 알고 있다는 것을 전제로 하므로 매뉴얼처럼 자세한 설명을 하지 않고 핵심적인 절차들만을 간결하게 제시하였다. 독자들은 본서에 첨부된 자료 CD에 있는 파일을 이용하여 SPSS를 직접 실행해볼 수 있다. 아울러 각각의 분석방법을 이용한 국내외 논문들의 가설과 그 검증을 위한 분석결과를 제시하고 가설에 맞추어 해설하였다. 독자들은 이 부분을 읽음으로써 각 종류의 가설 검증을 위해 회귀분석이 어떻게 사용되는지를 이해할 수 있으며, 보다 깊이 있게 이해하고자 하면 해당 논문을 직접 참고하면 된다. 본 저자는 이 부분이 회귀분석 관련 다른 서적에 비한 가장 차별적인 것으로 생각한다. 다만 저자의 연구 분야가 마케팅과 소비자행동이므로 그와 관련된 논문들에 국한할 수밖에 없었다. 그러나 어떤 학문 분야이든 유사한 형태의 가설을 검증하는 경우 본서의 내용이 도움이 될 수 있다고 확신한다.

감사의 글

모든 학문적 서적이 그렇듯 본서 역시 기존의 연구성과를 토대로 집필되었다. 실상 저자는 본서를 집필하는 과정에서 참고한 서적과 논문들을 보면서 그 서적 혹은 논문들의 저자들에게 여러 차례 존경과 감사의 마음을 가졌다. 본서의 집필 과정에서 직간접적으로 참고한 문헌들, 그리고 그 저자들은 참고문헌에 표기되어 있다. 앞에서 언급한 바와 같이 저자는 본서의 성격과 같은 서적의 필요성을 느끼고 있다가 근년 재직하고 있는 학교로부터 연구비를 지원받고 또한 연구년의 혜택을 받아 원고를 집필할 수 있었다. 이 점에서 저자는 재직하는 학교에 감사의 마음을 갖는다. 또한 표지 뒷면에 있는 바와 같이 마케팅 분야의 대표적인 교수님들이 잠재독자들에게 본서를 추천하는 글을 써주셨다. 저자는 과분한 글로 본서를 추천해주신 교수님들께 깊은 사의를 표한다. 일반 대학 서적과는 달리 본서와 같은 전문서적의 경우 독자들의 수가 제한되어 출판사들은 선뜻 출판하려고 하지 않는 경향이 있다. 이 점에서 저자는 본서의 출판을 흔쾌히 수락하신 집현재의 위호준 사장님과 탁월한 편집능력으로 본서의 완성도를 높여주신 전충영 상무님께 감사의 뜻을 전해드린다. 아울러 까다로운 공식표기를 잘 정리해준 대학원생 박지은 양에게도 감사의 뜻을 전한다.

독자들께 드리는 글

끝으로, 저자는 회귀분석을 이용한 논문을 이해하고 또한 그런 논문을 작성하려는 연구자들의 연구에 본서가 도움이 될 수 있기를 참으로 바라는 마음을 갖습니다. 이는 곧 본서의 집필 목적을 달성하는 것이기 때문입니다. 저자는 본서를 집필하는 데 나름대로 정성을 들였지만 이런 저런 부족한 점이나 오류가 있을 것입니다. 독자들이 그러한 점을 알려준다면 차후 본서를 개정하는 기회가 있을 때 최대한 반영할 것입니다.

2012년 5월

李 學 湜

차 | 례 | 요 | 약

차 | 례

제 1 장 사회과학 연구와 인과성

제 2 장 상관관계분석과 회귀분석

제 3 장 다중회귀분석 I

제 4 장 다중회귀분석 II

제 5 장 회귀분석을 위한 가정

제 7 장 매개모형 분석 – 매개효과 검증을 위한 회귀분석

제 8 장 매개적 조절모형과 조절적 매개모형

제 1 장

사회과학 연구와 인과성

Regression Analysis

1.1 경험론과 합리론-사회과학 연구를 위한 논리경험주의의 토대

지식을 획득하는 방법(methods of acquiring knowledge)으로서 전통적으로 베이컨(Francis Bacon, 1561-1626)을 필두로 한 경험론과 데카르트(Rene Descartes, 1596-1650)를 대표로 하는 합리론이 대립되어 왔다. **경험론**(empiricism)은 경험(experience, 다른 말로 관찰 observation)을 토대로 한 것만을 지식으로 수용할 수 있으며, 그렇지 않은 것은 지식으로 볼 수 없다는 견해이다. 경험론은 **귀납적 추론**(inductive inference)에 의존한다. 이는 세세한 것들을 경험/관찰하여 큰 결론을 도출하는 방식이다(from the particular observations to a general claim). 예를 들어, "Swan A is white. Swan B is white. ……" 이런 식의 관찰이 축적되어 "Every swan is white."라는 결론을 도출하는 것이다. 경험주의의 한계점은 관찰에 의해 결론을 내리려면 세상의 모든 케이스를 조사해야 하는데 이는 불가능하며, 나아가 아무리 축적된 지식이라도 단 하나의 예외에 의해 반증된다는(falsify) 데 있다.[1)]

합리론(rationalism)은 정확한 논리적 추론(correct reasoning)에 의해 지식을 획득할 수 있다는 견해이다. 그리고 논리적 추론으로부터 도출된 지식은 충분히 타당성을 가지며, 나아가 경험/관찰에 의해 획득한 지식보다 더 우수하다고(superior) 본다. 합리론은 **연역적 추론**(deductive inference)에 의존한다. 이는 큰 명제로부터 세세한 결론을 도출하는 방식이다(from the general to the specific). 예를 들어, "All crows are black. This is a crow."로부터 "Therefore, this crow is black."이라는 결론을 도출하는 것이다. 합리론의 한계점은 사람에 따라 나름대로의 논리에 의해 다른 결론을 도출해낼 수 있다는 것이다. 현실적으로 논문에서는 드물지 않게 경쟁 가설들(rival hypotheses)이 제시되는데, 그 각각은 나름대로 논리를 토대로 하고 있다.

사회과학 연구를 위한 주된 과학철학(philosophy of science)인 **논리경험주의**(logical empiricism)는 위의 두 가지를 토대로 하는 것으로 볼 수 있다. 즉, 먼저 이론, 과거의 연구성과(findings) 등으로부터 논리를 토대로 현상에

1) 실제로 호주에서 검은 백조가 발견되었으며, 'black swan'은 경험론의 한계의 예로 자주 사용된다.

대한 예측(prediction)을 이끌어 낸다. 이 예측이 곧 **연구가설**(research hypothesis)로 설정된다. 다음으로 연구자는 그 가설을 경험/관찰에 의해 검증하는데, 서베이, 실험 등에 의해 자료를 수집하고 통계적 분석을 하는 것이 곧 이 과정이다. 요컨대 합리주의에 입각하여 가설을 설정하고 경험주의에 입각하여 가설을 검증하는 것이다.

1.2 인과성의 규명-사회과학 연구의 초점

가설을 설정하고 검증하는 방식의 사회과학분야의 논문에서 가설은 흔히 변수들 간의 **인과성**(causality)으로 표현된다. 다음의 가설들은 각각 다른 논문들에서 인용한 것인데, 모두 인과성의 형태로 기술되어 있다. 여기서 각 가설 번호는 해당 논문에서의 가설 번호이다.

H1: Interorganizational trust between collaborating firms positively affects each firm's resource investment in the coentity.[2)]

H1: The greater the technology newness of the new product, the greater is the review committee's resistance to the product.[3)]

H2: Anticipated regret is a positive function of the predisposition toward maximizing, the ambiguity of social relations, and product overload.[4)]

위의 가설들은 각각 다음의 형태로 기술되어 있다: ① A는 B에 정(+)의 방향으로 영향을 미친다, ② A가 클수록 B가 크다, ③ A는 B의 정(+)의 함

2) Eric (Er) Fang, Robert W. Palmatier, Lisa K. Scheer, and Ning Li, "Trust at Different Organizational Levels," *Journal of Marketing*, 72(2), March 2008, pp. 80-98.

3) Rajesh Sethi, Zafar Iqbal, and Anju Sethi, "Developing New-to-the-Firm Products: The Role of Micropolitical Strategies," *Journal of Marketing*, 76(2), 18, March 2012, pp. 99-115.

4) Mark Heitmann, Donald R. Lehmann, and Andreas Herrmann, "Choice Goal Attainment and Decision and Consumption Satisfaction," *Journal of Marketing Research*, 44, May 2007, pp. 234-250.

수이다. 이처럼 전형적인 가설은 변수들 간의 **인과관계**(causal relationship)로 표현되는데, 대부분의 경우 그 인과관계가 정(+)의 방향인지 혹은 부(−)의 방향인지를 구체적으로 명시한다.

이처럼 가설을 설정하고 검증하는 방식의 논문에서 가장 핵심적인 부분은 바로 가설이다. 이는 가설이 곧 연구자가 그 논문에서 주장하고자 하는 것이기 때문이다. 전형적인 가설은 인과성에 그 초점이 있으므로 인과성에 대한 이해는 사회과학 연구자들에게 있어서 무엇보다 선행되어야 한다.

1.3 인과성의 요건

변수들 간의 인과관계가 존재한다고 하기 위해서는 다음의 세 가지의 요건이 필요하다: 동반발생, 시간적 순서, 다른 가능한 원인의 제거. 이하에서는 이를 각각 설명한다.

1. 동반발생

동반발생(concomitant variation)의 원리는 X가 Y의 원인이라면 X의 변화와 Y의 변화 간에는 연관성이 있다(associated, correlated)는 것이다. 예를 들어, X가 높아지는 경우 언제나 Y가 높아지거나, 혹은 X가 높아지는 경우 언제나 Y가 낮아지는 것을 말한다. 동반발생은 인과관계의 한 가지 필요조건이지 충분조건은 아니다. 그러면 자료분석 결과 동반 관계가 나타나지 않았다면 반드시 인과관계가 없다고 할 수 있는가? 그렇지 않다. 실제로 모집단에서 X가 Y의 원인이더라도 표본추출오류(sampling error), 측정오류(measurement error), 분석방법 오류 등으로 인하여 현실적으로 결과에서는 동반관계가 나타나지 않을 수 있는 것이다. 따라서 분석 결과가 가설을 지지하지 못하더라도 반드시 그 가설이 옳지 않다고 말할 수는 없다. 과학적 연구(scientific research)를 위해 연구자가 엄격한 자료 수집 및 분석방법을 이해해야 하는 것은 바로 이 때문이다. 자료 수집과 분석방법이 보다 엄격할수록 그 결과는 모집단의 특성을 보다 반영하는 것으로 볼 수 있다. 그러나 어떤 경우에도 표본으로부터 측정한 자료의 분석 결과가 모집단의 특성을 완벽하게 반영한다고 볼 수는 없다.

2. 시간적 순서

시간적 순서(sequential ordering)의 원리는 *X*가 *Y*의 원인이라고 하기 위해서는 *X*의 변화가 *Y*의 변화에 선행해야 한다는 것이다. 시간적 순서를 확인하기 위해서는 실험(experiment)을 실시하는 것이 바람직하다. 즉, 원인으로 추정하는 변수에 처치(treatment)를 가하고 그에 따라 결과로 추정하는 변수가 변화하는지를 조사하는 것이다. 그러한 원인변수에 대한 처치에 따라 가설에서 설정한 방향으로 결과변수에 변화가 발생하면 이는 곧 시간적 순서 요건을 충족시킨다. 이에 비해 1회의 서베이에 의해 한 번에 자료를 수집하여 분석하는 횡단적 연구(cross-sectional study)의 경우 시간적 순서의 요건을 갖추는 데는 한계가 있다.

예를 들어, "서비스품질이 높을수록 고객의 만족도는 높아진다"라는 가설을 검증하기 위해 서비스기업 이용 고객들을 대상으로 1회의 서베이를 실시하여 서비스품질과 만족도를 측정하고 각각을 독립 및 종속변수로 하는 회귀분석을 실시한 결과 회귀계수가 정의 방향으로 유의적으로 나왔다면 연구자는 가설이 지지된 것으로 결론 내리게 된다. 그러나 이 경우 실험의 경우에 비해 인관관계가 명확하게 규명되지는 못한다. 왜냐하면 서비스품질이 높기 때문에 고객이 만족한 것이 아니라 다른 이유로 만족하니까(예를 들어, 파격적으로 저렴한 가격) 서비스품질도 높게 평가했을 가능성을 배제할 수 없기 때문이다. 이러한 이유로 서베이에 의해 자료를 수집하는 연구의 경우에는 인과관계의 논거(theoretical reasoning)를 더욱 충실히 할 필요가 있다. 그렇더라도 합리론과 경험론의 측면에서 볼 때 합리론의 요건에는 더욱 충실해질 수 있지만, 경험론의 요건(시간적 순서)에 대한 한계는 사라지지 않는다. 다만 가설이 보다 합리성을 갖추게 됨으로써 경험론의 요건의 취약점을 보완하는 것이다.

3. 다른 가능한 원인의 제거

X가 Y의 원인이라고 결론 내리기 위해서는 Y에 영향을 미칠 수 있는 다른 변수들의 영향력을 통제(제거)한 상태에서 위의 두 가지 요건을 충족시켜야 한다. 실험설계에서 이러한 변수를 외생변수(extraneous variable)라고 하는데, 만약 외생변수들을 통제(control)하지 않은 상태에서 인과관계가 있는 것으로 결론 내리게 되면 그 결론은 내적 타당성(internal validity)을 갖지 못한다. 연구자가 그러한 변수들을 생각해낼 수 있다면 많은 경우 실험설계에서(예를 들어, 무작위 블럭 디자인) 혹은 통계적으로(공변량 처리) 그 영향력을 제거할 수 있다. 그러나 이 요건을 갖추는 것은 실상 용이하지 않을 수 있다. 그 이유는 결과변수에 영향을 미칠 수 있는 모든 변수들을 연구자가 연구과정에서 생각해내지 못할 수 있기 때문이다. 만약 연구자가 자료분석 결과에 의해 논문을 발표한 후 중요한 외생변수가 통제되지 않은 것이 발견된다면 그 연구는 상당한 취약성을 갖게 된다.

1.4 교란변수, 억제변수, 왜곡변수

제3의 변수가 인과관계에 영향력을 미치는 경우 그 영향력의 성격에 따라 교란변수, 억제변수, 왜곡변수로 구분할 수 있다.

1. 교란변수

교란변수(confounding variable)는 변수들 간의 인과관계를 규명하는 데 있어서 이해해야 할 중요한 변수이다. 두 변수 X와 Y의 인과관계를 설정한 모형에 두 변수에 영향을 미치는 Z를 도입하는 경우 두 변수의 관계가 달라지면(대개의 경우, 약해지면) Z는 X와 Y의 관계에 교란변수이다. 예를 들어, '육체적 성장 → 이성에 대한 관심'의 관계에서 나이는 교란변수로 볼 수 있

그림 1.1 교란변수

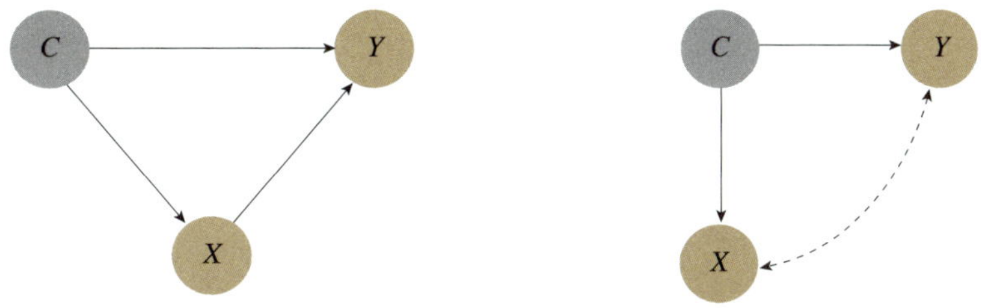

다. 이 경우 나이를 모형에 도입하여 그 영향력을 통제하면 '육체적 성장 → 이성에 대한 관심'의 순수한 관계는 보다 약화될 것으로 기대된다. 보다 구체적으로, '육체적 성장 → 이성에 대한 관심' 관계의 단순회귀분석을 실시한 경우 산출되는 회귀계수는 나이를 독립변수로 추가하여 다중회귀분석을 실시하게 되면 더 작아질 것으로 기대된다.

두 변수 X와 Y의 관계에 제3의 변수가 교란작용을 하는 것을 그림으로 나타내면 [그림 1.1]과 같다.

첫 번째의 경우 X는 Y에 영향을 미치지만 그 관계가 C에 의해 교란된다. 위에서 예를 든 '육체적 성장(X) → 이성에 대한 관심(Y)'의 관계에 나이(C)가 교란변수로 작용하는 것이 이에 해당한다. 두 번째의 경우 X와 Y는 실상 관계가 없지만 C에 의해 관계가 있는 것처럼 나타난다. 예를 들어, 중고생들의 영어 성적(X)과 수학 성적(Y) 간에는 정의 상관관계가 있다. 그러나 실상 두 과목의 성적은 학생들의 지능과 노력 등(C)에 공통적으로 영향을 받은 것이며, 어느 한 과목의 성적이 다른 과목의 성적에 영향을 미친 것은 아니다. 이 경우 지능과 노력 등은 교란변수에 해당한다. 다른 예로, 아버지의 키(C)는 장남의 키(X)와 차남의 키(Y)의 관계에 교란변수로 작용한다. 이 경우 X와 Y 간에 정의 상관관계는 존재하지만 X가 Y의 원인변수는 아니므로 현상을 바르게 설명하기 위해서는 교란변수 Z가 필요하다고 할 수 있다.

교란변수에서 **교란**(confounding)의 의미는 다른 두 변수의 관계에 영향을 주는 것으로 이해해야 하며 부정의 의미로 받아들여서는 안 된다. 오히려 교란변수는 많은 경우 인과관계를 명확히 규명하는 데 중요한 역할을 하는 것으로 이해해야 한다.

그림 1.2 억제변수

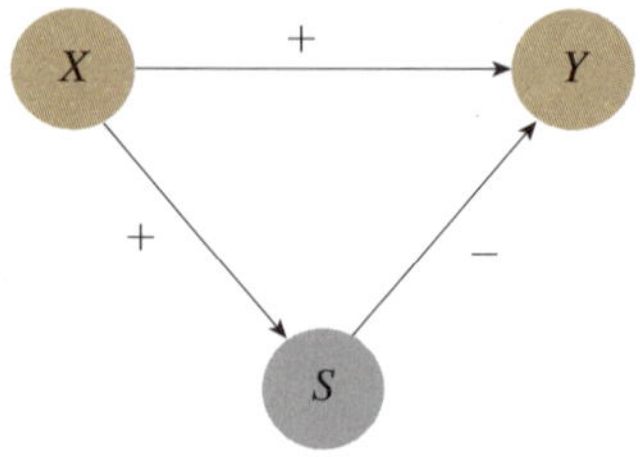

2. 억제변수

두 변수 X와 Y 간의 인과관계를 설정한 모형에 새로운 변수 S를 도입하는 경우 X와 Y의 관계가 이전보다 강해지면 그 새로운 변수 S를 **억제변수**(suppressor variable)라고 한다. 예를 들어, [그림 1.2]처럼 X와 Y의 관계가 正인 모형(e.g., 소득과 소비)에 X와의 관계는 正이지만 Y와의 관계는 負인 변수 S(e.g., 저축)를 도입했을 때 X와 Y의 관계가 이전보다 더 강하게 나타날 수 있으며 이 경우 S는 X와 Y의 관계를 억제하는 변수이다. 즉, 이 모형에 S를 도입하지 않으면 도입한 경우에 비해 X와 Y의 관계는 '억제되어' 더 약하게 나타난다. 이 경우 어떤 변수를 모형에 도입할 것인지는 이론을 토대로 결정해야 한다.

억제변수는 두 변수의 인과관계에 영향을 미치기 때문에 넓은 의미에서 교란변수에 해당한다. 그러나 앞에서 설명한 것처럼 모형에 한 변수가 추가로 도입되는 경우 대체로 이전에 비해 두 변수의 관계가 약화될 때 그 변수를 교란변수라고 하며, 반대로 강화되는 경우 그 변수를 억제변수라고 한다.

3. 왜곡변수

X와 Y의 관계가 새로운 변수 D를 도입함에 따라 그 부호가 반대가 되거나 혹은 원래 X와 Y는 관계가 없었으나 D가 도입됨에 따라 관계가 나타나는 경우 D를 **왜곡변수**(distorter variable)라고 한다. 왜곡변수도 넓은 의미에서 교란변수에 해당한다.

제 2 장

상관관계분석과 회귀분석

2.1 상관관계와 편상관관계

1. 공분산과 상관관계

두 변수 간의 관계를 나타내는 대표적인 값인 **상관관계계수**(correlation coefficient)를 이해하기 위해 그와 관련된 값인 **공분산**(covariance)을 이해할 필요가 있다. 공분산 역시 두 변수 간의 관계를 나타내는 값으로 Y와 X 간의 공분산은 다음의 공식으로 계산될 수 있다.

$$\text{Cov}(Y, X) = \frac{\sum_{i=1}^{n}(y_i - \bar{y})(x_i - \bar{x})}{n-1} \tag{2.1}$$

분산의 값이 정(+)이면 두 변수 간에는 정의 관계, 그리고 부(−)이면 부의 관계가 있다. 공분산 값은 이처럼 두 변수 간의 관계의 방향(direction)을 나타내지만 관계의 강도(strength)는 나타내지 못한다. 이는 그 값이 단위(unit)를 포함하기 때문이다. 예를 들어, 광고비와 매출 간의 공분산을 구하는 경우, 각각을 원단위로 할 때의 공분산과 광고비는 백만 원 단위 그리고 매출은 10억 원 단위로 할 때의 공분산은 다르게 나타난다.

상관관계(correlation)는 공분산의 이러한 한계점을 극복하여 두 변수 간의 관계의 방향과 더불어 관계의 강도를 나타내며, −1~+1의 값을 갖는다. 상관관계는 두 변수의 원자료를 표준화하여(standardize) 공분산을 구한 것이다. 이 경우 원자료의 단위는 반영되지 않는다. 예를 들어, 변수 Y값을 표준화하기 위해서는 다음과 같이 원자료 값에서 평균을 차감한 값을 표준편차로 나누면 된다.

$$z_i = \frac{y_i - \bar{y}}{s_y} \tag{2.2}$$

여기서, $s_y = \sqrt{\frac{\sum_{i=1}^{n}(y_i - \bar{y})^2}{n-1}}$ 로서 변수 Y의 표준편차이다.

따라서 두 변수 Y와 X의 상관관계는 다음과 같이 계산될 수 있다.

$$\mathrm{Cor}(Y, X) = \frac{1}{n-1} \sum_{i=1}^{n} \left(\frac{y_i - \bar{y}}{s_y} \right) \left(\frac{x_i - \bar{x}}{s_x} \right) \tag{2.3}$$

그러므로 상관관계는 '표준화 변수들 간의 공분산'이라고 할 수 있다. 한편 상관관계는 다음과 같이 Y와 X의 공분산을 각각의 표준편차로 나눈 값으로 계산할 수도 있다.

$$\mathrm{Cor}(Y, X) = \frac{\mathrm{Cov}(Y, X)}{s_y s_x} \tag{2.4}$$

상관관계와 관련하여 유의해야 할 한 가지는 $\mathrm{Cor}(Y, X)=0$은 두 변수 간의 관계가 반드시 0이라는 것은 아니며 단지 선형관계가 아니라는 의미이다. 예를 들어, X와 Y의 관계가 [그림 2.1-a]와 같은 경우 그 관계는 곡선관계(curvilinear relationship)를 갖지만 상관관계는 0 혹은 0에 가깝게 나타날 수 있다. 한편, $\mathrm{Cor}(Y, X)$는 소수의 예외값(outliers)에 의해 크게 영향을 받는다. 극단적으로 [그림 2.1-b]와 같이 다수의 값들이 전혀 선형관계를 갖지 않더라도 한 개의 예외값에 의해 두 변수 간의 관계가 선형으로 나타날 수 있다. 그러므로 두 변수의 값들을 도시하는 산포도(scatter plot)를 그려봄으로써 두

그림 2.1 두 변수간의 관계

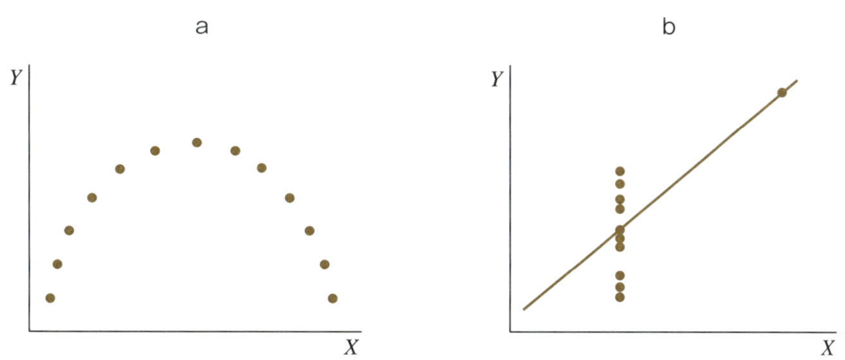

변수의 관계가 실제로 선형관계인지를 점검할 수 있다.

2. 상관관계계수의 유의성 검증과 실제 상관관계

수집한 자료로부터 계산된 표본의 상관계수는 **통계량**(statistic)이므로 **통계적 유의성**(statistical significance)을 검증해야 한다. 표본의 상관관계계수는 r로, 그리고 그에 상응하는 모집단의 상관관계계수는 ρ로 나타낸다. 상관계수의 유의성 검증을 위한 귀무가설과 대립가설은 다음과 같다.

H_0: $\rho=0$
H_1: $\rho\neq0$

위의 가설을 검증하기 위한 검증통계량은 다음과 같다. 이때 검증통계량 t는 $(n-2)$ 자유도의 Student's t 분포를 따른다.

$$t=\frac{r\sqrt{n-2}}{\sqrt{1-r^2}} \tag{2.5}$$

그런데 식 (2.5)에서 볼 수 있듯이 t는 r이 클수록, 그리고 n이 클수록 커지며, 이 경우 p-value는 작아진다. 그러므로 r이 매우 작더라도 n이 크면 분석결과는 유의적으로 나타날 수 있다. 이러한 관점에서 연구자는 통계적 유의성뿐만 아니라 상관관계의 크기 자체에 주의를 기울일 필요가 있다. 상관관계의 크기에 대해 절대적인 기준은 존재하지 않지만 Cohen(1988)은 그 기준을 다음과 같이 제시하였다:[1)]

$r=.10\sim.29$ 상관관계 약함
$r=.30\sim.49$ 상관관계 보통
$r=.50\sim1.0$ 상관관계 강함

---

1) Jacob Cohen, *Statistical Power Analysis for the Behavioral Sciences*, 2nd ed., Hillsdale, NJ: Lawrence Erlbaum Associates, 1988, pp. 79-81.

3. 상관관계계수 차이의 유의성 검증

위에서 설명한 상관관계계수의 통계적 유의성 검증은 한 개의 상관관계 값에 관한 것이다. 두 집단에서 동일한 변수들 간의 상관관계계수를 구한 경우 그 차이($r_1 - r_2$)의 유의성을 검증하기 위한 절차는 다음과 같다. 이 경우 두 집단의 값들은 서로 독립적이며 각 집단의 값들은 정규분포를 따른다는 가정이 필요하다. 또한 각 집단의 케이스는 20 이상이어야 한다.[2)]

H_0: $\rho_1 = \rho_2$

H_1: $\rho_1 \neq \rho_2$

먼저 각각의 r을 **z′ transformation**에 의해 z'으로 변형한다.[3)] z' transformation의 공식은 식 (2.6)과 같다.

$$z' = \frac{1}{2}[\ln(1+r) - \ln(1-r)] \tag{2.6}$$

다음으로 (식 2.7)에 의해 z를 계산한다.

$$z = \frac{z'_1 - z'_2}{\sqrt{1/(n_1-3) + 1/(n_2-3)}} \tag{2.7}$$

예를 들어, 각 집단의 표본크기와 상관관계계수가 다음과 같은 경우, 상관관계계수 차이의 유의성을 검증해본다.

집단 1: $n_1 = 62$, $r_1 = .657$

집단 2: $n_2 = 143$, $r_2 = .430$

먼저 각 집단의 z'을 계산하면 $z'_1 = .7875$, $z'_2 = .4598$이 된다. 다음으로 식

2) Julie Pallant, *SPSS Survival Manual*, 4th ed., McGraw-Hill, 2010, p. 140.

3) 이는 R. A. Fisher가 개발하여 Fisher's z' transformation이라고 하기도 한다.

(2.7)을 이용하여 z를 계산하면 다음과 같다.

$$z = \frac{.7875 - .4598}{\sqrt{1/(62-3) + 1/(143-3)}} = 2.11$$

산출된 $z=2.11$은 $\alpha=.05$, 양측검증 경우의 기준치 $z=1.96$보다 크므로 그 차이는 유의적이라고 결론내릴 수 있다. 참고로, 부록 통계표의 〈표 6〉은 r을 z' transformation한 값들을 나타낸다.

4. 상관관계분석의 예

〈표 2.1〉은 62명의 대학교수들로부터 수집한 자료로서 연봉과 연봉에 영향을 미칠 것으로 추정되는 재직기간, 발표논문 수, 논문 피인용 수, 그리고 성별에 관한 자료이다.

표 2.1 대학교수들의 연봉관련 자료(자료파일명: 연봉)[4)]

case	연봉($)	재직기간(년)	논문 수	피인용 수	성별(남=0, 여=1)
1	51876	3	18	50	1
2	54511	6	3	26	1
3	53425	3	2	50	1
4	61863	8	17	34	0
5	52926	9	11	41	1
6	47034	6	6	37	0
7	66432	16	38	48	0
8	61100	10	48	56	0
9	41934	2	9	19	0
10	47454	5	22	29	0
11	49832	5	30	28	1
12	47047	6	21	31	0
13	39115	7	10	25	1
14	59677	11	27	40	0
15	61458	18	37	61	0

4) 이 자료는 다음의 서적에서 인용하였다: Jacob Cohen, Patricia Cohen, Stephen G. West, and Leona S. Aiken, *Applied Multiple Regression/Correlation Analysis for the Behavioral Sciences*, 3rd ed., Lawrence Erlbaum, 2003.

case	연봉($)	재직기간(년)	논문 수	피인용 수	성별(남=0, 여=1)
16	54528	6	8	32	0
17	60327	9	13	36	1
18	56600	7	6	69	0
19	52542	7	12	47	1
20	50455	3	29	29	1
21	51647	7	29	35	1
22	62895	5	7	35	0
23	53740	7	6	18	0
24	75822	13	69	90	0
25	56596	5	11	60	0
26	55682	8	9	30	1
27	62091	8	20	27	1
28	42162	7	41	35	1
29	52646	2	3	14	1
30	74199	13	27	56	0
31	50729	5	14	50	0
32	70011	3	23	25	0
33	37939	1	1	35	0
34	39652	3	7	1	0
35	68987	9	19	69	0
36	55579	3	11	69	0
37	54671	9	31	27	0
38	57704	3	9	50	0
39	44045	4	12	32	1
40	51122	10	32	33	0
41	47082	1	26	45	0
42	60009	11	12	54	0
43	58632	5	9	47	0
44	38340	1	6	29	0
45	71219	21	39	69	0
46	53712	7	16	47	1
47	54782	5	12	43	1
48	83503	16	50	55	0
49	47212	5	18	33	0

case	연봉($)	재직기간(년)	논문 수	피인용 수	성별(남=0, 여=1)
50	52840	4	16	28	1
51	53650	5	5	42	0
52	50931	11	20	24	0
53	66784	16	50	31	1
54	49751	3	6	27	1
55	74343	4	19	83	1
56	57710	4	11	49	1
57	52676	5	13	14	0
58	41195	6	3	36	1
59	45662	4	8	34	1
60	47606	8	11	70	1
61	44301	3	25	27	1
62	58582	4	4	28	1

이하에서는 연봉과 재직기간 간의 상관관계분석을 실시하는 절차와 그 분석결과를 해석한다.

(1) 산포도 도출

SPSS 실행:

메뉴바의 그래프에서 레거시 대화상자 선택 → 산점도/점도표 클릭 → 단순산점도 default에서 '정의' 클릭 → *Y*축에 '연봉', *X*축에 '재직기간'을 보냄 → 확인.

분석결과 및 해석:

분석에 따라 도출되는 자료의 **산포도**(scatter plot)는 [그림 2.2]에 나타난 바와 같이 자료가 대체로 정(+)의 방향으로 분포되어 있음을 보여준다. 그러므로 선형상관관계 분석을 위한 자료로 적합하다고 할 수 있다. 만약 자료가 곡선관계의 형태로 뚜렷하게 나타난다면 선형상관관계 분석을 하는 것은 부적절하다. 이는 선형상관관계 분석은 자료의 선형 정도를 조사하는 데 목적이 있기 때문이다.

그림 2.2 재직기간과 연봉의 산포도

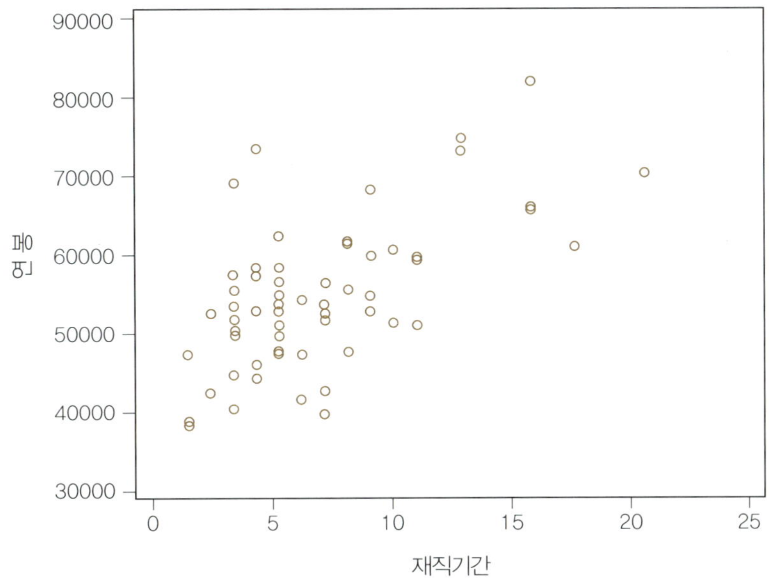

(2) 상관관계분석

SPSS 실행:

상관분석 → 이변량 상관계수 → '재직기간'과 '연봉'을 분석 창으로 보냄 → 상관계수에서 default인 Pearson을 유지함(이는 자료가 비율척도로 측정되었기 때문임) → 옵션에서 '평균과 표준편차' 및 '교차곱 편차와 공분산' 선택 → 계속 및 확인.

분석결과 및 해석:

표 2.2 기술통계량

	평균	표준편차	*N*
재직기간	6.79	4.278	62
연봉	54815.76	9706.023	62

표 2.3 상관계수

		재직기간	연봉
재직기간	Pearson 상관계수	1	.608**
	유의확률(양쪽)		.000
	제곱합 및 교차곱	1116.274	1539644.855
	공분산	18.300	25240.080
연봉	Pearson 상관계수	.608**	1
	유의확률(양쪽)	.000	
	제곱합 및 교차곱	1539644.855	5.747E9
	공분산	25240.080	9.421E7

**. 상관계수는 0.01 수준(양쪽)에서 유의합니다.

분석결과 상관계수는 〈표 2.3〉에 제시된 바와 같이 .608로 유의적으로 나타났다(p=.000). 이 경우 p-value는 다음과 같이 식 (2.5)에 의해 계산된 t값으로부터 산출된 것이다.

$$t = \frac{r\sqrt{n-2}}{\sqrt{1-r^2}} = \frac{.608\sqrt{60}}{\sqrt{1-.608^2}} = 5.93$$

또한 공분산은 25,240.080이며, 재직기간과 연봉의 표준편차는 각각 4.278과 9,706.023이다. 그런데 앞에서 상관관계는 두 변수의 공분산을 각각의 표준편차로 나눈 값임을 설명하였다. 이는 식 (2.4)에 의해 다음과 같이 확인할 수 있다.

$$\text{Cor}(Y, X) = \frac{\text{Cov}(Y, X)}{s_y s_x} = \frac{25,240.08}{(4.278 \times 9,706.023)} = .608$$

추가적으로, 재직기간과 연봉의 분산은 각각 18.300과 9.421E7인데, 각각의 제곱근을 구하면 표준편차 4.278과 9,706.023을 확인할 수 있다.

그림 2.3 편상관관계와 교란변수

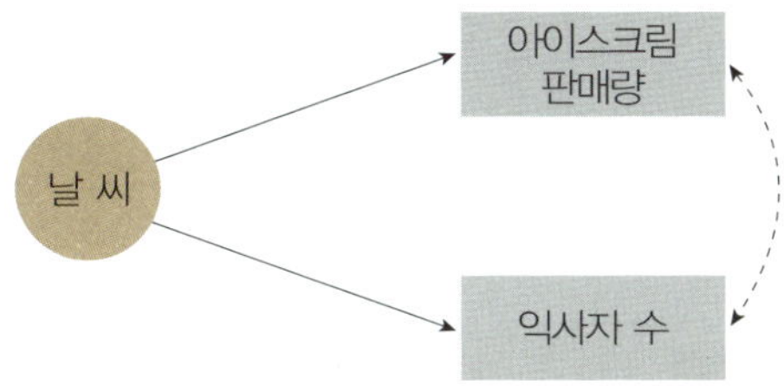

5. 편상관관계분석

두 변수 간의 상관관계를 조사할 때, 그 두 변수가 제3의 변수로부터 공통적으로 영향을 받는다면 두 변수 간의 상관관계는 실제와 다르게 나타날 수 있다. 예를 들어, 여름 90일 동안 아이스크림 판매량과 익사자 수 간의 상관관계를 조사한 결과 정(+)의 상관관계가 나타난 경우를 가정한다. 이 경우 아이스크림 판매량과 익사자 수는 실제로 직접적 상관관계가 없지만 각각 날씨에 영향을 받아 상관관계가 있는 것으로 나타났을 수 있다. 이 경우 **편상관관계분석**(partial correlation analysis)에 의해 제3의 변수인 날씨의 영향을 통제함으로써(즉, 제거함으로써) 두 변수의 보다 순수한 상관관계를 조사할 수 있다. 이때 날씨는 아이스크림 판매량과 익사자 수, 두 변수에 모두 영향을 미쳐 두 변수의 순수한 상관관계를 교란시키는 **교란변수**로 볼 수 있다. 이 경우 편상관관계분석을 실시하면 아이스크림 판매량과 익사자 수의 순수한 상관관계는 비유의적으로 될 것으로 기대된다. 이를 그림으로 나타내면 [그림 2.3]과 같다.

6. 편상관관계분석의 예

이하에서는 앞에서 제시한 대학교수의 연봉과 관련된 자료(자료파일명: 연봉)를 이용하여 재직기간의 영향력을 통제한 상태에서 연봉과 논문 수 간의 편상관관계 분석을 실시하는 절차와 그 분석결과를 해석한다.

SPSS 실행:

상관분석 → 편상관계수 → '연봉'과 '논문 수'를 변수로, '재직기간'을 제어변수로 보냄 → 옵션에서 '0차 상관' → 계속 및 확인.

분석결과 및 해석:

표 2.4 편상관관계 분석결과 (통제변수 – 재직기간)

통제변수			연봉	논문 수	재직기간
지정 않음[a]	연봉	상관	1.000	.506	.608
		유의수준(양측)	.	.000	.000
		df	0	60	60
	논문 수	상관	.506	1.000	.651
		유의수준(양측)	.000	.	.000
		df	60	0	60
	재직기간	상관	.608	.651	1.000
		유의수준(양측)	.000	.000	.
		df	60	60	0
재직기간	연봉	상관	1.000	.184	
		유의수준(양측)	.	.157	
		df	0	59	
	논문 수	상관	.184	1.000	
		유의수준(양측)	.157	.	
		df	59	0	

a. 셀에 0차(Pearson) 상관이 있습니다.

〈표 2.4〉의 상단은 재직기간을 통제변수로 설정하지 않은 상태에서 상관관계를 나타낸다. 이 경우 연봉과 논문 수의 상관관계는 .506, p-value=.000으로 나타났다. 표의 하단은 재직기간을 통제변수로 설정한 상태에서 연봉과 논문 수의 편상관관계를 나타내는데 편상관관계 값은 .184, p-value=.157로 나타났다. 이 결과를 보면 연봉과 논문 수 간의 높은 상관관계는 두 변수가 재직기간으로부터 상당히 영향을 받은 데 기인하는 것으로 해석할 수 있다. 결국 발표논문의 수가 많은 교수들의 연봉이 높은 경향이 있지만, 그들의 높

표 2.5 편상관관계 분석결과 (통제변수 – 논문 수)

통제변수			연봉	논문 수	재직기간
지정 않음[a]	연봉	상관	1.000	.608	.506
		유의수준(양측)	.	.000	.000
		df	0	60	60
	논문 수	상관	.608	1.000	.651
		유의수준(양측)	.000	.	.000
		df	60	0	60
	재직기간	상관	.506	.651	1.000
		유의수준(양측)	.000	.000	.
		df	60	60	0
재직기간	연봉	상관	1.000	.425	
		유의수준(양측)	.	.001	
		df	0	59	
	논문 수	상관	.425	1.000	
		유의수준(양측)	.001	.	
		df	59	0	

a. 셀에 0차(Pearson) 상관이 있습니다.

은 연봉은 논문 수가 많기 때문인 것보다 사실은 재직기간이 길기 때문이라고 할 수 있다. 이 경우 연봉과 논문 수 간의 순수한 상관관계에 재직기간이 **교란변수**(confounding variable)로 작용한 것이라고 할 수 있다.

이를 확인하기 위해 논문 수를 통제변수로 설정하고 연봉과 재직기간 간의 편상관관계 분석을 실시한 결과 <표 2.5>와 같이 나타났다. 이 경우 논문 수를 통제변수로 설정하지 않은 상태에서 연봉과 재직기간의 상관관계는 .608, p-value=.000으로 나타났다. 그리고 논문 수를 통제한 상태에서 두 변수의 편상관관계는 .425, p-value=.001로 나타났다. 이 경우 편상관관계는 상관관계보다 작지만 그 차이는 그리 크지 않다. 이 결과는 연봉과 재직기간이 논문 수에 크게 영향을 받지 않는다는 것을 보여준다. 결국 연봉은 논문 수보다 재직기간에 크게 영향을 받는 것으로 볼 수 있다. 이는 제 3 장에서 다루는 다중회귀분석의 예에서 다시 확인할 수 있다(<표 3.5> 참조).

그림 2.4 논문 수와 연봉 간의 상관관계와 편상관관계

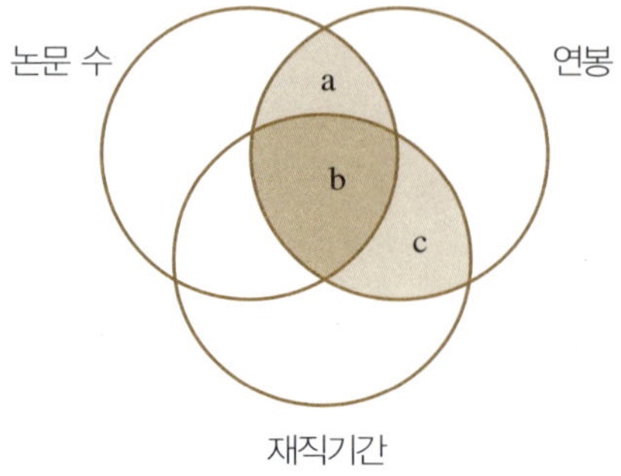

$a = (.184)^2$ – 논문 수와 연봉의 편상관관계의 제곱.
$c = (.425)^2$ – 재직기간과 연봉의 편상관관계의 제곱.
$a + b = (.506)^2$ – 논문 수와 연봉의 상관관계의 제곱.
$b + c = (.608)^2$ – 재직기간과 연봉의 상관관계의 제곱.

위의 예에서 제시된 상관관계와 편상관관계를 [그림 2.4]와 같이 표현할 수 있다.

2.2 회귀분석

1. 회귀분석의 기초

(1) 상관관계와 회귀분석

상관관계는 두 변수의 선형관계의 방향과 강도를 나타내기는 하지만 한 변수(X)의 값으로부터 다른 변수(Y)의 값을 예측할 수는 없다. 이에 비해 **회귀분석**(regression analysis)은 변수들 간의 함수관계(functional relationship)를 분석하므로 분석결과 도출되는 회귀식을 이용하여 한 변수의 값으로부터 다른 변수의 값을 예측하는 것이 가능하다. 더욱이 다중회귀분석을 이용하면 세 변수 이상의 함수관계를 나타낼 수 있다.

회귀분석에 포함되는 변수들은 종속변수와 독립변수로 구분된다. **종속변수**(dependent variable)는 다른 변수(들)에 의해 설명 혹은 예측되는 변수이다. 이때 설명 혹은 예측하는 변수는 **독립변수**(independent variable)이다. 독립변수의 수가 한 개인 회귀모형을 단순회귀모형, 그리고 두 개 이상인 모형을 다중회귀모형이라고 한다. 독립변수는 종속변수를 설명 혹은 예측하므로 설명변수(explanatory variable) 혹은 예측변수(predictor variable)라고 하기도 한다. 이에 대응되는 종속변수의 표현으로는 반응변수(response variable), 기준변수(criterion variable), 결과변수(outcome variable) 등이 있다. 그러나 보편적으로 독립변수와 종속변수라는 표현을 많이 사용하므로 본서는 이를 따른다. 종속변수는 Y, 그리고 독립변수는 X로 표현하며, 독립변수가 k개인 경우 X_1, X_2, … X_k로 나타낸다.

(2) 회귀분석을 위한 자료

척도는 그 척도가 갖는 정보의 양에 따라 명목척도(nominal scale), 서열척도(ordinal scale), 간격척도(interval scale), 비율척도(ratio scale)로 구분된다. 통계분석의 자료(data)는 비계량자료와 계량자료로 분류할 수 있다. **비계량자료**(nonmetric data)는 명목척도와 서열척도로 측정한 자료, 그리고 **계량자료**(metric data)는 간격척도와 비율척도로 측정한 자료를 말한다. 회귀분석은 기본적으로 독립변수와 종속변수를 간격척도 혹은 비율척도로 측정한 계량자료가 분석 대상이다. 예외적으로 독립변수에 명목척도로 측정한 비계량자료가 이용될 수 있다. 그리고 회귀분석의 특수한 변형으로 로지스틱 회귀분석(logistic regression)이 있는데, 이는 종속변수를 명목척도로 측정한 자료를 분석하는 데 사용하는 분석방법이다.

명목척도로 측정한 변수를 독립변수로 하여 분석할 때 그 독립변수의 값을 흔히 0 혹은 1로 설정한다. 예를 들어, 성별을 독립변수로 사용하는 경우 남자를 0, 여자를 1로 하거나 혹은 그 반대로 할 수 있다. 이때의 수치는 크기의 의미가 아닌 단지 범주의 의미만을 가지므로 이러한 변수를 **더미변수**(dummy variable)라고 한다. 더미변수에 관해서는 제 3 장에서 자세히 설명한다. 독립변수(들)가 범주의 의미를 갖는 명목척도인 경우, 흔히 분산분석(analysis of variance)을 이용한다. 그러나 이 경우에도 회귀분석을 실시할 수 있으며 결과는 물론 동일하다. 이에 관한 예는 제4장에서 제시한다.

(3) 단순 선형회귀모형

선형(linear)이라는 말은 독립변수의 한 단위 변화에 따라 종속변수의 변화 정도가 일정하다는(constant) 것을 의미하며, 독립변수와 종속변수의 관계를 그래프로 나타내면 직선(line)으로 나타나게 된다. **단순 선형회귀모형**(simple linear regression model)은 보통 간편하게 **단순회귀모형**이라고 부른다. 단순회귀모형에서 종속변수 Y와 독립변수 X의 실제 관계(true relationship)는 다음의 선형모형으로 표현될 수 있다. 여기서 '실제(true)'라는 말은 표본자료로부터 추정된 관계가 아니라는 것을 의미한다.

$$Y = \beta_0 + \beta_1 X + \varepsilon \qquad (2.8)$$

식 (2.8)에서 β_0와 β_1은 **회귀계수**(regression coefficient) 혹은 **회귀모수**(regression parameter)를 나타낸다. β_1은 **기울기**(slope)로서 X의 한 단위 변화에 따른 Y의 변화량(증가량 혹은 감소량)이다. β_0는 **상수**(constant)로서 회귀선을 그리는 경우 Y축을 지나므로 **Y절편**(intercept)이라고 한다. 이는 $X=0$인 경우 Y의 예측 값이다. 또한 이는 상수이므로 X값이 무엇이든 일정하게 Y에 영향을 미친다. ε는 **오차**(error)를 나타낸다. 오차는 X가 Y를 결정짓지 못하는 부분이다. 회귀모형에서 오차가 필요한 이유는 Y가 X에 의해서만 결정되지 않기 때문이다. 이 점에서 Y는 X의 근사한 선형함수(approximately a linear function)라고 할 수 있다.

예를 들어, 광고비와 매출 간에 (제한된 범위 내에서) 선형관계가 있더라도 매출은 광고비만으로 결정되지는 않는다. 이 경우 광고비 지출이 매출을 결정짓지 못하는 부분이 곧 오차가 된다. 그러므로 매출에 영향을 미치는 가격, 품질, 유통망, 경쟁요인 등 여러 변수들이 독립변수로 추가될수록 오차는 작아질 것으로 예측할 수 있다. 이에 따라 새로운 변수가 추가된 회귀모형이 광고비만을 설명변수로 하는 회귀모형보다 현실(즉, 매출의 변화)을 더 잘 설명한다고 할 수 있다.

오차는 다른 말로 **잔차**(residual)라고도 한다. 선형회귀모형은 독립변수(들)

와 종속변수의 선형관계를 나타내는 것이므로, 이 점에서 오차(혹은 잔차)는 독립변수(들)와 종속변수의 관계에서 비선형 부분(nonlinear portion)이라고 할 수 있다. 본서에서는 이 분야의 다른 서적들처럼 오차와 잔차를 혼용하여 사용한다.

Cor(Y, X)에서 변수 X와 Y의 중요도는 동등하다. 이에 비해 회귀분석에서 보다 중요한 변수는 Y이다. 이는 X의 중요도는 Y에 대한 설명력에 달려있기 때문이다. 다시 말하면, 연구자가 고려하는 변수 X가 Y에 대한 설명력이 클수록 그 X는 더 중요하며, 설명력이 미약하다면 중요하지 않다.

2. 모수 추정

회귀분석에서 모수를 추정(parameter estimation)한다는 것은 X와 Y의 실제 관계를 나타내는 회귀식 '$Y=\beta_0+\beta_1X+\varepsilon$'의 β_0와 β_1을 추정한다는 것을 의미한다. 모수 추정을 위해 기본적으로 사용하는 방법은 최소자승법이다.[5)] **최소자승법**(least squares method)에 의한 회귀식은 주어진 관측치 각각의 x값에 대응하는 '실제의 y값과 회귀식에 의해 추정된 y값 간의 거리, 즉 오차(error)의 제곱(squares)의 합을 최소화(minimize, least)'시켜주는 회귀식이다. [그림 2.5]의 경우 최소자승법에 의해 발견되는 회귀선은 '각 y_i에서 회귀선($\hat{y}_i$)까지의 수직거리, 즉 오차의 제곱의 합'을 최소화시키는 회귀선이다. 오차의 제곱의 합은 SSE(sum of squares due to error)로 나타내며, 따라서 최소자승법에 의해 추정하는 회귀식은 다음의 SSE를 가장 작게 하는 식이다.

$$SSE=\sum_{i=1}^{n}(y_i-\hat{y}_i)^2 \tag{2.9}$$

또한 표본자료에 의해 추정되는 회귀식과 최소자승법에 의해 추정되는 회

5) 최소자승법의 특수한 것으로 가중최소자승법(weighted least squares method; WLS)이 있다. 이에 대비하여 최소자승법을 ordinary least squares(OLS)라고 부르기도 한다. 모수 추정을 위한 그 밖의 방법으로 maximum likelihood method, ridge method, principal components method가 있다. 가중최소자승법은 5.4에서, 그리고 ridge method와 principal components method는 3.7에서 간략히 설명한다. 자세한 내용을 알고자 하면 다음을 참고할 수 있다: Samprit Chatterjee and Ali S. Hadi, *Regression Analysis by Example*, 4th ed., Wiley, 2006.

그림 2.5 최소자승법에 의해 추정되는 회귀식

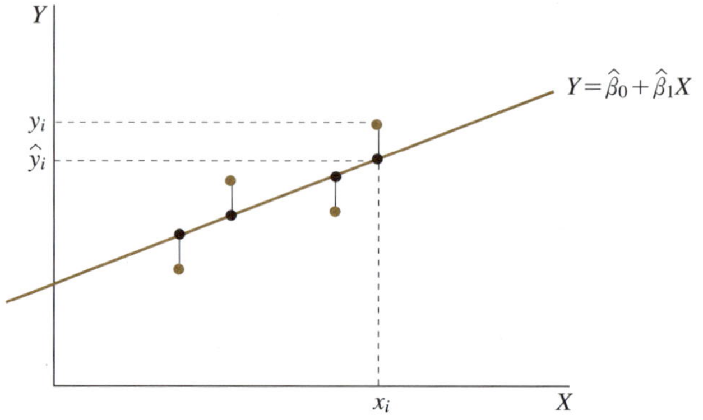

귀계수는 다음과 같다.

$$\hat{Y}=\hat{\beta}_0+\hat{\beta}_1X \tag{2.10}$$

$$\hat{\beta}_1=\frac{SS_{xy}}{SS_x} \tag{2.11}$$

$$\hat{\beta}_0=\bar{Y}+\hat{\beta}_1\bar{X} \tag{2.12}$$

3. 적합도 혹은 설명력

모수를 추정하게 되면 그로부터 회귀모형이 설정된다. 모형이란 현실을 표현하는 것이므로, 도출된 회귀모형이 현실을 얼마나 잘 나타내는가 하는 것은 연구자에게 매우 중요한 관심사이다. 회귀모형의 **적합도(Fit)**는 회귀모형이 현실을 얼마나 잘 나타내는가, 다른 말로 자료에 얼마나 적합한가(the quality of fit of the model to the data)를 의미한다. 이를 설명하기 위해 [그림 2.6]을 이용한다.

이 그림에서 다음과 같은 세 개의 분산값을 생각할 수 있다.

Total SS(total sum of squares; 전체분산) $=\sum(y_i-\bar{y})^2$

SSR(sum of squares due to regression; 회귀식에 의해 설명되는 분산)

$=\sum(\hat{y}_i-\bar{y})^2$

그림 2.6 적합도 혹은 설명력

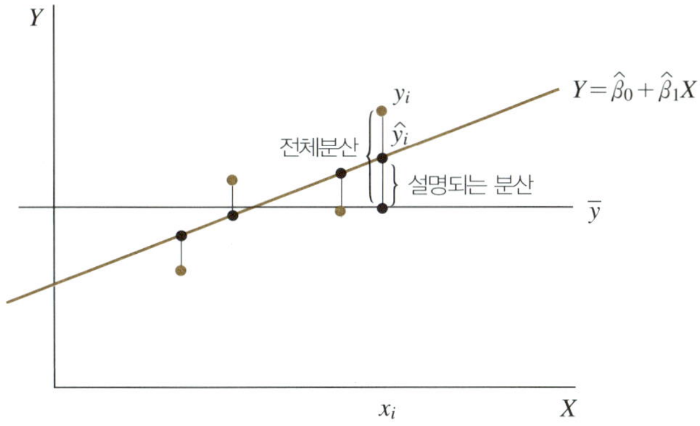

SSE(sum of squares due to error; 오차분산) $=\sum(y_i-\hat{y}_i)^2$

위의 세 분산값들의 관계는 다음과 같다.

$$\text{Total } SS = SSR + SSE \tag{2.13}$$

적합도는 $\dfrac{SSR}{\text{Total } SS}$로서 '종속변수의 전체분산 중에서 회귀식에 의해 설명되는 분산의 비율'로서 R^2로 표현한다. R^2는 0~1의 값을 가지며, 회귀모형이 자료에 높은 적합도를 가질수록 1에 가깝게 나타난다. R^2는 **결정계수**(coefficient of determination)라고 하는데 이는 독립변수 X가 종속변수 Y를 결정하는(determine) 정도를 나타내기 때문이다. R^2가 높을수록 회귀모형은 설명력이 커지며 또한 예측력이 커진다. R^2를 위의 분산값들로 다시 나타내면 다음과 같다.

$$R^2 = \frac{SSR}{\text{Total } SS} = 1 - \frac{SSE}{\text{Total } SS} \tag{2.14}$$

여기서 SSE는 추정오류에 해당하므로 결국 추정오류가 작을수록 R^2는 크다. 추가적으로, R^2는 주어진 자료로부터 구해지는 것이므로 통계량(statistic)이며, F검증으로 그 통계적 유의성(이하, 유의성)을 검증할 수 있다.[6] 이는 제 3

장에서 설명한다.

상관관계계수와 결정계수

앞에서 X와 Y의 상관관계를 설명하였는데 R^2는 다음과 같이 상관관계의 제곱과 같다.

$$R^2 = [\text{Cor}(Y, X)]^2 \tag{2.15}$$

R^2는 또한 다음과 같이 종속변수 Y와 추정치 $\hat{Y}$ 간의 상관관계의 제곱과 같다.

$$R^2 = [\text{Cor}(Y, \hat{Y})]^2 \tag{2.16}$$

4. 회귀계수 추정치의 유의성 검증

(1) 회귀계수 추정치의 표준오차

연구자는 R^2의 유의성 검증과 아울러 회귀모수에 대한 추정치인 $\hat{\beta}_0$와 $\hat{\beta}_1$의 유의성을 검증해야 한다. 이 값들의 유의성 검증을 위해서는 각 통계량의 표본추출분포(sampling distribution)의 표준편차인 **표준오차**(standard error)가 필요하다. $\hat{\beta}_0$와 $\hat{\beta}_1$ 각각의 표준오차는 다음과 같다.

$$\text{s.e.}(\hat{\beta}_0) = \hat{\sigma}\sqrt{\frac{1}{n} + \frac{\bar{x}^2}{\sum(x_i - \bar{x})^2}} \tag{2.17}$$

$$\text{s.e.}(\hat{\beta}_1) = \frac{\hat{\sigma}}{\sqrt{\sum(x_i - \bar{x})^2}} \tag{2.18}$$

여기서 $\hat{\beta}_1$의 표준오차는 회귀선의 기울기가 얼마나 정확히 추정되었는지를 나타내는 측정치로서 그 값이 작을수록 추정의 정확도가 높다. 일반적으로 표본의 크기가 클수록 표본추출오류(sampling error)는 작으며, 이에 따라 표준

6) 통계적 유의성(statistical significance)은 표본추출오류(sampling error)를 반영한 측면에서 표본으로부터 도출된 값에 의미(significance, meaning)를 부여할 수 있다는 것이다. 통계 분석에서 흔히 '유의성'으로 줄여서 표기한다.

오차는 작아진다. 그러므로 $\hat{\beta}_1$도 다른 통계량처럼 표본의 크기가 클수록 추정의 정확도는 높다고 할 수 있다.

〈표 2.6〉은 네 가지 표본 크기(10, 25, 50, 100)의 20개 무작위 표본을 추출하여 각 표본별로 단순회귀분석을 실시하여 회귀계수 $\hat{\beta}_1$을 표로 나타낸 것이다. 표에 나타난 바와 같이 표본의 크기가 10인 경우 회귀계수의 최소값은 2.20, 최대값은 6.06이며, 범위(range)는 3.86이다. 표본의 크기가 25, 50, 100으로 커짐에 따라, 최소값과 최대값의 차이는 점차 작아지며, 그에 따라 범위

표 2.6 표본 크기와 추정회귀계수 $\hat{\beta}_1$의 변화[7)]

표본	표본 크기			
	10	25	50	100
1	2.58	2.52	2.97	3.60
2	2.45	2.81	2.91	3.70
3	2.20	3.73	3.58	3.88
4	6.06	5.64	5.00	4.20
5	2.59	4.00	4.08	3.16
6	5.06	3.08	3.89	3.68
7	4.68	2.66	3.07	2.80
8	6.00	4.12	3.65	4.58
9	3.91	4.05	4.62	3.34
10	3.04	3.04	3.68	3.32
11	3.74	3.45	4.04	3.48
12	5.20	4.19	4.43	3.23
13	5.82	4.68	5.20	3.68
14	2.23	3.77	3.99	4.30
15	5.17	4.88	4.76	4.90
16	3.69	3.09	4.02	3.75
17	3.17	3.14	2.91	3.17
18	2.63	3.55	3.72	3.44
19	3.49	5.02	5.85	4.31
20	4.57	3.61	5.12	4.21
최소값	2.20	2.52	2.91	2.80
최대값	6.06	5.64	5.85	4.90
범위	3.86	3.12	2.94	2.10
표준편차	1.28	.85	.83	.54

7) Joseph F. Hair, Jr., William C. Black, Barry J. Babin, Rolph E. Anderson, and Ronald L. Tatham, *Multivariate Data Analysis*, 6th ed., Pearson, 2006, p. 217.

는 작아진다.

또한 표본의 크기가 커짐에 따라 그 표준편차, 즉 표준오차는 작아지는 것으로 나타나 있다(1.28, .85, .83, .54). 요컨대 〈표 2.6〉은 표본의 크기가 클수록 표본추출오류는 작으며, 추정의 정확도는 높다는 것을 보여준다.

(2) $\hat{\beta}_1$에 대한 유의성 검증

$\hat{\beta}_1$에 대한 유의성 검증을 위한 귀무가설은 다음과 같다.

H_0: $\hat{\beta}_1 = 0$

$\hat{\beta}_1 = 0$의 의미는 기울기가 0으로서 x의 모든 값에서 y는 동일하며 결국 β_1은 유의적이지 않음을 의미한다. 검증결과 귀무가설을 기각하게 되면 연구자는 분석결과가 유의적인 것으로 보고할 수 있다. 그리고 그 회귀식은 Y를 설명 혹은 예측하는 데 유용하게 이용될 수 있다. 이때 검증통계량은 식 (2.19)와 같이 추정 회귀계수를 그 표준오차로 나눈 값이다. 이때 검증통계량 t는 $(n-2)$ 자유도의 Student's t 분포를 따른다. 이 식에 의하면 $\hat{\beta}_1$이 클수록, 그리고 그 표준오차가 작을수록 t는 커지며, 결국 보다 유의적으로 나타남을 알 수 있다. 또한 이 경우 t는 $\hat{\beta}_1$이 그 표준오차의 몇 배인가를 나타낸다.

$$t = \frac{\hat{\beta}_1}{\text{s.e.}(\hat{\beta}_1)} \tag{2.19}$$

위의 귀무가설에 대한 대립가설은 다음의 세 가지 중 한 가지이다: $\beta_1 \neq 0$, $\beta_1 > 0$, $\beta_1 < 0$. 대립가설을 어떻게 설정하는가는 연구자의 견해에 달려 있다. 예를 들어, 광고비와 매출 간의 관계에 대한 검증을 하는 경우, 연구자가 단순히 '광고비는 매출에 영향을 미친다'라고 연구가설을 설정한다면, 이는 **비방향적 가설**(nondirectional hypothesis)로 대립가설은 다음과 같다. 여기서 '비방향적'이라는 말을 쓰는 것은 독립변수가 종속변수에 영향을 미치는 데 있어서 正(positive) 혹은 負(negative)의 방향을 명시하지 않기 때문이다. 이 경우 양측검증(two-tail test)이다.

H_1: $\beta_1 \neq 0$

그러나 '광고비 지출의 증가는 매출의 증가를 가져올 것'으로 연구가설을 설정한다면, 이는 **방향적 가설**(directional hypothesis)로 대립가설은 다음과 같다. 여기서 '방향적'이라는 말을 쓰는 것은 독립변수가 종속변수에 正(positive)의 방향으로 영향을 미친다는 것을 명시하기 때문이다. 이 경우 단측검증(one-tail test)이다.

H_1: $\beta_1 > 0$

혹은 '가격의 인상은 매출의 감소를 가져올 것'으로 연구가설을 설정한다면, 이 또한 방향적 가설로 대립가설은 다음과 같다. 이 경우도 역시 단측검증이다.

H_1: $\beta_1 < 0$

이처럼 방향적 가설은 독립변수가 종속변수에 영향을 미치는 방향(direction)을 명시한다. 그러므로 방향적 가설은 비방향적 가설보다 현실을 보다 구체적으로(specifically) 표현한다. 따라서 가능하다면 자신의 가설을 방향적 가설로 표현하는 것이 바람직하다. 이 경우 방향을 뒷받침하는 논거가 물론 제시되어야 한다. 연구자가 두 변수 간에 인과 혹은 영향 관계의 논거는 제시할 수 있지만 방향에 대한 논거를 제시하지 못하면 비방향적 가설로 설정할 수밖에 없다. 이 경우 임의적으로 방향적 가설로 표현하면 잘못이다.

(3) $\hat{\beta}_1$에 대한 검증과 상관관계 검증의 관계

표본상관관계 r과 기울기의 추정치 $\hat{\beta}_1$과의 관계는 다음과 같다.[8)]

$$r = \hat{\beta}_1 \sqrt{\frac{X\text{의 분산}}{Y\text{의 분산}}} \tag{2.20}$$

8) William Mendenhall and Terry Sincich, *Regression Analysis*, 7th ed., Pearson, 2012, p. 119.

그러므로 $\hat{\beta}_1$이 0이면 r은 0이다. 이를 개념적으로 말하면, $\hat{\beta}_1=0$은 두 변수가 선형관계가 아니라는 말이며, 또한 $r=0$는 두 변수의 선형적 관계가 0이라는 의미이다. 결국 $\hat{\beta}_1=0$는 곧 $r=0$을 의미하는 것이다. 그러므로 H_0: $\beta_1=0$을 검증하는 것은 H_0: $\rho=0$을 검증하는 것과 같은 것이 된다. 따라서 H_0: $\beta_1=0$를 검증하는 식 (2.19)의 $t=\frac{\hat{\beta}_1}{\text{s.e.}(\hat{\beta}_1)}$으로 구해지는 값은 H_0: $\rho=0$을 검증하는 식 (2.5)의 다음의 검증통계량 값과 동일하다.

$$t=\frac{r\sqrt{n-2}}{\sqrt{1-r^2}}$$

(4) $\hat{\beta}_1$에 대한 유의성 검증의 일반화

앞에서 설명한 유의성 검증은 β_1이 0인지를 검증하는 것이다. 그러나 경우에 따라 β_1은 0이 아닌 특정 값일 수도 있으며, 따라서 β_1에 대한 유의성 검증은 다음과 같이 보다 일반화시킬 수 있다.

H_0: $\beta_1=\beta_1^0$
H_1: $\beta_1\neq\beta_1^0$ (혹은 $\beta_1>\beta_1^0$, $\beta_1<\beta_1^0$)

이 경우 유의성 검증을 위한 검증통계량은 다음과 같다.

$$t=\frac{\hat{\beta}_1-\beta_1^0}{\text{s.e.}(\hat{\beta}_1)} \quad (2.21)$$

예를 들어, 한 기업의 광고비와 매출의 관계에서 과거 광고비 지출이 1 증가하는 경우 매출이 100 증가하는 것으로 받아들여졌다고 전제하자. 그런데 최근 경쟁 브랜드의 공격적 마케팅으로 인해 광고비 지출이 1 증가하는 경우 매출 증가가 100보다 작을 것으로 생각한다면 귀무가설과 대립가설을 다음과 같이 설정할 수 있다.

H_0: $\beta_1=100$
H_1: $\beta_1<100$

이때 $\beta_1=100$이므로 검증통계량은 다음과 같이 계산된다.

$$t=\frac{\hat{\beta}_1-100}{\text{s.e.}(\hat{\beta}_1)}$$

(5) $\hat{\beta}_0$에 대한 유의성 검증과 일반화

$\hat{\beta}_0$에 대한 유의성 검증을 위한 귀무가설과 대립가설은 다음과 같다.

H_0: $\beta_0=0$
H_1: $\beta_0\neq0$

$\beta_0=0$은 회귀선이 원점을 통과한다는 것으로 $x=0$이면 $y=0$이다. 이 경우 검증통계량은 다음과 같다.

$$t=\frac{\hat{\beta}_0}{\text{s.e.}(\hat{\beta}_0)} \tag{2.22}$$

$\hat{\beta}_1$의 경우처럼 $\hat{\beta}_0$에 대한 유의성 검증을 일반화하면 귀무가설 및 대립가설, 그리고 검증통계량은 다음과 같다.

H_0: $\beta_0=\beta_0^0$
H_1: $\beta_0\neq\beta_0^0$

$$t=\frac{\hat{\beta}_0-\beta_0^0}{\text{s.e.}(\hat{\beta}_0)} \tag{2.23}$$

5. 회귀계수의 신뢰구간

(1) 신뢰구간

앞에서 설명한 바와 같이 회귀계수 추정치의 유의성 검증은 일반적으로 검증통계량을 이용하여 실시하나, **신뢰구간**(confidence interval)을 이용하면 더 많은 정보를 얻을 수 있다. 신뢰구간의 중심값은 추정치, 그리고 구간의 폭(width)은 추정의 정확도(accuracy)에 관한 정보를 제공한다. 신뢰구간의 폭이 좁을수록 추정의 정확도는 높다. 추정치는 곧 **효과크기**(effect size)이므로, 신뢰구간의 최저값은 효과크기가 얼마나 작을 수 있는지, 그리고 최고값은 얼마나 클 수 있는지를 보여준다. 귀무가설로 설정된 모집단의 값(대개의 경우 0)이 신뢰구간에 포함되지 않으면 귀무가설은 기각되고 검증결과는 유의적이라고 할 수 있다. 회귀계수 β_0와 β_1에 대한 $(1-\alpha)100\%$ 신뢰구간은 다음과 같다. 여기서 s.e.는 각각 $\hat{\beta}_0$과 $\hat{\beta}_1$의 표준오차이다.

$$\hat{\beta}_0 \pm t_{(n-2,\ \alpha/2)} \times \text{s.e.}(\hat{\beta}_0) \tag{2.24}$$

$$\hat{\beta}_1 \pm t_{(n-2,\ \alpha/2)} \times \text{s.e.}(\hat{\beta}_1) \tag{2.25}$$

이 중 β_1에 대한 신뢰구간의 의미는 다음과 같다. 즉, 한 모집단에서 크기 n의 표본을 반복적으로 추출하여 회귀분석을 실시하여 각 표본의 기울기 모수 β_1에 대한 신뢰구간들을 구하면 그 구간들의 95%는 실제의(true) 기울기 β_1을 포함할 것으로 기대된다. 그러나 실제로는 표본을 반복적으로 추출하지 않고 1회 추출하여 회귀분석을 실시한다. 따라서 주어진 표본으로부터 계산된 신뢰구간을 중심으로 해석하면, "실제의 기울기 β_1은 주어진 표본으로부터 구한 구간에 속한다는 것을 95% 신뢰할 수 있다"로 해석할 수 있다.

(2) 유의성 검증과 신뢰구간의 관계

추정 회귀계수의 유의성 검증은 기본적으로 다음의 귀무가설을 검증하는 것이다.

H_0: $\beta_1=0$
H_0: $\beta_0=0$

앞에서 신뢰구간이 0을 포함하지 않으면 검증결과는 유의적이라고 하였다. 표본의 크기가 클수록 표본추출오류는 작으며 따라서 동일한 α에서 신뢰구간은 좁아진다. 이에 따라 신뢰구간이 0을 포함할 가능성은 낮아진다. 이는 표본의 크기가 클수록 **통계적 검증력**(statistical power)이 크며, 검증결과가 유의적으로 나타나는 것과 같은 것이다. 또한 α가 클수록 신뢰구간은 좁으며, 이에 따라 신뢰구간이 0을 포함할 가능성은 낮아진다. 이는 α가 클수록 통계적 검증력이 크며, 검증결과가 유의적인 것과 같은 것이다.

6. 종속변수값의 예측과 신뢰구간

추정 회귀식은 x값이 주어지는 경우 y를 예측하는 데 이용될 수 있다. **예측**(predictions)에는 다음의 두 가지가 있다: (1) x의 특정 값에 대한 y의 예측, (2) x의 특정 값에 대한 y의 평균값 추정, 즉 x의 특정 값에 대해 다수의 y가 존재한다는 것을 전제로 하는 경우 그 y들의 평균값에 대한 추정. 각각의 경우 종속변수값의 예측과 신뢰구간을 구하는 방법은 다음과 같다.

(1) x의 특정 값에 대한 y의 예측과 신뢰구간

이 경우 y의 **예측**(prediction)은 다음과 같이 구한다.

$$\hat{y} = \hat{\beta}_0 + \hat{\beta}_1 x \tag{2.26}$$

이때 $\hat{y}$의 표준오차는 다음과 같다.

$$\text{s.e.}(\hat{y}) = s\sqrt{1 + \frac{1}{n} + \frac{(x-\bar{x})^2}{\sum(x_i-\bar{x})^2}} \tag{2.27}$$

그러므로 예측값의 $(1-\alpha)$ 신뢰구간은 다음과 같다.

$$\hat{y} \pm t_{(n-2,\ \alpha/2)}\,\text{s.e.}(\hat{y}) \tag{2.28}$$

(2) x의 특정 값에 대한 y의 평균값 추정과 신뢰구간

이 경우 y의 평균값(μ) **추정**(estimate)은 다음과 같이 구해진다.

$$\hat{\mu} = \hat{\beta}_0 + \hat{\beta}_1 x \tag{2.29}$$

이때 $\hat{\mu}$의 표준오차는 다음과 같다.

$$\text{s.e.}(\hat{\mu}) = s\sqrt{\frac{1}{n} + \frac{(x-\bar{x})^2}{\sum(x_i-\bar{x})^2}} \tag{2.30}$$

그러므로 평균값 추정치의 $(1-\alpha)$ 신뢰구간은 다음과 같다.

$$\hat{\mu} \pm t_{(n-2,\ \alpha/2)}\,\text{s.e.}(\hat{\mu}) \tag{2.31}$$

y의 예측치와 y의 평균값 추정치는 각각의 식에서 볼 수 있듯이 동일하다. 그러나 $\hat{y}$의 표준오차는 $\hat{\mu}$의 표준오차보다 크다. 이는 y의 특정한 한 값의 예측은 y의 평균치 추정보다 불확실하기 때문이다. 그러므로 y의 예측치의 신뢰구간은 y의 평균값 추정치의 신뢰구간보다 더 크다.

y의 예측과 관련하여 중요한 한 가지 사항은 주어진 자료의 x 범위를 넘어 y를 예측해서는 안 된다는 점이다. 이는 주어진 자료로부터 추정된 선형관계(즉, 회귀모형)가 x의 관측 범위를 넘어서는 적용되지 않을 수 있기 때문이다.

7. 단순회귀분석의 예

이하에서는 상관관계 분석의 예시에서 사용한 62명의 교수들로부터 수집한 연봉과 재직기간의 자료(자료파일명: 연봉)를 이용하여 단순회귀분석을 실시하고 그 분석결과를 해석한다.

SPSS 실행:

회귀분석 창에서 종속변수에 연봉, 독립변수에 재직기간을 입력한다. 추가적으로 통계량에서 추정값, 신뢰구간, 모형적합, 기술통계, 부분상관 및 편상관계수를 선택한다. 계속 및 확인을 누르면 분석결과가 산출된다.

분석결과 및 해석:

표 2.7 상관계수

		연봉	재직기간
Pearson 상관	연봉	1.000	.608
	재직기간	.608	1.000
유의확률(단측)	연봉	.	.000
	재직기간	.000	.
N	연봉	62	62
	재직기간	62	62

〈표 2.7〉에 의하면 독립변수와 종속변수의 상관관계는 .608이며, *p*-value(단측)는 .000으로 매우 유의적이다.

표 2.8 모형 요약

모형	*R*	*R* 제곱	수정된 *R* 제곱	추정값의 표준오차
1	.608	.370	.359	7770.706

〈표 2.8〉에 의하면 $R^2=.370$으로 재직기간은 연봉의 분산 중 37.0%를 설명한다. 또한 R^2는 다음과 같이 Pearson상관의 제곱이다: $.370=(.608)^2$

표 2.9 분산분석

모형		제곱합	자유도	평균제곱	*F*	유의확률
1	회귀모형	2.124E9	1	2.124E9	35.168	.000
	잔차	3.623E9	60	6.038E7		
	합계	5.747E9	61			

예측값: (상수), 재직기간.

〈표 2.9〉 분산분석표의 $F=35.168$은 R^2가 통계적으로 유의적임을 보여준다(p-value$=.000$). 그 밖의 내용들은 제 3 장에서 설명한다.

표 2.10 계 수

모형	비표준화계수		표준화계수	t	유의확률	B에 대한 95.0% 신뢰구간		상관계수		
	B	표준오차	베타			하한값	상한값	0차	편상관	부분상관
(상수)	45450.062	1862.292		24.405	.000	41724.923	49175.200			
재직기간	1379.271	232.581	.608	5.930	.000	914.039	1844.503	.608	.608	.608

- 〈표 2.10〉에 의하면 추정회귀식은 $\hat{Y}=45,450.06+1,379.27X$이다. 여기서 추정회귀계수는 식 (2.11)과 식 (2.12)로부터 다음과 같이 계산됨을 확인할 수 있다. SS_{xy}, SS_x, $\bar{Y}$, $\bar{X}$의 값들은 〈표 2.2〉와 〈표 2.3〉에 나타나 있다.

$$\hat{\beta}_1=\frac{SS_{xy}}{SS_x}=\frac{1,539,644.855}{1,116.274}=1,379.271$$
$$\hat{\beta}_0=\bar{Y}-\hat{\beta}_1\bar{X}=54,815.76-1,379.271\times 6.79=45,450.509$$

- 독립변수 재직기간의 계수는 1,379.27로 나타났으며 유의적이다($t=5.930$, p-value$=.000$). 참고로, 검증 통계량 $t=5.930$은 식 (2.19)에 의해 다음과 같이 계산되며, 2.1의 4. 상관관계분석의 예에서 예시한 상관관계 검증(H_0: $\rho=0$)을 위한 검증 통계량 $t=5.93$과 일치한다.

$$t=\frac{\hat{\beta}_1}{\text{s.e.}(\hat{\beta}_1)}=\frac{1,379.271}{232.581}=5.930$$

- 독립변수 재직기간의 계수의 95% 신뢰구간은 (914.039, 1844.503)이다. 이는 '0'을 포함하지 않으며 위에서 유의적으로 나타난 것과 일치한다. 식 (2.25) $\hat{\beta}_1\pm t_{(n-2,\,\alpha/2)}\times\text{s.e.}(\hat{\beta}_1)$을 이용하면 $(1,379.271\pm 2.0\times 232.581)$로 이 구간이 산출될 수 있다.
- 재직기간의 계수가 유의적이므로, 재직기간이 1년 길수록 연봉은 1,379.271만큼 높을 것으로 예측된다.

– 상수는 45,450.062, t=24.405, p-value는 .000으로 유의적이다.

– 상수의 95% 신뢰구간은 (41,724.923, 49,175.200)이다. 이는 '0'을 포함하지 않으며 위에서 유의적으로 나타난 것과 일치한다. 식 (2.24) $\hat{\beta}_0 \pm t_{(n-2,\,\alpha/2)} \times \text{s.e.}(\hat{\beta}_0)$를 이용하면 (45,450.062±2.0×1,862.292)로 이 구간이 산출될 수 있다.

– 단순회귀분석이므로 0차 상관(zero-order correlation), 편상관(partial correlation), 부분상관(part correlation) 모두 .608로 동일하게 나타났다. 이에 관한 내용은 제 3 장에서 설명한다.

– 단순회귀분석이므로 분산분석표에 있는 R^2의 검증통계량 F는 다음과 같이 독립변수 β_1의 유의성 검증통계량 t의 제곱이다: $F(35.168) = t^2(5.930^2)$. 이는 단순회귀모형의 경우 단지 한 개의 독립변수가 있으므로 그 독립변수의 계수의 유의성을 검증하는 것은 곧 모형의 유의성을 검증하는 것과 같기 때문이다.

– 참고로, 식 (2.20)은 상관관계 r과 기울기 추정치 $\hat{\beta}_1$의 관계를 다음과 같이 제시하였다.

$$r = \hat{\beta}_1 \sqrt{\frac{X\text{의 분산}}{Y\text{의 분산}}}$$

이를 실제 값으로 점검하기 위해 〈표 2.3〉에 제시되어 있는 X와 Y의 분산을 위의 식에 대입하면 다음과 같다.

$$r = \hat{\beta}_1 \sqrt{\frac{X\text{의 분산}}{Y\text{의 분산}}} = 1{,}379.271 \sqrt{\frac{18.300}{9.421\text{E}7}} = .608$$

여기서 산출된 .608은 〈표 2.3〉에 제시된 r=.608과 동일함을 보여준다.

제 3 장

다중회귀분석 I

Regression Analysis

3.1 다중회귀모형의 일반적 형태

독립변수가 두 개 이상인 선형회귀모형을 **다중 선형회귀모형**(multiple linear regression model)이라고 한다. 여기서 '선형'이라는 표현을 붙이는 이유는 독립변수가 두 개 이상이면서 독립변수들과 종속변수의 관계가 비선형일 수 있기 때문이다. 그러나 흔히 독립변수들과 종속변수의 관계가 선형인 경우를 설정하므로 다중 선형회귀모형을 줄여서 **다중회귀모형**(multiple regression model)이라고 한다. 다중회귀모형의 일반적인 형태는 다음과 같다.

$$Y = \beta_0 + \beta_1 X_1 + \beta_2 X_2 + \cdots + \beta_k X_k + \varepsilon \tag{3.1}$$

이 식에서 독립변수들의 결합으로 구성된 우측 부분을 **regression variate**라고 한다. **variate**는 변수들의 선형결합을 의미한다. 또한 k는 독립변수의 수를, β_j는 **부분회귀계수**(partial regression coefficient)를, 그리고 ε는 오차를 나타낸다. 여기서 '부분(partial)'이라는 표현은 각 β_j는 다른 독립변수들의 값이 고정된(fix) 경우 Y에 대한 독립변수 X_j의 공헌도를 나타내기 때문이다. 즉, X_j가 한 단위 변화하는 경우 Y의 변화량을 나타낸다. 흔히 줄여서 **회귀계수**(regression coefficient)라고 하므로 본서도 그에 따른다.

3.2 다중회귀분석의 목적과 논문 예

1. 다중회귀분석의 목적

다중회귀분석(multiple regression analysis)의 목적은 예측과 설명으로 나눌 수 있다. 이 중 **예측**(prediction)은 종속변수 값을 보다 잘 예측하는 regression variate를 발견하여 차후 독립변수 값들로부터 종속변수 값을 예측하는 것이다. 예측을 위한 회귀식의 발견은 변수들 간의 인과성의 규명보다 주로 실무적 적용(practical applications)을 위한 것이다. 예를 들어, 대학 졸업생의 4년간 평균 평점을 종속변수로, 그리고 고교 내신성적과 수능점수를 독립변수로 하는 회귀식을 발견하여 신입생의 4년간 평균 평점을 예측하는 것이다. 예측을 목적으로 회귀분석을 실시하는 경우 연구자는 보다 예측력이 높은 회귀식을 발견하는 데 초점을 둔다. 그러므로 회귀식 전체의 적합도를 나타내는 R^2(혹은 adjusted R^2)의 크기, R^2의 검증통계량 F와 p-value는 매우 중요한 값들이다. 이에 비해 개별 회귀계수에 대한 해석은 주 관심사가 아니다.

회귀식을 이용하여 종속변수 값을 예측하는 경우 두 가지 점을 유의해야 된다. 첫째, 회귀식을 발견하기 위해 사용한 독립변수들의 값의 범위를 넘어서 예측을 해서는 안 된다. 예를 들어, 독립변수 가족규모가 2~4인인 경우 가족규모 1인 혹은 5인에 대해 종속변수값을 예측해서는 안 된다. 이는 가족규모 2~4인의 자료로 산출한 변수들의 관계가 그 범위를 벗어난 가족규모에도 동일하다고 가정할 수 없기 때문이다. 둘째, 예측 시점에서의 변수들의 관계가 회귀모형 도출을 위해 자료를 획득한 때의 관계와 같아야 한다. 예를 들어, 가격 등 몇 개의 변수로 매출을 예측하는 경우, 회귀모형 도출을 위해 자료를 수집한 때보다 경기 침체로 소비자들의 가격 민감도가 높아졌다면, 기존의 모형으로 예측을 하는 데는 한계가 있다. 그러므로 모형 도출을 위한 자료 수집과 예측의 시점 간에 시간적 간격이 길수록 이 점을 고려해야 한다.

회귀분석의 목적이 설명인 경우, **설명**(explanation)은 연구자가 고려하는 개별 독립변수가 다른 독립변수가 통제된 상태에서(즉, 다른 독립변수가 회귀식에 포함된 경우) 종속변수에 어느 방향으로 어느 정도 영향을 미치는가 알고자 하는 것이다.[1] 그러므로 이 목적을 위해 회귀분석을 실시하는 것은 현상에 대한 이해(understanding phenomena)를 위한 것으로 변수들 간의 인과성(causality)을 규명하기 위한 것이라고 할 수 있다. 예를 들어, 대학 졸업생의 평균 평점을 종속변수로, 그리고 고교 내신성적과 수능점수를 독립변수로 하는 회귀분석 결과로부터 수능점수가 동일한 경우 내신성적이 (혹은 그 반대)

1) 단순회귀분석에서 R^2를 설명력이라고 하였는데 그 경우의 설명력은 회귀식 전체에 관한 것인데 비해, 여기서 말하는 설명은 개별 독립변수의 종속변수에 대한 영향력에 관한 것이다.

평점에 미치는 영향을 이해하는 것이다. 설명을 목적으로 회귀분석을 실시하는 경우 개별 회귀계수(혹은 표준화 회귀계수)의 방향(direction), 크기(magnitude), 검증통계량 t와 p-value가 매우 중요하며, 회귀식과 R^2(혹은 adjusted R^2)의 크기는 주 관심사가 아니다.

회귀분석의 목적을 이처럼 두 가지로 구분할 수 있지만 두 가지가 반드시 배타적인 것은 아니며, 연구의 목적에 따라 분석결과로부터 두 가지 모두를 취할 수 있다. 예를 들어, 대학 졸업생의 평균 평점을 종속변수로, 그리고 고교 내신성적과 수능점수를 독립변수로 하는 회귀분석을 실시하여 신입생의 평점을 예측할 수 있으며, 또한 각 독립변수가 (다른 독립변수가 통제된 경우) 평점에 어느 방향으로 어느 정도 영향을 미치는지를 설명할 수 있다.

2. 다중회귀분석을 이용한 논문에서 어떤 값을 보고할 것인가? – 논문 예[2)]

행동과학(behavioral sciences) 분야 연구에서는 여러 변수가 한 변수에 각각 正 혹은 負의 영향을 미치는 것으로 연구가설을 설정하는 경우가 많다. 이 경우 연구가설을 검증하기 위하여 다중회귀분석을 실시하고 분석결과를 회귀계수의 부호와 유의성에 초점을 두고 해석한다. 그리고 논문에 따라 회귀식과 회귀계수의 크기에 의미를 부여하지 않는다. 이를 설명하기 위해 Fang et al.(2008)의 논문을 예로 들어보기로 한다. 연구자들은 H1과 H2를 각각 다음과 같이 설정하였다.

H1: Interorganizational trust between collaborating firms positively affects each firm's resource investment in the coentity.

H2: A collaborating firm's agency trust in its representatives within a coentity

2) 자료원: Eric (Er) Fang, Robert W. Palmatier, Lisa K. Scheer, and Ning Li, "Trust at Different Organizational Levels," *Journal of Marketing*, 72(2), March 2008, pp. 80-98; Joseph Johnson and Gerald J. Tellis, "Drivers of Success for Market Entry into China and India, *Journal of Marketing*, 72(3), May 2008, pp. 1-13; Rajesh Sethi and Zafar Iqbal, "Stage-Gate Controls, Learning Failure, and Adverse Effect on Novel New Products," *Journal of Marketing*, 72(1), January 2008, pp. 118-134; Rajesh Sethi, Zafar Iqbal, and Anju Sethi, "Developing New-to-the-Firm Products: The Role of Micropolitical Strategies," *Journal of Marketing*, 76(2), March 2012, pp. 99-115.

positively affects its resource investment in the coentity.

위의 가설을 검증하기 위해 연구자들은 interorganizational trust와 collaborating firm's agency trust를 독립변수로, 그리고 firm's resource investment in the coentity를 종속변수로 하여 다중회귀분석을 실시하였다. 분석결과 parent firm의 경우, 두 독립변수의 회귀계수는 각각 .16($p<.05$)과 .15($p<.10$)로 나타났다. 이로부터 이 논문은 두 연구가설이 지지된 것으로 보고하였다. 이 논문은 〈Table 3〉과 〈Table 4〉에 회귀분석결과를 요약하고 있는데, 비록 표에는 R^2와 검증통계량 F-value를 제시하지만 분석결과를 해석하는 데는 이를 언급하지 않고 있다. 또한 각 회귀계수의 크기에도 의미를 부여하여 해석하지 않는다.

그러나 위의 논문과는 달리 Sethi and Iqbal(2008)은 〈Table 3〉에 분석결과를 요약하면서 본문에 R^2와 F-value를 기술하고 있다(see 해당논문, pp. 127-128). Sethi, Iqbal, and Sethi(2012)도 〈Table 3〉의 분석결과에 R^2와 F-value를 포함하면서 본문에 그 내용을 기술하고 있다(see p. 108). 또한 Johnson and Tellis(2008)도 〈Table 2〉에 분석결과를 요약하면서 R^2를 본문에 기술하고 있다(see p. 9). 그러나 이 논문들도 회귀계수의 크기에 의미를 부여하여 해석하지는 않는다. 이처럼 논문에 따라 R^2와 검증통계량 F-value를 기술하거나 혹은 하지 않는다. 그러나 이 값들이 연구가설을 검증하는 데 직접 필요하지는 않으나 다중회귀분석 결과에서 기본적으로 중요한 값이므로 논문에 보고함으로써 독자들이 논문을 이해하는 데 도움을 줄 수 있다.

추가적으로, 위의 논문들 중 Fang et al.(2008), Sethi and Iqbal(2008), 그리고 Sethi, Iqbal, and Sethi(2012)는 독립변수들과 종속변수 간의 상관관계 행렬표를 보고하지만 Johnson and Tellis(2008)는 보고하지 않는다. 그러나 다중회귀분석은 상관관계를 기본 토대로 하는 분석방법이다. 그러므로 이 값들이 연구가설의 검증에 직접 필요하지는 않으나 가급적 지면을 할애하여 보고함으로써 독자들이 변수들의 기본적 관계를 이해할 수 있다.

3.3 최소자승법에 의한 모수(회귀계수) 추정과 해석

1. 회귀계수의 추정

다중회귀모형의 모수, 즉 회귀계수를 추정하기 위해서는 단순회귀모형의 경우처럼 **최소자승법**(least squares method) 원리를 적용한다. 다중회귀모형에서 각각의 관측치는 식 (3.2)와 같이 표현되며, 따라서 오차는 식 (3.3)과 같이 표현될 수 있다.

$$y_i = \beta_0 + \beta_1 x_{i1} + \cdots + \beta_k x_{ik} + \varepsilon_i, \quad i = 1,\ 2,\ \cdots,\ n \tag{3.2}$$

$$\varepsilon_i = y_i - \beta_0 - \beta_1 x_{i1} - \cdots - \beta_k x_{ik}, \quad i = 1,\ 2,\ \cdots,\ n \tag{3.3}$$

그러므로 오차의 제곱의 합은 식 (3.4)와 같이 표현될 수 있다.

$$\sum \varepsilon_i^2 = (y_i - \beta_0 - \beta_1 x_{i1} - \cdots - \beta_k x_{ik})^2 \tag{3.4}$$

결국 최소자승법에 의한 다중회귀식은 주어진 자료를 이용하여 $\sum \varepsilon_i^2$를 최소화하는 β_j로부터 구해진다. 회귀분석을 위한 모든 통계 프로그램은 원자료로부터 모수를 추정하며 (추정) 회귀식은 다음과 같이 표현된다. 연구자는 프로그램을 실행하여 산출되는 분석결과에서 곧 바로 회귀식을 구할 수 있다.

$$\hat{Y} = \hat{\beta}_0 + \hat{\beta}_1 X_1 + \hat{\beta}_2 X_2 + \cdots + \hat{\beta}_k X_k \tag{3.5}$$

2. 회귀계수의 해석

식 (3.5)에서 $\hat{\beta}_0$는 상수로서 $X_1 = X_2 = \cdots = X_k = 0$인 경우 Y의 값이다. $\hat{\beta}_j$는 다른 독립변수들이 일정할 때 X_j의 한 단위 변화에 따른 Y의 변화량(증가량 혹은 감소량)이다. 일반적으로 다중회귀식의 각 독립변수들의 회귀계수는 각 독립변수별로 단순회귀분석을 실행하는 경우 산출되는 회귀계수와 다르다. 이는 그 독립변수들 간의 상관관계(공선성) 때문이다. 특별히 실험에 의한 자료이거나 요인분석 결과(직각회전) 산출되는 요인점수를 독립변수로 하지 않는, 즉 자연 상태에서 획득한 자료의 경우 독립변수들 간의 상관관계가 완전히 0으로 나타나는 경우는 존재하지 않는다고 할 수 있다. 다중회귀분석 결과를 해석하는 연구자는 이 점에 유의할 필요가 있다.

3.4 다중상관계수와 결정계수

제 2 장에서 Y와 X의 상관관계를 $\text{Cor}(Y, X)$로 표기하였다. **다중상관계수**(multiple correlation coefficient)는 다중회귀모형에 포함되는 Y와 'X_1, X_2, $\cdots$, X_k의 집합(set)' 간의 선형관계로서 Y와 $\hat{Y}$의 산점도를 보면 그 선형관계의 정도를 시각적으로 평가할 수 있다. 종속변수 y의 값을 중심으로 다중상관계수는 다음과 같이 계산될 수 있다.

$$\text{Cor}(Y, \hat{Y}) = \frac{\sum(y_i - \bar{y})\sum(\hat{y}_i - \bar{\hat{y}})}{\sqrt{\sum(y_i - \bar{y})^2 \sum(\hat{y}_i - \bar{\hat{y}})^2}} \qquad (3.6)$$

여기서 $\bar{y}$는 종속변수 Y의 평균, 그리고 $\bar{\hat{y}}$는 회귀모형에 의한 종속변수 추정치의 평균을 나타낸다.

또한 제 2 장에서는 회귀모형의 **적합도**(fit)를 나타내는 **결정계수**(coefficient of determination) R^2를 다음과 같이 설명하였다.

$$R^2 = \frac{SSR}{\text{Total } SS} = 1 - \frac{SSE}{\text{Total } SS} = 1 - \frac{\sum(y_i - \hat{y}_i)^2}{\sum(y_i - \bar{y})^2} \qquad (3.7)$$

다중회귀모형에서 R^2는 종속변수 Y의 전체분산(total variability) 중 독립변수들, 'X_1, X_2, $\cdots$, X_k의 집합' 다른 말로 regression variate에 의해 설명되는

비율이라고 해석할 수 있다. 다중상관계수는 다중회귀모형의 결정계수 R^2의 제곱근 값이며 R로 표기한다. 그러므로 다중상관계수와 결정계수의 관계는 다음과 같다.

$$R = \sqrt{R^2} \tag{3.8}$$

회귀모형이 자료에 적합할수록 (즉, 설명력이 높을수록) R^2는 높게 나타난다. 또한 이 경우 실제값 y와 추정치 $\hat{y}$는 가까워지며, 이에 따라 $\Sigma(y_i - \hat{y}_i)$는 작아진다. 또한 이 경우 종속변수와 독립변수들 간의 선형관계가 크다.

R^2의 한계점[3)]

표본으로부터 계산된 R^2는 모집단의 결정계수에 해당하는 ρ^2의 불편추정치(unbiased estimate)가 아니다. 이를 설명하기 위해 독립변수(들)가 종속변수 분산의 설명력을 전혀 갖지 않는($\rho^2=0$) 모집단을 예로 들기로 한다. 이 모집단에서 표본을 추출하는 경우, 표본추출 오류로 인하여 R^2가 0인 경우는 극히 드물 것이며, 대부분의 경우 0보다 크게 나타난다. 특히 표본의 크기가 작을수록 R^2는 0보다 크게 나타날 수 있다. 또한 독립변수의 수가 많을수록 표본추출 오류는 커지며, 따라서 R^2는 실제 모집단의 $\rho^2(0)$보다 클 가능성이 높다. 다음의 adjusted R^2는 R^2의 이러한 한계점을 해결해준다.

Adjusted R^2

Adjusted R^2는 R^2를 독립변수의 수와 표본의 크기로써 조정한 것으로 다음과 같이 계산된다.

$$R^2_{\text{adj}} = \frac{SSE/(n-k-1)}{\text{Total } SS/(n-1)} \tag{3.9}$$

또한, $R^2 = 1 - \dfrac{SSE}{\text{Total } SS}$이므로 R^2_{adj}는 다음과 같이 표기될 수 있다.

3) Jacob Cohen, Patricia Cohen, Stephen G. West, and Leona S. Aiken, *Applied Multiple Regression/Correlation Analysis for the Behavioral Sciences*, 3rd ed., Lawrence Erlbaum, 2003, p. 83.

$$R^2_{\text{adj}} = 1 - \frac{n-1}{n-k-1}(1-R^2) \tag{3.10}$$

식에서 알 수 있듯이 R^2_{adj}는 R^2보다 반드시 작다. 그런데 그 작은 정도(shrinkage)는 R^2가 작을수록 크며, 또한 '표본크기에 비한 독립변수의 수의 비율(k/n)'이 클수록 더 크다.

회귀모형에서 독립변수가 추가되면 R^2는 반드시 커진다. 다시 말하면, 기존의 회귀모형에 새로운 독립변수를 추가하여 회귀모형을 구하면 그 독립변수가 실제로 종속변수에 대한 설명력이 전혀 없는 변수라 하더라도 R^2는 커진다. 이 경우 보다 많은 독립변수로 구성된 모형이 설명력은 조금 높더라도 그 가치는 낮다(principle of parsimony). 이와는 달리 회귀모형에 설명력이 미약한 독립변수가 추가되면 adjusted R^2는 작아질 수 있다.

따라서 adjusted R^2는 독립변수의 수가 다르거나 표본의 크기가 다른 (혹은 두 가지 모두 다른) 회귀모형을 비교하는 데 유용하다. 예를 들어, 같은 데이터셋을 이용한 두 개의 모형이 있다고 하자. 모형 A는 세 개의 독립변수로 구성되고 모형 B는 그 세 개에 다른 한 개의 변수가 추가되어 네 개의 독립변수로 구성되어 있다. 이 경우 모형 A의 adjusted R^2가 모형 B의 adjusted R^2보다 크면 모형 A가 더 우수한 모형이라고 할 수 있다. 이처럼 adjusted R^2는 같은 데이터셋을 이용한 모형들을 비교하는 데 사용될 뿐만 아니라 다른 데이터셋을 이용한 모형들을 비교하는 데도 유용하다. 이는 adjusted R^2가 표본의 크기까지도 반영하기 때문이다.[4)] Adjusted R^2는 R^2와는 달리 Y의 분산 중 독립변수들에 의해 설명되는 비율로 해석할 수 없다.

4) Joseph F. Hair, Jr., William C. Black, Barry J. Babin, Rolph E. Anderson, and Ronald L. Tatham, *Multivariate Data Analysis*, 6th ed., Pearson, 2006, p. 234.

3.5 회귀모형의 검증

회귀모형을 검증하는 것으로는 두 가지가 있다. 한 가지는 모든 독립변수가 종속변수에 대한 설명력이 없다는 것을 검증하는 것이며, 다른 한 가지는 일부의 독립변수가 (다른 독립변수들이 회귀모형에 포함될 때) 설명력이 없다는 것을 검증하는 것이다. 이 중 첫 번째의 검증은 다중회귀분석 결과에서 반드시 실시하는 것으로 이하에서는 이를 설명한다. 두 번째의 검증은 제 4 장에서 설명한다.

1. 모든 회귀계수가 '0'임을 검증

모든 회귀계수가 0이라는 것은 그 회귀모형 내의 어떤 독립변수도 종속변수에 대한 설명력을 갖지 못한다($\rho^2=0$)는 것을 의미한다. 다시 말하면 그 회귀모형은 데이터를 전혀 반영하지 못한다는 것을 말한다. 이 경우 귀무가설 및 대립가설은 다음과 같다.

H_0: $\beta_1=\beta_2=\cdots=\beta_k=0$
H_1: 위의 β들 중 최소한 한 개의 β_k는 0이 아니다.

위의 귀무가설은 추정 회귀모형의 설명력이 0이라는 것과 같으므로 H_0: $\rho^2=0$와 같은 의미이다. 이 경우 F-검증을 하며 F값은 〈표 3.1〉과 같은 분산분석표(ANOVA table)에서 구해진다. 분산분석표의 SSR과 SSE는 2.2에서 설명한 바와 같으며, 각각을 자유도(d.f.)로 나눈 MSR과 MSE는 각각 'mean square due to regression'과 'mean square due to error'를 의미한다. 또한 이 경우 F는 $(k,\ n-k-1)$의 자유도를 갖는다. MSE는 오차값들(ε_i)의 분산의 추정치(s^2)이다. 이 값이 클수록 회귀계수의 추정에 오류(error)가 크며, 또한 특정 x값에 대한 y의 예측에 오류가 크다. 따라서 모형의 적합도는 낮다.

회귀분석을 위한 모든 통계 패키지는 분산분석표를 산출하며, F값과 아울

표 3.1 분산분석표

모형	제곱합(SS)	자유도	평균제곱(MS)	F
회귀모형(Regression)	SSR	k	MSR	MSR/MSE
잔차(Error)	SSE	$n-k-1$	MSE	
합계(Total)	Total SS	$n-1$		

러 p-value를 보고한다. 분산분석표의 일반적 형태는 〈표 3.1〉과 같으며 이와 관련된 내용은 3.11의 예제에서 자세히 설명한다.

〈표 3.1〉에서 회귀모형의 자유도는 독립변수의 수, 잔차의 자유도는 '관측치의 수－독립변수의 수－1,' 그리고 합계의 자유도는 '관측치의 수－1'이다. 회귀모형과 잔차, 각각의 제곱합(sum of squares; SS)을 해당 자유도로 나누면 평균제곱(mean square; MS)이 산출되고 그 비율이 F이다. 유의확률(p-value)은 F와 자유도(k, $n-k-1$)로부터 도출된다. 분석결과가 유의적이면 그 회귀모형은 유용하다고 결론내릴 수 있다.

2. 어느 정도 크기의 R^2에 의미를 부여할 수 있는가?

위에서 서술한 모든 회귀계수가 0임을 검증하는 것은 결국 R^2에 대응된 ρ^2에 대한 검증이다(H_0: $\rho^2=0$). 그런데 모든 통계적 검증에서 그렇듯이, 표본의 크기가 클수록 표본추출오류(sampling error)는 작으며, 따라서 검증 결과는 통계적으로 보다 유의적으로 나타난다. 예를 들어, R^2가 .05보다 작더라도 표본의 크기가 매우 크면 통계적으로 유의적으로 나타날 수 있다. 이 경우 연구자가 생각해야 할 점은 과연 그러한 회귀모형이 실제적으로(practically) 유용성을 갖는가 하는 것이다. 다시 말하면, 그 회귀식의 variate가 종속변수 분산의 5%도 설명을 하지 못하는데 그 회귀식을 종속변수의 예측을 위해 사용할 수 있는가 하는 것이다. 그러면 R^2가 어느 정도의 크기일 때 실제적으로 그 모형이 유용성을 갖는다고 할 수 있는가? 이에 대해 Cohen et al.(1993)은 **효과크기**(effect size) 측면에서 볼 때 .02, .13, .26을 각각 small, medium, large 값으로 제안하였다.[5)]

5) Cohen et al., *op. cit.*, p. 93.

3.6 개별 회귀계수의 검증

3.5는 회귀모형에 포함된 모든 회귀계수의 유의성을 동시에 검증하는 것인 데 비해, 이하에서는 개별 회귀계수의 유의성을 검증하는 것을 설명한다.

1. β_j에 대한 유의성 검증

β_j에 대한 검증을 위한 귀무가설 및 대립가설의 일반적 표현은 다음과 같다. 대립가설은 2.2에서 설명한 바와 같이 단측으로 설정할 수 있으나 여기서는 양측의 경우만 제시한다.

H_0: $\beta_j = \beta_j^0$
H_1: $\beta_j \neq \beta_j^0$

유의성 검증을 위한 검증통계량은 다음과 같으며, 검증통계량 t는 $(n-k-1)$ 자유도의 Student's t 분포를 따른다.

$$t_j = \frac{\hat{\beta}_j - \beta_j^0}{\text{s.e.}(\hat{\beta}_j)} \tag{3.11}$$

2. $\beta_j = 0$인 경우

앞에서와 같이 β_j를 특정 값으로 검증할 수 있으나 흔히 다음과 같이 0으로 설정한다.

H_0: $\beta_j = 0$
H_1: $\beta_j \neq 0$

이 경우 유의성 검증을 위한 검증통계량은 다음과 같다.

$$t_j = \frac{\hat{\beta}_j}{\text{s.e.}(\hat{\beta}_j)} \tag{3.12}$$

추가적으로, β_j에 대한 $(1-\alpha)100\%$ 신뢰구간은 다음과 같다.

$$\hat{\beta}_j \pm t_{(n-k-1,\ \alpha/2)} \times \text{s.e.}(\hat{\beta}_j) \tag{3.13}$$

3. 양측 혹은 단측검증과 논문 예

대부분의 통계프로그램(SPSS, SAS 등)은 회귀계수의 유의성을 보고할 때 default로 **양측검증**의 *p*-value를 산출한다. 그런데 연구가설이 방향적 가설인 경우 **단측검증**을 실시하는 것이 적절하다. 그리고 프로그램이 양측검증의 *p*-value를 산출한다면 정확한 *p*-value는 그 *p*-value의 1/2이다. 예를 들어, 프로그램이 *p*-value를 .06으로 산출한 경우 단측검증을 적용하면 *p*-value는 .03이므로 α=.05에서 유의적인 것으로 결론내릴 수 있다. 이러한 방식으로 분석결과를 보고한 두 개의 논문을 소개한다.

(1) **Rajesh Sethi and Zafar Iqbal, "Stage-Gate Controls, Learning Failure, and Adverse Effect on Novel New Products,"** ***Journal of Marketing*****, 72(1), January 2008, pp. 118-134.**

이 논문은 H2와 H3를 다음과 같이 방향적 가설로 설정하고 다중회귀분석을 실시하였다.

H2: The more objective the gate review criteria, the greater is the inflexibility of the new product development project.

H3: The more frequent the evaluation of the project at gates, the greater is the inflexibility of the new product development project.

이 논문은 다중회귀분석 결과의 핵심 내용을 해당 논문의 〈Table 3〉에 제시하고 있는데, 산출된 회귀계수의 유의성을 단측검증으로 보고하고 있다. 구체적인 예를 보면, H2 검증과 관련된 계수=.20, *t*-value=1.72** 의 경우

'significant at $p<.05$, one-tail test'로 보고하였다. 또한 H3 검증과 관련된 계수=.10, t-value=1.40*의 경우 'significant at $p<.10$, one-tail test'로 보고하였다. 이에 따라 연구자들은 위의 가설들이 지지되는 것으로 기술하고 있다. 이 경우 만약 통계프로그램이 산출한 양측검증의 p-value를 그대로 적용하면, 각각 'significant at $p<.10$,' 그리고 'insignificant'가 된다.

(2) **김장현, 이학식, "광고 노출 시 태도 및 태도자신감 형성 과정에서 사고 자신감의 역할,"** ***경영학연구*****, 2011. 12, pp. 1417-1454.**

이 논문의 가설 1은 다음과 같이 방향적 가설로 설정하고 회귀분석을 실시하였다.

H1: 정교화 가능성이 높을수록 사고 자신감이 높다.

이 논문은 자료분석 결과 회귀계수가 .07(표준화계수 .11)로 나타났으며 통계적으로 유의적인 것으로 보고하고 있다($t=1.71$, $p<.05$, 단측검증). 따라서 가설 1은 지지되었다. 이 경우 $t=1.71$이므로 양측검증을 실시하면 비유의적이 된다($p>.05$). 이처럼 방향적 가설의 경우 단측검증을 실시하면 양측검증을 실시하는 것보다 연구가설이 지지될 가능성이 더 높다.

3.7 다중공선성

1. 다중공선성의 의미

앞에서 회귀모형에 독립변수가 추가될수록 모형의 설명력은 커진다고 하였다. 그런데 새로운 독립변수가 설명력을 증가시키는 정도는 그 독립변수와 종속변수 간의 상관관계뿐만 아니라 그 독립변수와 기존 독립변수(들)와의 상관관계에 따라서도 달라진다. 즉, 새로운 독립변수가 종속변수와의 상관관계가 높더라도 기존의 독립변수(들)와의 상관관계가 또한 높으면 설명력을 증가시키는 정도는 작다. 이처럼 독립변수들 간의 상관관계를 **공선성**(collinearity)이라고 하는데, 특히 세 개 이상의 독립변수들 간의 상관관계를 **다중공선성**(multi-collinearity)이라고 한다. 공선선의 극단적인 경우로 **singularity**가 있다. 이는 두 개 이상 변수들의 상관관계가 1(혹은 −1)이거나 한 독립변수의 값이 다른 독립변수들 값의 결합값인 경우에 의해 발생한다. singularity가 있으면 일부 변수는 분석에서 제외되어 회귀계수가 추정되지 않는다.

독립변수의 다중공선성이 높을수록 그 독립변수가 종속변수의 분산을 설명하는 정도는 낮아진다. 그러므로 제한된 수의 독립변수들로 종속변수에 대한 설명력을 극대화시키기 위해서는 종속변수와 상관관계가 높으면서 다른 독립변수들과의 다중공선성이 낮은 변수들로 회귀모형을 구성해야 된다.

2. 다중공선성의 확인

다중공선성을 확인하는 간단한 방법은 독립변수들 간의 상관관계행렬표를 점검하는 것이다. 독립변수들 간의 높은 상관관계는 다중공선성의 첫 번째 지표가 된다. 그런데 두 변수 간의 상관관계가 높지 않다고 하여 다중공선성이 없는 것은 아니다. 한 독립변수가 다른 두 개 이상의 독립변수들과의 개별적인 상관관계는 낮지만 그 독립변수들의 결합과는 높은 상관관계를 가질 수 있기 때문이다. 따라서 상관관계행렬표만으로 공선성을 확인하는 것은 한계가 있으며, 공차한계 혹은 분산팽창요인을 볼 필요가 있다.

공차한계(tolerance)는 한 독립변수의 분산(variability) 중 다른 모든 독립변수들에 의해 설명되지 않는 정도를 가리킨다. 변수 i의 공차한계(TOL_i)는 $1-R_i^2$로 표시되는데, 여기서 R_i^2는 독립변수 i가 다른 독립변수들에 의해서 설명되는 정도를 의미한다. 즉, 독립변수 i를 종속변수로, 그리고 다른 독립변수들을 독립변수로 하여 회귀분석을 실시한 경우의 R^2에 해당한다. 예를 들어, 한 독립변수의 R_i^2가 .7이면 공차한계는 .3이다. R_i^2가 클수록 그 독립변수가 다른 독립변수들에 의해 설명되는 정도가 크다. 그러므로 $1-R_i^2$, 즉 공차한계는 작을수록 다중공선성이 높다. **분산팽창요인**(variance inflation factor;

VIF)은 공차한계의 역수값으로($VIF_i = 1/TOL_i$), 위의 예의 경우 VIF는 3.3 (1÷.3=3.3)이다. VIF는 공차한계의 역수값이므로 그 값이 클수록 공선성이 높다.

공차한계의 최대값은 1(한 독립변수가 다른 독립변수들에 의해 설명되는 정도=0)이며, 최소값은 0이다. 공선성을 낮추기 위해서는 상관관계가 높은 독립변수들 중에서 한 변수를 제거하고 회귀모형을 구성하거나, SPSS 등 프로그램을 이용하여 회귀모형을 구할 때 독립변수 입력방식을 단계선택(stepwise) 방식으로 설정하여 설명력이 높은 독립변수만을 회귀모형에 삽입시키는 방법을 이용할 수 있다.

3. 다중공선성의 영향

회귀모형의 다중공선성은 회귀모형의 설명력과 개별 독립변수의 회귀계수의 크기 및 통계적 유의성에 영향을 미친다. 구체적으로, 다중회귀분석에서 독립변수들이 종속변수와 개별적으로는 상관관계가 높지만 다중공선성이 높을수록 회귀모형의 설명력, 즉 R^2는 개별적으로 단순회귀분석을 실시한 경우에 나타나는 R^2값들의 합계보다 낮아지게 된다. 또한 개별적으로는 유의적인 변수가 다중공선성의 영향으로 비유의적으로 나타날 수 있다. 심지어 다중공선성의 영향으로 회귀계수의 부호가 반대로 될 수 있다.

예를 들어, Y, X_1, X_2 간의 상관관계가 모두 '+'이며, Y와 X_2의 상관관계가 Y와 X_1의 상관관계보다 낮다고 하자. 이때 X_1과 X_2 각각을 독립변수로 하는 단순회귀분석을 실시하면 X_1과 X_2의 회귀계수는 각각 '+'로 나타난다. 그러나 X_1과 X_2를 독립변수로 하는 다중회귀분석을 실시하면 X_1의 회귀계수는 단순회귀분석의 경우보다 더 큰 '+'의 값으로 나타날 수 있으며, X_2의 회귀계수는 '−'로 변할 수 있다. 이에 대한 예는 제4장의 4.6에서 제시한다.

다중공선성이 클수록 공유분산(shared variance)은 크고 고유분산(unique variance)은 작다. 이를 [그림 3.1]로 설명하면, c의 부분이 클수록 a와 b의 부분은 작아진다.

그림 3.1 다중공선성과 공유분산 및 고유분산

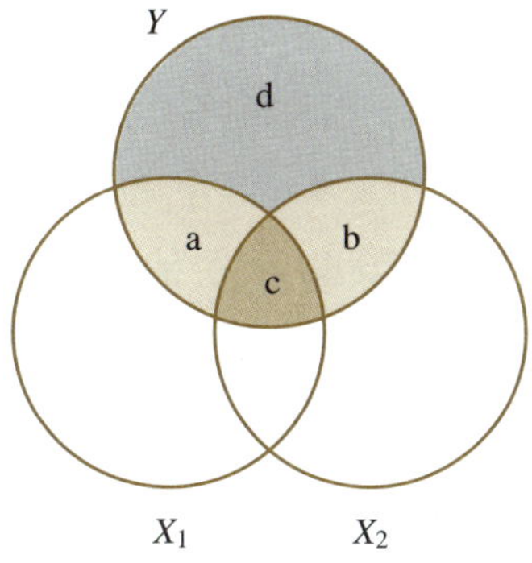

a = X_1에 의해 설명되는 고유분산.
b = X_2에 의해 설명되는 고유분산.
c = X_1, X_2에 의해 설명되는 공유분산.
d = X_1, X_2에 의해 설명되지 않는 분산.

4. 다중공선성의 치료

3.2에서 다중회귀분석의 목적을 종속변수를 잘 예측하는 regression variate를 발견하는 것과 개별 독립변수가 종속변수에 어느 방향으로 어느 정도 영향을 미치는가를 알기 위한 것으로 구분하였다. 이 중 회귀식을 이용하여 종속변수값을 예측하고자 하는 것이면 다중공선성은 문제가 되지는 않는다. 그러나 개별 독립변수의 영향력을 알고자 하면 다중공선성은 심각한 문제를 일으킬 수 있다. 이 경우 다음과 같은 대응 방법을 고려할 수 있다.

(1) 모형의 재설정

모형을 재설정(respecification)하는 한 가지 방법은 공선성이 높은 변수들을 통합하는 것이다. 예를 들어, 연구문제가 학생 가정의 사회경제적 수준(socioeconomic status: SES)과 지능지수(IQ)가 성적에 미치는 영향을 조사하는 것이라고 하자. 이때 연구자가 SES의 변수로서 가정의 소득, 父의 교육수준과 직업을 측정하였다면 네 개의 독립변수들로 구성된 회귀식을 설정할 수 있다. 이 경우 SES의 세 변수들 간에는 상당한 공선성이 나타날 것이다. 따라서 세 개의 변수들을 통합하여 한 개의 SES 변수로 변형하여 두 개의 독립변수들로 구성된 모형으로 재설정할 수 있다. 다른 방법은 각각의 독립변수로 별개의 단순회귀분석을 실시하여 그 결과를 동시에 제시함으로써 독자가 공선성의 영향력을 판단하도록 할 수 있다. 이러한 방식으로 보고한 논문의 예로 Johnson and Tellis(2008)의 논문이 있다.[6] 이 논문의 분석결과는 제4장의 〈표 4.4〉에 제시되어 있다. 이 논문에서는 모든 독립변수들을 포함한 Full 모형의 분석결과와 아울러 단순회귀분석 결과 및 유의적인 독립변수들만으로 구성된 Reduced 모형분석 결과를 보고하였다.

앞에서 언급한 것처럼 회귀식을 이용하여 종속변수값을 예측하는 데 목적이 있으면 다중공선성은 문제가 되지는 않는다. 그러나 그러한 목적을 위해 가급적 간결한 모형을 찾고자 하면(principle of parsimony) 단계선택법(stepwise method)을 이용하여 유의적인 변수들로만 구성된 회귀식을 도출할 수 있다. 그러나 이 경우 변수 선정은 단순히 통계분석에 의존하므로 이론적으로 영향력이 매우 높은 변수들을 모형에 포함시키지 않을 수 있어 모형설정오류(model specification error)가 작용할 수 있음을 유의해야 한다.

(2) 자료의 추가와 변형

다중공선성은 표본크기가 작으면 크게 나타나는 경향이 있다. 이는 표본크기가 작을수록 회귀계수의 표준오차가 커지며 이에 따라 회귀계수는 비유의적으로 나타날 가능성이 높아지기 때문이다. 이 경우 표본크기를 증가시킴으로써 이 문제를 줄일 수 있다. 그러나 이에 따라 유의성은 강화되지만 대개의 경우 독립변수들 간의 상관관계 패턴은 크게 변하지 않으므로 회귀계수를 해석하는 데 그 상관관계의 영향이 계속 작용할 수 있다.

또한, 독립변수들의 상호작용항(interaction item)이 회귀식에 포함되면 다중공선성이 작용할 가능성이 높다. Aiken and West(1991)는 이 경우 **mean-centering**에 의해 다중공선성 문제를 줄일 수 있다고 제안하였다.[7] 이에 따라

---

6) Joseph Johnson and Gerald J. Tellis, "Drivers of Success for Market Entry into China and India," *Journal of Marketing*, 72(3), May 2008, pp. 1-13.

7) Leona S. Aiken and Stephen G. West, *Multiple Regression: Testing and Interpreting Interactions*, Newbury Park, CA: Sage Publications, 1991.

상호작용항을 포함한 회귀모형을 분석하는 경우 다수의 연구자들이 mean-centering을 한 분석 결과를 보고하였다. 그러나 또 다른 연구자들은 이 경우 다중공선성 문제를 해결하기 위하여 mean-centering을 하는 것은 무익하다고 주장하였다. 이러한 내용은 6장의 6.3에 구체적으로 기술되어 있다.

(3) Ridge 회귀분석

다중공선성이 심각하면 회귀계수 추정치는 표본에 따라 크게 변하여 불안정(unstable)하며 심지어 그 부호가 바뀔 수 있다. **Ridge 회귀분석**은 다중공선성이 매우 심각한 경우 사용할 수 있는 추정방식으로 최소자승법(least squares; LS)에 의해 추정된 회귀계수와 다른 회귀계수를 산출한다. Ridge 회귀분석을 실시하는 경우 상수(constant; ridge parameter)를 각 독립변수의 분산에 더한다. 이때 더하는 상수의 크기는 Ridge 추정치에 의한 *MSE*가 LS 추정치에 의한 *MSE*보다 작아질 수 있도록 하는 선에서 결정된다. 그 상수의 크기가 너무 작으면 다중공선성을 줄이는 데 한계가 있으며, 반대로 너무 크면 계수 추정치가 심하게 biased된다.

그런데 LS에 의한 β_i 추정치는 unbiased인 데 비해 Ridge 추정의 경우 β_i 추정치는 biased된다(약화되어 0에 보다 가까워진다). 그러나 계수 추정치의 표준오차는 LS 추정의 경우보다 훨씬 작아진다. 이에 따라 각 계수의 추정치는 안정적으로 되며 신뢰구간은 좁아진다. 이를 그림으로 나타내면 [그림 3.2]와 같다. [그림 3.2]의 a에 비해 b의 경우 비록 $E(\beta_i) \neq \beta_i$이지만 회귀계수의

그림 3.2 두 회귀계수 추정치의 표본추출분포

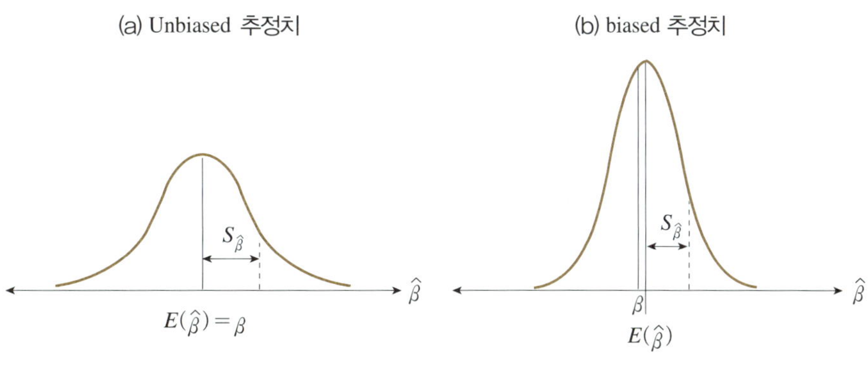

추정오차는 더 작음을 보여준다. 요컨대 이 방법은 다중공선성이 매우 심각한 경우 회귀계수 추정치의 정밀도(precision)를 증가시키기 위해 약간의 bias를 수용하는 방식이라고 할 수 있다. 이 방식을 이용하면 기존의 케이스를 제거하거나 새로운 케이스를 추가하는 경우 회귀계수는 보다 덜 민감하다.

(4) 주성분 회귀분석

주성분 회귀분석(principal components regression)은 원래의 변수들을 서로 독립적인(orthogonal) 성분들로 변환시켜 회귀분석을 실시하는 방법이다. 그 절차는 다음과 같다. 먼저 원래의 독립변수들의 값을 주성분분석(principal components analysis)을 실시하여 서로 상관관계가 0인 직각 변수들(orthogonal variables)로 변환시킨다. 다음으로 변환된 변수들을 독립변수로 하여 회귀분석을 실시한다. 이때 새로 만들어진 직각 변수들은 원래의 독립변수들이 갖는 정보를 모두 가지며, 다만 원래의 정보를 직각 자원(orthogonal resources)으로 재구성한 것으로 볼 수 있다. 따라서 산출되는 R^2는 원래의 변수들로 회귀분석을 실시한 경우 산출되는 R^2와 동일하다. 끝으로, 회귀분석에 의해 산출된 회귀계수들을 원래 값들에 대한 회귀계수로 변환시켜 해석한다.

5. 공선성과 교란변수

위에서 공선성이 존재하는 경우 치료 방법에 대해 서술하였다. 그러면 회귀모형에서 공선성은 반드시 부정적 작용을 하는 것인가? 그렇지 않다. 오히려 공선성이 높은 변수를 모형에 포함시킴으로써 다른 변수들의 인과관계를 보다 명확히 할 수 있다. 이를 제1장에서 설명한 교란변수를 중심으로 설명한다. 1장에서는 두 변수 X와 Y의 인과관계를 설정한 모형에 두 변수에 영향을 미치는 Z를 도입하는 경우 두 변수의 관계가 상당히 달라지면 Z를 교란변수라고 설명하였다. 이 경우 X와 Y의 순수한(sheer) 관계를 알고자 하면 Z를 독립변수에 포함시켜야 한다. 예를 들어, 연구자가 다른 변수들이 일정한 경우 '육체적 성장 → 이성에 대한 관심'의 관계를 알고자 하면, 나이를 독립변수로 포함시킬 필요가 있다. 이는 나이는 기존의 두 변수에 영향을 미치기 때문이다. 이 경우 회귀분석 결과에서는 나이와 육체적 성장 간에 상당한 공선성이 나타나게 되며, 나이는 교란변수로 작용하여 '육체적 성장 → 이성에 대한 관심'의 순수한 관계를 규명하는 데 공헌하게 된다.

3.8 비표준화 계수와 표준화 계수

회귀분석의 가장 기본적인 과제는 회귀계수를 구하는 것이다. 그런데 각각의 회귀계수는 해당 변수가 갖는 단위를 반영하고 있다. 그러므로 어떤 단위를 사용하는가에 따라 회귀계수는 달라진다. 한 예로, 시간을 나타낼 때 분 단위를 사용하는가 혹은 시간 단위를 사용하는가에 따라 30을 입력할 수도 있고 .5를 입력할 수도 있다. 따라서 종속변수에 대한 독립변수들의 상대적 영향력을 비교하기 위해서는 회귀계수를 이용하면 안 되며, 원자료를 표준화시켜(평균=0, 표준편차=1) 분석한 결과 도출되는 **표준화 회귀계수**(standardized beta coefficient)를 이용해야 한다. 이러한 측면에서 표준화하지 않은, 즉 원자료를 사용하여 회귀분석한 결과 도출되는 회귀계수를 비표준화(unstandardized) 회귀계수라고 한다. 보통 회귀계수라고 하면 비표준화 회귀계수를 가리킨다. 표준화 회귀계수를 해석할 때는 독립변수의 영향력을 **표준화값**(standard score)에 의해 해석한다. 예를 들어, 표준화 계수 1.5는 X가 1 표준화 값 증가하면 Y는 1.5 표준화 값 증가한다는 것을 의미한다.

표준화 회귀계수를 이용하여 독립변수들의 상대적 영향력을 평가할 때는 그 절대값을 이용한다. 절대값의 크기가 클수록 영향력이 큰 것이다. 이때 유의할 점은 다른 변수들이 회귀식에 함께 포함되어 있는 맥락(context) 내에서 각 변수의 상대적 영향력을 평가해야 한다는 것이다. 이는 독립변수들 간의 다중공선성이 높을수록 각 독립변수별로 단순회귀분석을 하는 경우에 비해 상대적 영향력은 왜곡되어 나타날 수 있기 때문이다. 예를 들어, 독립변수 A, B, C 중에서 A와 B는 C보다 개별적으로 종속변수에 대한 영향력이 크더라도, 그 둘 간에 공선성이 높으면 다중회귀분석을 하는 경우 A와 B 중 적어도 한 개는 C보다 상대적 영향력이 작게 나타날 수 있다.

SPSS를 포함한 통계프로그램은 회귀분석 결과에서 비표준화 회귀계수와 함께 표준화 회귀계수를 산출한다. 그런데 표준화 회귀계수의 경우, 상수항에 대해서는 값이 산출되지 않는다. 이는 모든 변수들을 표준화하여 회귀분석을 실시하면 절편(상수항)은 언제나 0이기 때문이다.

3.9 표본의 크기와 과적합

통계학에서 자유도(degrees of freedom)는 '정보의 수−추정할 모수의 수'를 의미한다. 정보의 수는 곧 표본의 크기로부터 결정되므로 자유도는 표본의 크기가 클수록 그리고 추정할 모수의 수가 적을수록 커진다. 회귀분석 결과가 타당성을 갖기 위해서는 자유도가 어느 정도 확보되어야 하는데, 독립변수의 수에 비해 표본의 크기는 최소한 5배(보수적으로는 10배)가 되어야 한다. 독립변수의 수에 비해 표본의 크기가 충분하지 않으면 **과적합**(overfitting)의 문제가 발생한다. 이는 적합도(R^2)가 높게 나타나더라도 모형이 실제로는 현실을 제대로 나타내지 못하는 것을 말한다. 예를 들어, 추정모수의 수와 표본의 크기가 같으면 R^2는 1이 된다. 독자는 이러한 경우를 직접 실행해봄으로써 지금까지 경험하지 않은 결과를 접할 수 있다.

이와 같은 경우 동일 변수들을 대상으로 다른 표본으로써 회귀분석을 실시하면 매우 다른 회귀계수가 도출될 수 있다. 따라서 산출된 회귀모형으로 종속변수 값을 예측하더라도 그 예측값은 타당성을 갖지 못하며 **일반화가능성**(generalizability)이 낮다. 일반화가능성이란 표본으로부터 도출된 결과가 실제 현상을 잘 나타내는 정도를 말하는데, 이는 표본으로부터 현상을 추정하는 모든 연구에서 실상 가장 중요한 요건이라고 할 수 있다. 그러므로 회귀분석에서 독립변수의 수에 비해 상당 크기의 표본을 확보하는 것은 매우 중요하다.

3.10 명목척도로 측정한 독립변수의 코딩과 회귀계수의 의미

회귀분석에서 독립변수의 자료는 흔히 간격척도 혹은 비율척도로 측정한 계량 자료(metric data)이지만 성별(남, 여), 소득(상, 중, 하)처럼 명목척도로 측정한 비계량 자료(nonmetric data)인 경우도 드물지 않다. 이 경우 그 독립변수의 값으로 흔히 0 혹은 1을 부여한다. 이때의 수치는 크기의 의미가 아닌 단지 범주의 의미만을 가지므로 이러한 변수를 **더미변수**(dummy variable)라고 한다. 이때 0이 부여되는 범주를 준거범주(reference category)라고 한다. 이와 같이 코딩하는 경우 더미변수의 회귀계수는 각 범주가 준거범주에 비해 종속변수 값에서 얼마나 차이가 있는지를 나타내게 된다. 예를 들어, 더미변수가 성별이며 남자=0, 여자=1로 부여한 경우, 회귀계수가 −100이라면 종속변수 값에서 여자는 남자보다 100만큼 적다는 것을 나타낸다. 이처럼 더미변수의 값으로 0 혹은 1을 부여하는 코딩방법을 indicator coding이라고 한다. 이에 비해 effects coding은 준거범주에 0이 아닌 '−1'을 부여하는 코딩방법이다. 이 경우 회귀계수는 각 범주가 종속변수 값에서 모든 범주의 평균으로부터 얼마나 차이가 있는지를 나타낸다. 두 개의 코딩방법 중 indicator coding이 자주 이용되므로 본서에서는 이 방법을 사용한다.

범주의 수에 따라 필요한 더미변수의 수는 달라지는데, 더미변수의 수는 '범주의 수−1'이다. 예를 들어, 성별과 같이 범주의 수가 두 개이면 한 개의 더미변수, 그리고 소득을 상, 중, 하의 세 개의 범주로 구분한다면 두 개의 더미변수가 필요하다. 범주의 수에 따른 구체적인 코딩방법은 [그림 3.3]과 같다. 그림에서 볼 수 있듯이 준거범주에는 모든 더미변수의 값으로 0을 부여한다.

이하에서는 독립변수로 한 개의 metric 변수와 세 범주를 가진 한 개의 nonmetric 변수가 있는 경우를 가상적인 예로 하여, 분석결과 도출되는 더미변수의 회귀계수의 의미를 설명한다. 이 예에서 범주의 수는 세 개이므로 두 개의 더미변수를 필요로 하며 각각 D_1과 D_2로 표기한다. 또한 각 집단의 더미변수 값을 [그림 3.3]과 같이 부여하였다. 이 가상적인 예의 경우 분석결과

그림 3.3 범주의 수에 따른 코딩방법

범주의 수=2

집단	D
1	1
2(준거범주)	0

범주의 수=3

집단	D_1	D_2
1	1	0
2	0	1
3(준거범주)	0	0

범주의 수=4

집단	D_1	D_2	D_3
1	1	0	0
2	0	1	0
3	0	0	1
4(준거범주)	0	0	0

회귀식은 $y=5+0.2X+2D_1-3D_2$로 나타났다. 이 식에 각 집단의 더미변수 값을 입력하면 각 집단의 회귀식은 다음과 같이 표기할 수 있다.

집단 1: $y=5+0.2X+2(1)-3(0)=5+0.2X+2(1)$
집단 2: $y=5+0.2X+2(0)-3(1)=5+0.2X \quad -3(1)$
집단 3: $y=5+0.2X+2(0)-3(0)=5+0.2X$

위의 세 개의 식을 그림으로 나타내면 [그림 3.4]와 같다. 그림에 도시된 바와 같이 세 개의 회귀선의 기울기는 0.2로 동일하며 다만 y절편만이 다르다. 구체적으로, 집단 1은 집단 3에 비해 y값이 2만큼 더 크며, 집단 2는 집단 3에 비해 y값이 3만큼 더 작다. 이처럼 세 개의 회귀선이 평행으로 나타난 것을 볼 때 더미변수는 독립변수(들)와 종속변수의 관계는 변화시키지 않으며 단지 y절편에 영향을 준다는 것을 알 수 있다.[8)]

8) 더미변수가 다른 독립변수와 상호작용하는 경우 회귀선은 평행이 되지 않으며 기울기가 다르다. 즉, 집단에 따라 다른 독립변수가 종속변수에 미치는 영향이 다른 것이다. 이는 특수한 경우로 여기에서는 그 설명을 생략한다.

그림 3.4 더미변수가 세 범주를 가진 경우의 회귀선

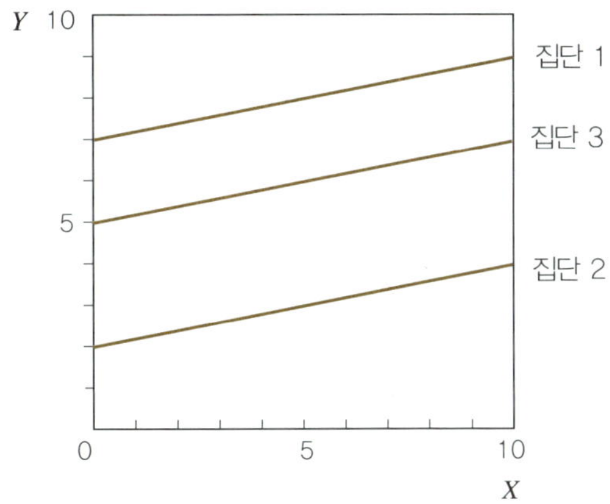

3.11 다중회귀분석의 예 – 동시입력방식

제 2장에서 62명의 대학교수들로부터 연봉과 연봉에 영향을 미칠 것으로 추정되는 변수들에 관한 자료를 제시하였다. 이하에서는 그 자료를 이용하여 연봉을 종속변수로, 그리고 재직기간, 발표논문 수, 논문 피인용 수, 그리고 성별(남=0, 여=1)을 독립변수로 하여 SPSS에 의해 회귀분석을 실시하고, 그 결과를 해석한다.[9)]

SPSS 실행:[10)]

【분석】

회귀분석 창에서 종속변수에 연봉, 독립변수에 재직기간, 논문 수, 피인용

9) 여기에서는 연구자가 고려하는 네 개의 독립변수를 모두 회귀식에 투입하여 한 번에 회귀식을 추정하는 동시입력방식(enter)을 이용한다. 이에 대응하는 것으로 독립변수가 단계별로 한 개씩 투입되는 단계선택방식(stepwise)이 있다. 이는 제 4장에서 다룬다.

10) 회귀분석은 여러 가지 가정을 필요로 한다. SPSS는 여러 가지 도표를 이용하여 가정을 검증할 수 있는 기능을 가지고 있다. 가정 관련 내용은 제 5장에서 일괄적으로 다룬다.

수, 성별을 보낸다. 방법은 입력. 통계량을 클릭하여 추정값, 신뢰구간, 모형적합, 기술통계, 부분상관 및 편상관계수, 공선성 진단을 선택. 다음으로 저장: 예측값의 비표준화를 클릭. 계속 및 확인을 클릭한다.

【 그래프 】

메뉴바의 그래프 기능을 선택하여 다음의 절차를 따른다: 레거시 대화상자 → 산점도/점도표 → 단순 산점도 → 정의 → Y축: Unstandardized predicted value(비표준화 예측값, PRE_1); X축: 연봉 → 확인.

분석결과 및 해석:

표 3.2 상관계수

		연봉	재직기간	논문 수	피인용 수	성별
Pearson 상관	연봉	1.000	.608	.506	.550	−.201
	재직기간	.608	1.000	.651	.373	−.210
	논문 수	.506	.651	1.000	.333	−.159
	피인용 수	.550	.373	.333	1.000	−.149
	성별	−.201	−.210	−.159	−.149	1.000
유의확률 (단측)	연봉	.	.000	.000	.000	.059
	재직기간	.000	.	.000	.001	.051
	논문 수	.000	.000	.	.004	.109
	피인용 수	.000	.001	.004	.	.124
	성별	.059	.051	.109	.124	.

〈표 3.2〉의 상관계수표는 모든 변수들 간의 상관관계 값과 p-value를 나타낸다. 성별을 제외한 세 개의 독립변수는 각각 연봉과 $\alpha = .05$에서 유의적인 상관관계를 갖는 것으로 나타났다.

표 3.3 모형 요약

모형	R	R 제곱	수정된 R 제곱	추정값의 표준오차
1	.709	.503	.468	7076.846

예측 값: (상수), 성별, 피인용수, 논문수, 재직기간.

그림 3.5 Y와 $\hat{Y}$의 산점도

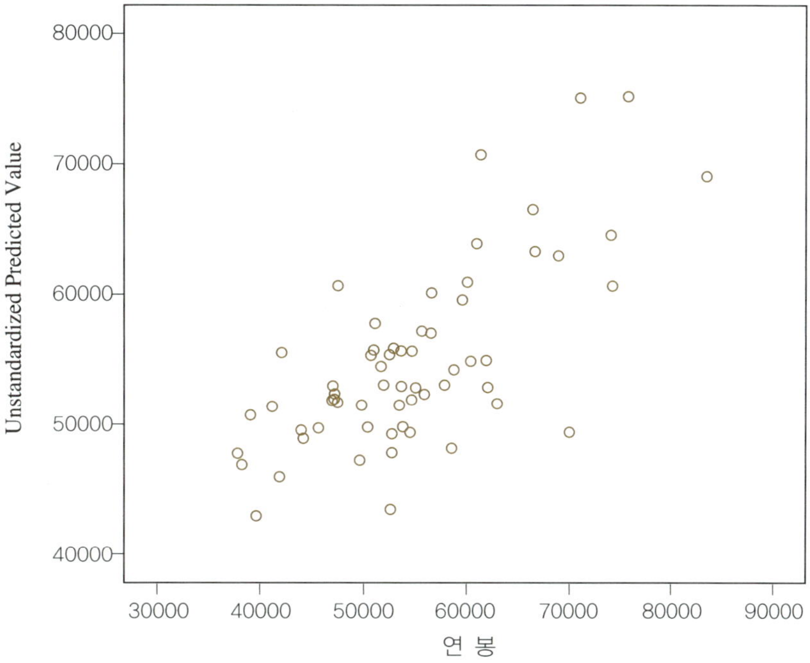

〈표 3.3〉에서 다중상관계수 R(multiple R)은 종속변수와 네 개의 독립변수들의 집합(regression variate) 간의 상관관계가 .709임을 나타낸다. 결정계수 R^2는 .503으로 네 개의 독립변수들은 연봉의 분산을 50.3% 설명함을 나타낸다. 이는 재직기간을 독립변수로 한 단순회귀분석경우의 R^2 .370보다 .133 증가한 것이다(see 〈표 2.8〉). 또한 adjusted R^2는 .468이다. 추정값의 표준오차(standard error of the estimate)는 7,076.846으로, 예측의 정확도를 나타내는 다른 값이며 SSE(즉, 〈표 3.4〉에 나타난 잔차의 제곱합)를 자유도로 나눈 값(즉, 잔차의 평균제곱)의 제곱근 값이다. 〈표 3.4〉의 분산분석표로부터 그 값을 계산하면 $\sqrt{\dfrac{2,855,000,000}{57}}=7,077.26$이며, 약간의 차이는 rounding error 때문이다. 관측치의 수는 62로 독립변수의 수(4개)의 15.5배로 기준치를 충족시킨다.

[그림 3.5]는 Y와 $\hat{Y}$의 산점도이다. 이 그림에서 가로축(Y)은 실제 연봉, 세로축($\hat{Y}$)은 다중회귀식으로 추정한 예측 연봉(비표준화 예측값)을 나타낸다.

표 3.4 분산분석

모형	제곱합	자유도	평균제곱	*F*	유의확률
회귀모형	2.892E9	4	7.230E8	14.436	.000
잔차	2.855E9	57	5.008E7		
합계	5.747E9	61			

예측 값: (상수), 성별, 피인용수, 논문수, 재직기간.

대체로 실제치가 증가함에 따라 예측치가 증가하는 것으로 나타나 있다. 위에서 기술한 바와 같이 다중상관계수는 .709이다.

〈표 3.4〉의 분산분석표의 수치들의 의미는 다음과 같다:

- 분산분석표의 제곱합 2.892E9, 2.855E9, 5.747E9는 각각 *SSR*, *SSE*, Total *SS*이다. 또한 $SSR+SSE=\text{Total }SS$이다.
- 회귀모형의 자유도: 모수의 수(즉, β의 수)$-1=5-1=4$.
- 잔차의 자유도: 관측치의 수$-$모수의 수$=62-5=57$.
- 합계의 자유도: 관측치의 수$-1=62-1=61$.
- 회귀모형의 자유도(4)+잔차의 자유도(57)=합계의 자유도(61).
- 회귀모형의 평균제곱$(MSR)=\dfrac{\text{회귀모형의 제곱합}}{\text{자유도}}=\dfrac{2.892\text{E}9}{4}=7.230\text{E}8$.
- 잔차의 평균제곱$(MSE)=\dfrac{\text{잔차의 제곱합}}{\text{자유도}}=\dfrac{2.855\text{E}9}{57}=5.008\text{E}7$.
- $F=\dfrac{\text{회귀모형의 평균제곱}}{\text{잔차의 평균제곱}}=14.436$.
- 유의확률(*p*-value)은 *F*(14.436)와 자유도(4, 57)로부터 도출된다.
- 유의확률은 .000으로 R^2(.503)가 통계적으로 유의적임을 보여준다. 그러므로 모든 회귀계수가 0이라는 귀무가설을 기각하며, 회귀모형은 유용하다고 할 수 있다.

표 3.5 계 수

모형	비표준화 계수		표준화 계수	t	유의확률	B에 대한 95.0% 신뢰구간		상관계수			공선성 통계량	
	B	표준오차	베타			하한값	상한값	0차	편상관	부분상관	공차	VIF
(상수)	39587.350	2717.480		154.568	.000	34145.690	45029.009					
재직기간	857.006	287.946	.378	2.976	.004	280.404	1433.608	.608	.367	.278	.541	1.848
논문 수	92.746	85.928	.134	1.079	.285	−79.322	264.815	.506	.142	.101	.567	1.764
피인용 수	201.931	57.509	.357	3.511	.001	86.771	317.091	.550	.422	.328	.842	1.188
성별	−917.767	1859.936	−.047	−.493	.624	−4642.225	2806.690	−.201	−.065	−.046	.950	1.053

〈표 3.5〉의 계수표의 수치들의 의미는 다음과 같다:

- 추정회귀식: $\hat{Y} = 39{,}587.350 + 857.006X_1 + 92.746X_2 + 201.931X_3 - 917.767X_4$. 위에서 본 바와 같이 $R^2 = .503$으로 유의적으로 나타났으므로($F = 14.436$, p-value $= .000$), 독립변수 값이 주어지면 추정회귀식을 이용하여 종속변수(연봉) 값을 예측할 수 있다.
- 비표준화계수: 각 독립변수의 값이 1 증가하는 경우 종속변수 값에 어떻게 영향을 미치는가를 보여준다. 예를 들어, 재직기간이 1년 길면 연봉이 $857.008 더 많을 것으로 예측된다.
- 표준오차: 동일한 모집단에서 같은 크기의 표본을 반복적으로 추출하는 경우 추정회귀계수들의 표준편차이다. 그 값이 작을수록 표본추출오류(sampling error)는 작으며, 따라서 그 추정회귀계수를 더 신뢰할 수 있다.
- 표준화계수: 각 독립변수의 영향력을 표준화값으로 해석한다. 예를 들어, 재직기간이 1표준화값 길면 연봉은 .378표준화값 더 많을 것으로 예측된다. 다른 독립변수들이 포함된 경우, 연봉에 대한 영향력의 순서는 재직기간, 피인용 수, 논문 수, 성별의 순이다.
- t와 유의확률: t는 그 회귀계수가 0이라는 귀무가설을 검증하는 통계량이다. 각각의 비표준화계수를 표준오차로 나누어 산출된 값이며, 그 값과 자유도로부터 유의확률이 계산된다. 예를 들어, 재직기간의 비표준

화계수 857.006을 표준오차 287.946으로 나누면 t는 2.976이다. 이 경우 SPSS는 t를 산출하지만 프로그램에 따라 F를 산출하기도 한다. 그 경우 F는 t의 정확히 제곱값이다.

- 각 독립변수 계수의 유의성: p-value가 기준치 α보다 작으면 그 회귀계수는 유의적인 것으로 결론내린다. 유의성 판단 기준으로 흔히 α=.05가 이용되지만 엄격한 검증을 하고자 하면 α=.01이 이용될 수 있다. 여기서 '엄격한'의 의미는 매우 충분한 증거가 있지 않은 한 유의적으로 결론내리지 않는다는 것이다. 본 예의 경우 기준치 α가 .05이든 .01이든, 다른 독립변수들이 회귀식에 포함된 경우 재직기간과 피인용수의 계수는 각각 유의적이며, 논문 수와 성별의 계수는 각각 비유의적이다.

- 더미변수 성별의 해석: 개별 독립변수로는 비유의적이나 회귀식을 이용하여 연봉을 예측할 때 남자(0)에 비해 여자(1)는 $917.767만큼 연봉이 적다. 즉, 평균적으로 남자보다 여자는 $917.767만큼 적은 연봉을 받는다고 할 수 있다.

- 비표준화계수에 대한 95% 신뢰구간: 비표준화계수, 표준오차, 신뢰수준, 자유도로부터 계산된다. 예를 들어, 재직기간의 계수의 95% 신뢰구간은 (280.404, 1433.609)이다. 2장의 신뢰구간을 구하는 공식 (2.21) $\hat{\beta}_1 \pm t_{(n-2,\, \alpha/2)} \times \text{s.e.}(\hat{\beta}_1)$을 이용하면 (857.006±2.0×287.948)로 이 구간이 산출될 수 있다. 이는 0을 포함하지 않으며 재직기간 계수가 유의적으로 나타난 것과 일치한다. 논문 수와 성별의 유의확률은 .05보다 크므로 신뢰구간이 0을 포함하고 있다.

- 상관계수: 상관계수에는 세 가지가 있다. 이 중 '**0차 상관**(zero-order correlation)'은 한 독립변수와 종속변수의 상관관계로서, 일반적으로 말하는 상관관계이다. 이를 제곱하면 그 변수가 종속변수의 분산을 설명하는 비율이 된다. 예를 들어, 재직기간의 0차 상관계수는 .608로서 재직기간은 연봉의 분산 중 36.97%(=$.608^2$)를 설명한다. 그런데 연봉의 분산 중 재직기간이 설명하는 부분 중 일부분은 다른 독립변수들에 의해 공통적으로 설명된다. 편상관과 부분상관은 특정 독립변수에 의해

설명되는 고유한(unique) 부분과 관련된다.

편상관(partial correlation)의 제곱은 한 독립변수가 종속변수의 분산 중 다른 독립변수들에 의해 공통적으로 설명되는 부분을 제외한 '나머지 분산' 중 설명하는 비율을 나타내며, **부분상관**(part correlation, semipartial correlation)의 제곱은 한 독립변수가 종속변수의 '전체 분산' 중 설명하는 비율을 나타낸다. 분석결과 재직기간의 편상관은 .367이고, 부분상관은 .278로 나타났다. 그러므로 재직기간은 종속변수의 분산 중 다른 세 독립변수에 의해 설명되는 부분을 제외한 '나머지 분산' 중 13.47%(=$.367^2$)를 설명하는 것으로 해석할 수 있다. 또한 종속변수의 '전체 분산' 중 재직기간에 의해 설명되는 고유의(unique) 부분은 7.73%(=$.278^2$)가 된다. 이처럼 일반적으로 절대값의 측면에서 부분상관은 편상관에 비해 작다. 다만 다른 독립변수들이 모두 종속변수와 0의 상관관계를 갖는 경우에는 0차 상관, 편상관, 부분상관이 모두 동일하게 나타난다.

- 공선성 통계량: 다중공선성은 공차한계가 0에 가까울수록 높은데, 성별과 피인용 수의 경우 1에 가까우므로 다중공선성이 낮다. 재직기간과 논문 수의 경우 다중공선성이 어느 정도 된다. 그러므로 논문 수의 계수가 비유의적으로 나타난 것은 다중공선성 때문인 것으로 생각할 수 있다. 이를 확인하기 위해 〈표 3.2〉의 상관계수표를 보면 논문 수는 연봉과 유의적인 상관관계를 갖지만(.506; p=.000), 또한 재직기간(.651; p=.000) 및 피인용 수(.333; p=.004)와도 유의적인 상관관계를 갖는 것으로 나타났다. 그러므로 논문 수를 독립변수로 하는 단순회귀분석을 실시하면 그 회귀계수는 유의적으로 나타난다. 참고로, 재직기간의 공차한계는 .541인데, 이는 재직기간을 종속변수로 그리고 다른 세 독립변수를 독립변수로 하여 회귀분석을 실시한 경우 산출되는 R^2를 1에서 차감한 값이다(1−.459=.541).

제 4 장

다중회귀분석 II

R e g r e s s i o n A n a l y s i s

4.1 Full 모형과 Reduced 모형

1. Full 모형과 Reduced 모형의 관계

제3장의 3.5에서는 회귀분석 결과 반드시 검증하는 '모든 회귀계수가 0'이라는 가설의 검증에 대해 설명하였다. 그런데 그 결과가 유의적으로 나타나게 되면 이는 곧 그 회귀모형이 종속변수를 설명, 예측하는 데 유용하다는 것을 의미한다. 이에 추가적으로 당초의 Full 모형을 구성한 독립변수들 중 일부를 제거한 Reduced 모형으로 종속변수를 설명, 예측할 수 있을지에 대해 검증할 수 있다. 이는 곧 '일부의 회귀계수가 0'인지를 검증하는 것이다. 이 경우 한 모형이 다른 모형이 갖는 변수들을 모두 포함하므로 두 모형은 nested 관계에 있다는 표현을 사용한다(Two models are nested).

일부의 회귀계수가 0이라는 것은 그 회귀계수에 상응하는 독립변수들은 (그 외의 독립변수들이 회귀모형에 존재하는 경우) 종속변수에 대한 설명력을 갖지 못한다는 것을 의미한다. 검증 결과 비유의적으로 나타나면, 모든 독립변수를 포함한 **Full 모형** 대신 간결성의 원칙(principle of parsimony)에 따라 설명력이 미약한 독립변수를 제거한 **Reduced 모형**으로 종속변수를 설명, 예측할 수 있는 것으로 결론을 내릴 수 있다.

예를 들어, X_1~X_6의 여섯 개 독립변수로 구성된 회귀모형을 구한 경우, 연구자가 X_2, X_4, X_5, X_6는 X_1과 X_3가 회귀모형에 포함된 경우 설명력이 낮으므로 이들을 제거한 보다 간결한 회귀모형(즉, Reduced 모형)을 구하는 것을 고려한다면 가설을 다음과 같이 설정한다.

H_0: $\beta_2=\beta_4=\beta_5=\beta_6=0$

H_1: 네 개의 β, 즉 β_2, β_4, β_5, β_6 중 적어도 한 개는 0이 아니다.

위의 가설을 검증하는 절차는 다음과 같다.

① Full 모형과 Reduced 모형, 각각의 회귀분석을 실시하고 다음의 F값을 구한다.[1)]

$$F = \frac{(R_2^2 - R_1^2)/(k_2 - k_1)}{(1 - R_2^2)/(N - k_2 - 1)} \tag{4.1}$$

여기서, R_2^2와 R_1^2는 각각 Full 모형과 Reduced 모형의 R^2, 그리고 k_2와 k_1은 각각 Full 모형과 Reduced 모형의 독립변수의 수, N은 관측치의 수를 나타낸다.

② 위의 과정에서 산출되는 F를 자유도 $(k_2 - k_1)$와 $(N - k_2 - 1)$의 F-분포로 검증한다.

③ 검증 결과 비유의적으로 나타나면 Reduced 모형으로 종속변수를 설명, 예측할 수 있는 것으로 결론내릴 수 있다. 반대로 유의적으로 나타나면 연구자가 고려한 Reduced 모형보다 Full 모형이 현상을 더 잘 설명, 예측한다고 할 수 있다. 이 경우 연구자는 다른 Reduced 모형을 고려할 수 있다.

2. Reduced 모형 분석의 예

제 3 장에서 예시한 연봉관련 자료를 동시입력방식으로 분석한 결과 회귀모형에 다른 변수들이 존재할 때 논문 수와 성별은 비유의적으로 나타났다. 그러면 이 두 변수를 제외한 Reduced 모형으로 종속변수를 설명, 예측할 수 있는가? 이는 다음과 같이 그 두 변수의 회귀계수의 유의성을 검증함으로써 답할 수 있다. 이를 위하여 귀무가설을 다음과 같이 설정한다.

H_0: $\beta_2 = \beta_4 = 0$

위의 가설을 검증하기 위해 재직기간과 피인용 수를 독립변수로 하는 회귀분석을 실시하면 다음과 같은 결과가 도출된다.

1) James Jaccard and Robert Turrisi, *Interaction Effects in Multiple Regression*, 2nd ed., Sage Publications, 2003, p. 12; 경우에 따라 이때의 F를 F_{add}로 표기하기도 한다.

분석결과 및 해석:

표 4.1 모형 요약

모형	R	R 제곱	수정된 R 제곱	추정값의 표준오차
1	.701	.491	.474	7042.621

예측값: (상수), 피인용 수, 재직기간.

표 4.2 분산분석

모형	제곱합	자유도	평균제곱	F	유의확률
회귀모형	2.820E9	2	1.410E9	28.431	.000
잔차	2.926E9	59	4.960E7		
합계	5.747E9	61			

예측값: (상수), 피인용 수, 재직기간.

표 4.3 계 수

모형	비표준화 계수		표준화계수	t	유의확률
	B	표준오차	베타		
(상수)	39073.675	2396.474		16.305	.000
재직기간	1061.764	227.176	.468	4.674	.000
피인용수	212.112	56.594	.375	3.748	.000

Full 모형과 Reduced 모형의 분석결과 나타난 값들을 식 (4.1)에 대입하여 F를 구한다. Full 모형의 R^2는 〈표 3.3〉에 나타난 바와 같이 .503이다.

$$F = \frac{(R_2^2 - R_1^2)/(k_2 - k_1)}{(1 - R_2^2)/(N - k_2 - 1)} = \frac{(.503 - .491)/(4-2)}{(1 - .503)/(62 - 4 - 1)} = .69$$

$F_{(.05;\ 2,\ 57)}=3.16$이므로 두 모형의 설명력의 차이는 $\alpha=.05$에서 비유의적이다. 따라서 귀무가설을 기각하지 못하며, Reduced 모형, 즉 재직기간과 피인용 수만으로 종속변수를 (거의 동일한 정도로) 설명, 예측할 수 있는 것으로 결론내릴 수 있다.

3. 논문 예

Joseph Johnson and Gerald J. Tellis, "Drivers of Success for Market Entry into China and India," *Journal of Marketing*, 72(3), May 2008, pp. 1-13[2)]

Johnson and Tellis(2008)의 논문은 어떤 변수가 해외시장 진입의 성공에

표 4.4 회귀분석결과의 비교 단순회귀모형, Full 모형, Reduced 모형

Dependent Variable	Question	Simple Regression Estimates		Full-Model Estimates		Reduced-Model Estimates	
		Estimate	*t*	Estimate	*t*	Estimate	*t*
(1)	(2)	(3)	(4)	(5)	(6)	(7)	(8)
Intercept				23.981	2.767**	20.040	3.031**
Entry mode	Q_1	.261	2.946**	.273	2.396**	.288	3.521**
Timing	Q_2	−.043	−2.662**	.236	1.531	.212	1.620
Size	Q_3	−.121	−2.041**	−.141	−1.965*	−.146	−2.740**
Economic distance	Q_4	−.002	−1.991**	−.008	−2.725**	−.007	−3.063**
Cultural distance	Q_5	−.017	−2.168**	.008	.696	.006	.634
Country risk	Q_6	.042	3.003**	.029	.848	.048	2.029**
Openness	Q_7	−.038	−2.134**	.155	.164	−.085	−2.27**
India		−.630	−2.752**	−34.765	−3.165**	−32.295	−3.489**
Entry mode × India				.123	.680		
Timing × India				−.351	−1.999*	−.334	−2.193**
Size × India				.002	.016		
Economic distance × India				.011	2.620**	.011	3.110
Cultural distance × India				−.076	−2.457**	−.076	−2.670**
Country risk × India				.042	.816		
Openness × India				−.256	−.271		
Adjusted R^2				29.02%		28.43%	
F				4.279***		5.814***	
N				168		168	

* $p<.1$.
** $p<.05$.
*** $p<.001$.

2) 이 논문은 제6장 조절회귀분석에서도 예시되어 있는데, 해당 부분은 특히 국가의 조절적 작용에 초점을 맞추어 해석한다.

영향을 미치는가를 연구한 것으로, 조절회귀분석을 실시하였다. 이 논문의 초점 독립변수는 해외시장 진입에 영향을 미칠 수 있는 일곱 개의 변수(entry mode, timing, size, economic distance, cultural distance, country risk, openness)이며, 종속변수는 성공정도(success)이다. 또한 해외시장으로 인도와 중국을 선택하였는데, 독립변수들과 종속변수의 관계가 두 나라에서 다른지를 조사하기 위하여 조절변수인 국가를 더미변수로 처리하고, 각각의 '독립변수×더미변수'로 구성된 일곱 개의 상호작용항을 구성하여 회귀분석에 포함시켰다. 요컨대, 일곱 개의 초점 독립변수, 조절변수, 그리고 일곱 개의 상호작용항, 모두 15개의 독립변수들로 구성된 조절회귀분석을 실시하였다.

분석결과는 〈표 4.4〉에 제시되어 있다(논문의 p. 9, Table 2). 이 중 Full-Model Estimates는 세 가지 estimates 중 가장 주된 estimates로 15개의 독립변수들로 구성된 회귀모형의 분석결과이다. Simple Regression Estimates의 열에 있는 값들은 다중공선성의 문제를 고려하여 여덟 개의 단순회귀분석을 실시한 결과이다. Reduced-Model Estimates는 Full-Model Estimates에서 계수가 비유의적으로 나타난 변수들을 제거한 후 나머지 변수들로만 회귀분석을 실시한 것이다.

4.2 계층적 회귀분석

1. 계층적 회귀분석의 의미

계층적 회귀분석(hierarchical regression)은 고려 대상 변수들 중에서 연구자가 관심을 갖는 독립변수(들)를 차례로 입력하여 두 단계 이상 진행하면서 산출된 회귀모형의 설명력과 각 독립변수의 유의성 등을 점검하는 방법이다.

2. 계층적 회귀분석의 실시 예

이하에서는 앞에서 예시한 연봉관련 자료로써 계층적 회귀분석을 실시해 본다. 먼저, 연구자는 네 개의 독립변수들 중 피인용 수와 재직기간은 연봉에 큰 영향을 미치고, 성별과 논문 수는 연봉에 별로 영향을 미치지 않는다고 생각한다고 가정하자. 이에 따라 그러한 생각이 맞는지를 계층적 회귀분석에 의해 점검하고자 한다. 이하에서는 SPSS 실행 절차와 분석결과를 제시하고 중점 사항을 해석하는데, 계층적 회귀분석의 설명에 필요한 부분에 한하여 분석하고 해석한다.

SPSS 실행:

분석 – 회귀분석 창에서 종속변수에 연봉, 독립변수에 재직기간, 피인용 수를 보냄 → '다음'을 클릭 → 독립변수에 논문 수, 성별을 보냄 → 통계량에서 추정값, 모형적합, *R* 제곱 변화량 → 계속 및 확인을 클릭.

분석결과 및 해석:

〈표 4.5〉의 모형요약표를 보면 피인용 수와 재직기간을 독립변수로 한 모형 1의 경우 R^2는 .491, 그리고 성별과 논문 수를 독립변수로 추가한 모형 2의 경우 R^2는 .503으로 나타났다. 또한 그 차이 즉, R^2 변화량은 .012이며, 그 변화량에 대한 F=.715이며 p-value=.493임을 알 수 있다.[3] 결국 두 변수를

표 4.5 모형 요약

모형	*R*	*R* 제곱	수정된 *R* 제곱	추정값의 표준오차	통계량 변화량				
					R 제곱 변화량	*F* 변화량	df 1	df 2	유의확률 *F* 변화량
1	.701	.491	.474	7042.621	.491	28.431	2	59	.000
2	.709	.503	.468	7076.846	.012	.715	2	57	.493

모형 1 예측값: (상수), 피인용 수, 재직기간.
모형 2 예측값: (상수), 피인용 수, 재직기간, 성별, 논문 수.

3) 여기에서 R^2 변화량에 대한 검증통계량 F=.715로 나타났다. 그런데 4.1의 Reduced 모형 분석의 예는 동일한 자료를 이용한 것으로, 마지막 부분에 식 (4.1)을 이용하여 구한

표 4.6 분산분석

모형		제곱합	자유도	평균제곱	F	유의확률
1	회귀모형	2.820E9	2	1.410E9	28.431	.000
	잔차	2.926E9	59	4.960E7		
	합계	5.747E9	61			
2	회귀모형	2.892E9	4	7.230E8	14.436	.000
	잔차	2.855E9	57	5.008E7		
	합계	5.747E9	61			

모형 1 예측값: (상수), 피인용 수, 재직기간.
모형 2 예측값: (상수), 피인용 수, 재직기간, 성별, 논문 수.

표 4.7 계 수

모형		비표준화 계수		표준화 계수	t	유의확률
		B	표준오차	베타		
1	(상수)	39073.675	2396.474		16.305	.000
	재직기간	1061.764	227.176	.468	4.674	.000
	피인용 수	212.112	56.594	.375	3.748	.000
2	(상수)	39587.350	2717.480		14.568	.000
	재직기간	857.006	287.946	.378	2.976	.004
	피인용 수	201.931	57.509	.357	3.511	.001
	논문 수	92.746	85.928	.134	1.079	.285
	성별	−917.767	1859.936	−.047	−.493	.624

독립변수로 추가하더라도 설명력의 증가분은 유의적이지 않다고 할 수 있다.

추가적으로, R^2_{adj}는 각각 .474와 .468로 모형 2에서 두 개의 변수가 추가됨에 따라 오히려 낮아졌다. 〈표 4.6〉의 분산분석표에서 잔차의 평균제곱(MSE)을 보면, 모형 1에서는 4.960E7, 그리고 모형 2에서는 5.008E7로 모형 2의 평균제곱이 더 높음을 확인할 수 있다. 이 측면에서도 모형 1이 더 나은 모형이라고 할 수 있다. 이처럼 모형을 비교하는 경우 각 모형의 R^2_{adj}는 클수

F=.69와 실상 동일한 값이어야 하나 rounding error로 인하여 약간의 차이가 발생하였다. SPSS가 산출한 .715를 보다 정확한 값으로 볼 수 있다.

록, 그리고 *MSE*는 작을수록 더 나은 모형이라고 할 수 있다.[4] 또한 〈표 4.7〉의 계수 표는 재직기간과 피인용 수가 모형에 포함된 경우 논문 수와 성별은 비유의적임을 보여준다(p=.285, .624). 이러한 값들은 그 두 변수의 '추가적' 설명력이 매우 미약함을 명확히 보여주는 것이다.

계층적 회귀분석은 흔히 소수의 독립변수들로 구성된 회귀식에 새로이 독립변수(들)를 추가하는 방식으로 실행한다. 그러나 반대로 다수의 독립변수들로 구성된 회귀식에서 연구자가 설명력이 낮을 것으로 판단하는 변수(들)를 제거하는 방식으로 실행할 수도 있다. 4.1에서 다룬 Full 모형과 Reduced 모형의 관계가 이에 해당한다.

3. 논문 예

(1) **Pablo Briñol, Richard E. Petty, and Zakary L. Tormala, "Self-Validation of Cognitive Response to Advertisements,"** ***Journal of Consumer Research*****, 30(4), March 2004, pp. 559-573.**[5]

이 논문의 가설 1과 가설 2는 다음과 같다.

H1: Thought confidence was expected to interact with argument cogency to influence attitudes. Increasing thought confidence was expected to be associated with more attitude change for participants exposed to the strong version of the ad. Increasing thought confidence was expected to be associated with reduced attitude change for participants exposed to the weak version of the ad.

H2: Self-validation effects were expected to be most apparent for individuals engaged in a high level of elaboration of the ad (i.e., high need for cognition participants).

위의 가설을 해설하면 다음과 같다:

---

4) Samprit Chatterjee and Ali S. Hadi, *Regression Analysis by Example*, 4th ed., Wiley, 2006, p. 286.

5) 이 논문은 제6장의 6.7에서도 추가로 해설한다.

H1: 소비자가 어떤 브랜드 광고를 접하는 경우 그 광고의 설득력(argument cogency; AC)이 높을수록(낮을수록) 소비자는 그 브랜드에 대해 더 (비)호의적 태도(attitudes)를 가지며, 이때 소비자의 사고자신감(thought confidence; TC)이 높을수록 그 브랜드에 보다 더 (비)호의적 태도를 갖는다.

H2: 위와 같이 광고의 설득력이 태도에 미치는 영향이 사고자신감이 높을수록 크다는 것이 자기-타당화 효과(self-validation effect)이다. 이러한 현상은 소비자의 인지욕구(need for cognition; NC)가 높을수록 보다 뚜렷하게 나타난다.

요컨대, 가설 1은 '설득력 → 태도'의 관계를 사고자신감이 조절한다는 것이며, 가설 2는 그 조절적 작용을 인지욕구가 2차 조절한다는 것이다. 이 논문에서는 먼저, H1을 검증하기 위하여 다음과 같이 두 단계의 계층적 회귀분석을 실시하였다.[6)]

단계 1: $\text{Attitude} = \beta_0 + \beta_1 \text{AC}$

단계 2: $\text{Attitude} = \beta_0 + \beta_1 \text{AC} + \beta_2 \text{TC} + \beta_3 (\text{AC} \times \text{TC})$

분석결과 상호작용효과를 나타내는 β_3가 가설과 같은 방향으로 유의적으로 나타나 H1은 지지되었다.

또한, H2를 검증하기 위해 다음과 같이 세 번째 단계의 회귀분석을 실시하였다.

단계 3: $\text{Attitude} = \beta_0 + \beta_1 \text{AC} + \beta_2 \text{TC} + \beta_3 \text{NC} + \beta_4 (\text{AC} \times \text{TC}) + \beta_5 (\text{AC} \times \text{NC}) + \beta_6 (\text{TC} \times \text{NC}) + \beta_7 (\text{AC} \times \text{TC} \times \text{NC})$

분석결과 3-way 상호작용효과를 나타내는 β_7이 가설과 같은 방향으로 유의적으로 나타났다. 또한 High NC 그룹의 경우 AC×TC는 유의적이었으나

6) 이 논문에서 이와 같이 구체적으로 회귀식을 제시하지는 않았으며, 본 저자가 논문의 내용에 따라 독자들이 쉽게 이해할 수 있도록 회귀식으로 나타낸 것이다. 보다 자세한 내용을 알기를 원하는 독자들은 논문의 p. 564를 보면 된다.

Low NC 그룹의 AC×TC는 비유의적이었다(see p. 564, Figure 1). 따라서 H2는 지지되었다.

이 논문에서는 두 개의 가설을 검증하기 위해 1차 조절변수와 2차 조절변수를 독립변수로 추가해가면서 여러 차례의 회귀분석을 실시하였다. 그런데 단계 2와 단계 3의 회귀식에는 상호작용항이 포함되어 있다. 이처럼 조절효과를 검증하기 위해서는 회귀식에 상호작용항을 포함시키는데 이와 같은 회귀식을 **조절회귀식**(moderated regression)이라고 한다. 조절회귀분석은 제 6장에서 설명하며, 이 논문은 6.7에서 보다 자세히 논의한다.

(2) **Ashwin W. Joshi, "Salesperson Influence on Product Development: Insight from a Study of Small Manufacturing Organizations," *Journal of Marketing*, 74(1), January 2010, pp. 94-107.**

이 논문의 가설 1~13의 내용은 다음과 같다. 가설 1~6은 여섯 개의 초점독립변수(rationality, exchange, ingratiation, assertiveness, coalition building, upward approval)와 종속변수 compliance 간의 관계, 가설 7은 rationality → compliance의 관계에 다른 초점독립변수 assertiveness의 조절효과, 그리고 가설 8~13은 여섯 개의 초점독립변수와 종속변수 간의 관계에 대한 salesperson trustworthiness의 조절효과에 관한 것이다. [그림 4.1]은 13개의 가설을 통합

그림 4.1 연구모형

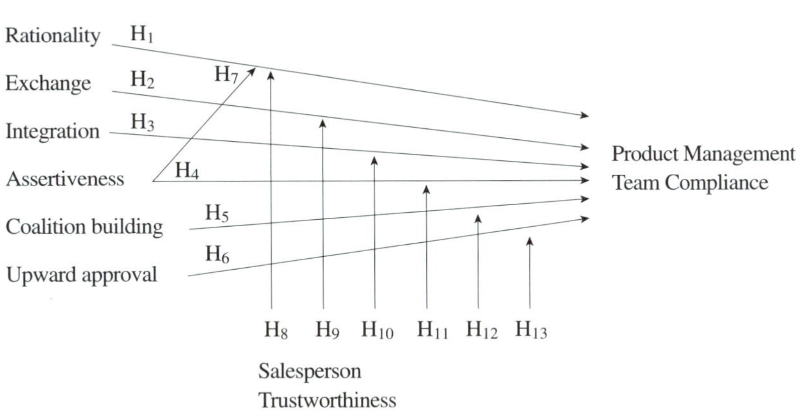

적으로 도시한다.

가설을 검증하기 위해 연구자는 세 단계의 분석을 실시하였다. 〈표 4.8〉의 Equation 1은 여섯 개의 통제변수를 regression variate로 하는 회귀식, Equation 2는 위의 변수들에 여섯 개의 초점독립변수와 조절변수 trustworthiness를 포함한 회귀식, Equation 3은 위의 변수들에 일곱 개의 상호작용항을 추가

표 4.8 계층적 회귀분석 결과: 통제변수 효과, 주효과, 조절효과

Independent Variables	Equation 1 (Dependent Variable = Compliance)	Equation 2 (Dependent Variable = Compliance)	Equation 3 (Dependent Variable = Compliance)
Consistency	.19 (t = 2.68, p < .001)	.19 (t = 2.68, p < .001)	.14 (t = 1.71, p < .05)
Magnitude	−.06 (t = −1.10, p = n.s.)	−.06 (t = −1.10, p = n.s.)	−.06 (t = −1.10, p = n.s.)
Frequency	−.11 (t = −1.26, p = n.s.)	−.11 (t = −1.26, p = n.s.)	−.13 (t = −1.56, p < .10)
Track record	.23 (t = 3.41, p < .001)	.23 (t = 3.41, p < .001)	.23 (t = 3.41, p < .001)
Experience	.09 (t = 1.20, p = n.s.)	.09 (t = 1.20, p = n.s.)	.09 (t = 1.20, p = n.s.)
Sex	−.02 (t = .23, p = n.s.)	−.02 (t = .23, p = n.s.)	−.02 (t = .23, p = n.s.)
Rationality		.42 (t = 7.79, p < .001)	.37 (t = 5.73, p < .001)
Exchange		.36 (t = 5.70, p < .001)	.31 (t = 4.98, p < .001)
Ingratiation		.01 (t = .05, p = n.s.)	.01 (t = .05, p = n.s.)
Assertiveness		−.11 (t = −1.26, p = n.s.)	−.11 (t = −1.26, p = n.s.)
Coalition building		−.18 (t = −2.51, p < .001)	−.16 (t = −2.14, p < .01)
Upward appeal		−.37 (t = 5.73, p < .001)	−.34 (t = 5.13, p < .001)
Trustworthiness		.29 (t = 4.56, p < .001)	.23 (t = 3.41, p < .001)
Rationality × assertiveness			−.17 (t = −2.29, p < .01)
Rationality × trustworthiness			.33 (t = 5.09, p < .001)
Exchange × trustworthiness			.20 (t = 2.79, p < .001)
Ingratiation × trustworthiness			.05 (t = 1.02, p = n.s.)
Assertiveness × trustworthiness			.20 (t = 2.79, p < .001)
Coalition building × trustworthiness			.15 (t = 1.99, p < .01)
Upward appeal × trustworthiness			.31 (t = 4.98, p < .001)
Adjusted R^2	.02	.16	.39

Notes: Cells include unstandardized beta(t-value, one-tailed p-value). n.s.=not significant.

한 회귀분석 결과를 제시한다. 연구자는 가설 1~6은 Equation 2에 나타난 결과로(주효과), 그리고 가설 7~13은 Equation 3에 나타난 결과로(조절효과) 검증하였는데, 가설 3, 4, 10을 제외한 가설들은 모두 지지되는 것으로 기술하였다.[7)]

(3) 이학식, 김장현, 양신혜, "소비자의 사회심리적 성, 그리고 소비자-브랜드 성 일치성과 브랜드 태도의 관계," *소비자학연구*, 2009. 3, pp. 177-208.

이 논문의 가설 1과 가설 2는 다음과 같다. 가설 2는 가설 1을 확장한 것으로, 가설 2를 검증한 다음 추가적으로 계층적 회귀분석을 실시하여 검증 결과를 보다 확증하였다.

H1: 사회심리적 성의 소비자-브랜드 일치성이 높을수록 소비자는 보다 호의적인 브랜드 태도를 가질 것이다.

H2: 소비자의 사회심리적 성과 브랜드의 성 일치성이 브랜드 태도에 미치는 영향은 소비자의 생물학적 성과 브랜드의 성 일치성이 브랜드 태도에 미치는 영향보다 더 크다.

가설 1을 검증하기 위해 사회심리적 성의 소비자-브랜드 일치성을 독립변수로, 그리고 브랜드 태도를 종속변수로 하는 회귀분석을 실시하였다. 분석 결과 회귀계수는 .543으로 나타났으며 통계적으로 유의적이었다(t=4.72, p<.01, R^2=.241). 따라서 가설 1은 지지되었다.

가설 2를 검증하기 위해서는 가설 1을 검증하기 위한 회귀분석 결과와 생물학적 성의 일치성 여부를 독립변수로 하고 브랜드 태도를 종속변수로 하는 회귀분석 결과를 비교해야 한다. 생물학적 성의 일치성 여부를 독립변수로 한 회귀분석 결과, 회귀계수는 .135로 나타났으며 통계적으로 비유의적이었다 (t=.59, p>.10, R^2=.005). 이는 생물학적 성의 일치성은 브랜드 태도에 영향을 미치지 않음을 의미한다. 두 가지 회귀분석 결과, 사회심리적 성-브랜드

7) 〈표 4.8〉의 Equation 2는 조절변수 trustworthiness를 포함하고 있다. 그러나 Equation 2는 가설 1~6을 검증하기 위한 것이므로 본서의 저자는 이 변수를 포함시키지 않는 것이 더 적절하다고 생각한다.

성 간의 일치성이 생물학적 성-브랜드 성 간의 일치성보다 브랜드 태도에 더 큰 영향을 미치는 것으로 나타났다. 두 회귀식의 설명력 차이를 검증하기 위해 Vuong(1989)이 제안한 방법에 따라 모형 간 비교를 실시하였다.[8] 이 방법은 주로 nonnested 회귀모형 간 비교에 사용되며, 어느 모형이 보다 우수한지를 조사하는 방법이다(Greene 2000). 분석결과 두 회귀식의 설명력 차이는 통계적으로 유의적이었다(t=1.82; 단측검증 p<.05). 따라서 가설 2는 지지되었다.

추가적으로 소비자의 '생물학적 성과 브랜드 성의 일치 여부'와 브랜드 태도의 관계(모형 1), 소비자의 '사회심리적 성과 브랜드의 성 일치성'과 브랜드 태도의 관계(모형 2), 그리고 '두 가지 일치성'과 브랜드 태도의 관계(모형 3)의 정도(R^2)를 비교하였다. 각 모형의 회귀분석 결과는 〈표 4.9〉와 같다.

〈표 4.9〉에 제시된 바와 같이 생물학적 성과 브랜드 성의 일치여부를 독립변수로 한 회귀식(모형 1)의 R^2는 .005로 나타났으며, 여기에 사회심리적 성

표 4.9 세 모형의 회귀분석 결과 (종속변수: 브랜드 태도)

독립변수	R^2	R^2_{adj}	F-value	t-value	모형
소비자의 생물학적 성과 브랜드 성의 일치 여부	.005	−.009	.352	.59	모형 1
소비자의 사회심리적 성과 브랜드 성의 일치성	.241	.230	22.26	4.72	모형 2
소비자의 생물학적 성과 브랜드 성의 일치 여부	.242	.220	11.01	.234	모형 3
소비자의 사회심리적 성과 브랜드 성의 일치성				4.64	

8) Vuong test는 각 회귀식의 잔차를 이용하는 방법으로, 잔차의 크기가 작은 모형이 보다 우수한 모형이라는 데 토대를 둔다. 절차는 다음과 같다. 각 모형에서의 회귀식과 회귀식에 의해 설명되지 않은 제곱합을 도출하고, 도출된 회귀식을 바탕으로 회귀식에 의해 설명되지 않은 잔차를 계산한다. 그리고 이러한 값들을 아래의 식에 대입하여 m_i를 계산한다. 마지막으로 m_i를 이용하여 v를 계산한다. 이러한 방법에 의해 계산된 값인 v를 t 통계량으로 간주하여 검증한다(Dechow 1994).

$$v=\frac{\sqrt{n}\left[\frac{1}{n}\sum_{i=1}^{n}m_i\right]}{\sqrt{\frac{1}{n}\sum_{i=1}^{n}(m_i-\bar{m})^2}}\text{ 이며, 이때 } m_i=\frac{1}{2}\log\left[\frac{RSS_{\text{모형1}}}{RSS_{\text{모형2}}}\right]+\frac{n}{2}\left[\frac{e^2_{i\text{모형1}}}{RSS_{\text{모형1}}}-\frac{e^2_{i\text{모형2}}}{RSS_{\text{모형2}}}\right]\text{이다.}$$

여기서, RSS는 설명되지 않은 제곱합, e_i는 잔차, 그리고 n은 표본 크기를 의미한다.

과 브랜드 성의 일치성을 추가한 회귀식(모형 3)의 R^2는 .242로 나타났다. 두 회귀식의 설명력 차이를 검증하기 위해 F_{add} test를 실시한 결과 그 차이는 통계적으로 유의적이었다(F=21.57, p<.01). 다음으로, 사회심리적 성과 브랜드 성의 일치성을 독립변수로 한 회귀식(모형 2)의 R^2는 .241로 나타났다. 이 회귀식의 R^2와 모형 3의 R^2(.242)의 차이를 검증한 결과 그 차이는 통계적으로 비유의적이었다(F=.009, p>.10). 이는 가설 2의 결과를 보다 확증하는 것이라 할 수 있다. 모형 2의 R^2_{adj}에 비해 모형 3의 R^2_{adj}가 더 낮은 것은(.230 vs. .220) 모형 3에서 '소비자의 생물학적 성과 브랜드 성의 일치여부'의 추가적 설명력이 매우 미약함을 보여준다.

4.3 다중회귀식의 추정 방식

다중회귀식을 추정하는 방식으로는 동시입력방식, 연속적 탐색방식, 그리고 모든 가능한 회귀식을 추정하여 최상의 회귀식을 선택하는 방식이 있다.

1. 동시입력방식

동시입력방식(enter method)은 연구자가 고려하는 모든 독립변수들을 한꺼번에 투입하여 1회의 분석으로 회귀식을 추정하는 방식이다. 이 방식을 이용하면 다른 모든 독립변수들이 통제된 상태에서 특정 독립변수의 영향력을 알 수 있으며, 또한 연구자가 고려하는 모든 독립변수들이 동시에 종속변수를 설명하는 정도를 알 수 있다. 연속적 탐색방식은 연구자가 고려한 독립변수들 중 일부가 최종 회귀식에 포함되지 않을 수 있는 데 비해, 이 방식을 이용하면 연구자가 투입한 모든 독립변수들로 구성된 회귀식이 산출된다.

이 방식을 이용하는 경우 독립변수들 간의 다중공선성이 높으면 일부의 변수들은 개별적으로는 종속변수와 유의적인 관계를 갖더라도 산출된 회귀식에서 비유의적으로 나타난다. 더욱이 다중공선성이 극도로 높은 경우 계수의 부호가 반대로 나타날 수 있다. 제3장의 3.11에서 예로 제시한 연봉 관련 다중회귀식은 동시입력방식으로 추정하였다. 〈표 3.2〉를 보면 이 변수들 중 재직기간, 피인용 수, 논문 수는 연봉과 매우 유의적인 상관관계를 가지며(p=.000), 성별 또한 연봉과 어느 정도 유의적인 상관관계를 갖는 것을 알 수 있다(p=.059). 그러나 〈표 3.5〉에 나타난 바와 같이 산출된 회귀식에서 논문 수(p=.285)와 성별(p=.624)은 매우 비유의적으로 나타났다. 이는 곧 다중공선성에 의한 것이다.

2. 연속적 탐색방식

연속적 탐색방식(sequential search method)은 여러 단계를 거치면서 회귀식에 독립변수가 추가되거나 혹은 기존의 독립변수가 제거되는 방식이다. 이 방식은 간결성의 원칙(principle of parsimony)에 따라 가급적 적은 수의 독립변수들로 가급적 설명력이 높은 회귀식을 추정하는 데 사용하는 방식으로, 종속변수를 설명하는 데 있어서 설명력이 어느 정도 이상 되는 변수들로만 구성된 회귀식을 발견하는 데 유용하다. 이 방식을 이용하는 경우 비록 개별적으로는 종속변수에 대한 설명력이 높더라도 다른 독립변수와의 상관관계가 높은 독립변수는 회귀식에 포함되지 못한다. 이에는 단계선택방식, 전진방식, 그리고 후진방식이 있다.

(1) 단계선택방식

단계선택방식(stepwise method)은 가장 흔히 이용되는 연속적 탐색방식으로, 한 개의 독립변수로 구성된 회귀식에서 시작하여 단계가 진행되면서 독립변수가 추가된다. 이 방식을 이용하면 모든 독립변수들 중에서 종속변수와 가장 높은 상관관계를 가지면서 연구자가 정한 유의성을 충족시키는 독립변수가 선택되어 첫 번째 회귀식이 산출된다. 다음으로 나머지 독립변수들 중에서 종속변수와 가장 높은 **편상관관계**(partial correlation)를 가지면서 유의성을 충족시키는 독립변수가 추가되며, 이에 따라 두 개의 독립변수로 구성된 회귀식이 산출된다. 이러한 방식으로 진행되어 종속변수와의 편상관관계가 더 이상 유의성을 충족시키는 독립변수가 없으면 분석이 종료된다. 이 방식은 전진방식과 유사하지만, 전 단계에서 회귀식에 포함된 독립변수들도 나중에 들어오는 변수 때문에 그 유의성이 연구자가 제거 기준으로 설정한 기준치를 충족시킬 수 없을 정도로 약해지면 회귀식에서 제거된다는 점에서 다르다.

이 방식을 이용하는 경우, 동시입력방식으로 추정한 회귀식에서 비유의적으로 나타난 독립변수들은 회귀식에 포함되지 않을 가능성이 높다. 처음에 투입한 독립변수들 중 몇 개가 최종 회귀식에 포함될 것인가는 각 독립변수와 종속변수와의 (편)상관관계와 아울러 진입과 제거를 위해 연구자가 설정한 유의성 기준에 따라 다르다. SPSS는 진입의 유의성 기준으로 .05, 그리고 제거의 유의성 기준으로 .10을 default로 하고 있다. 그러므로 연구자가 보다 많은 독립변수들로 구성된 회귀식을 산출하고자 하면 유의성 기준을 보다 완화시키면 된다(예를 들어, 진입 .10, 제거 .20).

(2) 전진방식과 후진방식

전진방식(forward addition)은 단계선택과 마찬가지로 (편)상관관계가 높은 독립변수의 순서로 회귀식에 진입한다. 다만, 단계선택과는 달리 기존에 진입한 변수는 제거되지 않는다. **후진방식**(backward elimination)은 전진방식과 반대로, 모든 독립변수들이 한꺼번에 들어가서 각 단계에서 종속변수에 대한 설명력이 낮은 순서로 제거된다. 이 방식을 이용하는 경우 제거를 위한 유의성 기준을 연구자가 설정하는데, 그보다 유의성이 약한 변수가 더 이상 없으면 종료된다.

3. 모든 가능한 회귀식의 추정과 선택

모든 가능한 회귀식(all-possible-regression)의 추정과 선택은 고려하는 독립변수들로 구성할 수 있는 모든 회귀식을 추정하여 그 중에서 최상의 회귀식을 선택하는 방식이다. 이 방식을 이용하는 경우 개별 변수는 회귀식에 포함되거나 포함되지 않으므로 변수의 수가 q개이면 전체 가능한 회귀식은 2^q개가 된다. 그러므로 독립변수가 가장 많은 회귀식은 연구자가 고려하는 모든 독립변수를 포함하는 회귀식 '$Y=\beta_0+\beta_1X_1+\beta_2X_2+\cdots+\beta_qX_q+\varepsilon$'이며, 가장 간단한 회귀식은 '$Y=\beta_0+\varepsilon$'가 된다. 최상의 회귀식을 선택하는 기준으로는

R^2_{adj}, *MSE*, Mallows C_p, PRESS 기준치 등이 있다.[9] 이 방식의 한계점은 고려해야 할 회귀식이 너무 많다는 것이다. 예를 들어, 독립변수가 6개이면 64(=2^6)개의 회귀식을 고려해야 한다. 이 방식은 많은 회귀식을 고려해야 하는 등의 이유로 다른 방식에 비해 잘 사용되지 않는다.

4.4 다중회귀분석의 예 - 단계선택법

제 3 장의 3.11에서는 연봉 관련 자료를 이용하여 동시입력방식으로 회귀분석을 실시하였다. 이하에서는 동일한 자료를 이용하여 단계선택방식으로 회귀분석을 실시하고, 그 결과를 해석한다. 단 여기에서는 모든 분석결과를 해석하지 않고, 동시입력방식에 의한 분석결과와의 차이점에 초점을 맞추어 해석한다.

SPSS 실행:

분석 - 회귀분석 창에서 종속변수에 연봉, 독립변수에 재직기간, 논문수, 피인용 수, 성별을 보낸다. 방법은 단계선택. 통계량을 클릭하여 추정값, 신뢰구간, 모형적합, *R*제곱 변화량, 기술통계, 부분상관 및 편상관계수, 공선성 진단을 선택한다. 계속 및 확인을 클릭한다.

9) 이 방식은 잘 사용되지 않으므로 기준치에 대한 설명은 생략한다. 구체적으로 알고자 하면 다음의 서적을 참고할 수 있다: Chatterjee and Hadi, *op. cit.*, p. 286; William Mendenhall and Terry Sincich, *Regression Analysis*, 7th ed., Pearson, 2012, p. 334.

분석결과 및 해석:

표 4.10 상관계수

		연봉	재직기간	논문 수	피인용 수	성별
Pearson 상관	연봉	1.000	.608	.506	.550	−.201
	재직기간	.608	1.000	.651	.373	−.210
	논문 수	.506	.651	1.000	.333	−.159
	피인용 수	.550	.373	.333	1.000	−.149
	성별	−.201	−.210	−.159	−.149	1.000
유의확률 (단측)	연봉	.	.000	.000	.000	.059
	재직기간	.000	.	.000	.001	.051
	논문 수	.000	.000	.	.004	.109
	피인용 수	.000	.001	.004	.	.124
	성별	.059	.051	.109	.124	.

〈표 4.10〉의 상관계수표를 보면 '성별'은 종속변수 연봉과의 상관관계가 비유의적이다(α=.05 기준). 그러므로 진입기준을 α=.05로 한다면 성별은 다중공선성과는 무관하게 회귀식에 진입하지 못한다.

표 4.11 진입/제거된 변수

모형	진입된 변수	제거된 변수	방 법
1	재직기간	.	단계선택 (기준: 입력할 F의 확률<= .050, 제거할 F의 확률>= .100).
2	피인용 수	.	단계선택 (기준: 입력할 F의 확률<= .050, 제거할 F의 확률>= .100).

〈표 4.11〉은 단계 1에서 재직기간, 그리고 단계 2에서 피인용 수가 진입하였으며, 이 두 변수만이 최종 회귀식에 포함된 것을 보여준다. 여기서 재직기간이 먼저 진입한 것은 〈표 4.10〉에 나타난 바와 같이 연봉과의 상관관계가 네 개의 독립변수들 중에서 가장 높기 때문이다(.608). 아울러 방법은 진

입기준으로 독립변수와 종속변수의 (편)상관관계의 p-value≤.05, 그리고 제거 기준으로 p-value≥.10으로 설정된 것을 나타낸다.

표 4.12 모형 요약

모형	R	R 제곱	수정된 R 제곱	추정값의 표준오차	통계량 변화량				
					R 제곱 변화량	F 변화량	df 1	df 2	유의확률 F 변화량
1	.608[a]	.370	.359	7770.706	.370	35.168	1	60	.000
2	.701[b]	.491	.474	7042.621	.121	14.047	1	59	.000

a. 예측값: (상수), 재직기간.
b. 예측값: (상수), 재직기간, 피인용수.

〈표 4.12〉는 각 모형의 R^2와 관련 값들을 나타낸다. 모형 1의 R^2와 R^2 변화량은 .370으로 동일하다. 이는 회귀식에 독립변수가 처음으로 투입되었기 때문이다. 모형 1은 F-검증에서 유의적으로 나타났다(F 변화량=35.168, p-value=.000). 모형 2에서는 독립변수 '피인용 수'가 추가됨으로써 R^2가 .121만큼 증가하였으며, 그 증가분은 유의적이다(F 변화량=14.047, p-value=.000). 3.11에서 예시한 동시입력방식으로 추정된 회귀식은 네 개의 독립변수로 R^2가 .503이었는데, 여기에서는 두 개의 독립변수로 된 회귀식의 R^2가 .491로 그 차이가 작다. 더욱이 adjusted R^2는 동시입력방식에 의한 경우 .468인데 비해, 본 분석결과에 의한 경우 .474로 더 크다. 이는 단계선택방식에 의한 경우 진입하지 못한 두 변수의 설명력이 매우 미약함을 암시한다.

표 4.13 분산분석

모형		제곱합	자유도	평균제곱	F	유의확률
1	회귀모형	2.124E9	1	2.124E9	35.168	.000[a]
	잔차	3.623E9	60	6.038E7		
	합계	5.747E9	61			
2	회귀모형	2.820E9	2	1.410E9	28.431	.000[b]
	잔차	2.926E9	59	4.960E7		
	합계	5.747E9	61			

a. 예측값: (상수), 재직기간.
b. 예측값: (상수), 재직기간, 피인용수.

표 4.14 계 수

모형		비표준화 계수		표준화 계수	t	유의확률	B에 대한 95.0% 신뢰구간		상관계수			공선성 통계량	
		B	표준오차	베타			하한값	상한값	0차	편상관	부분상관	공차	VIF
1	(상수)	45450.062	1862.292		24.405	.000	41724.923	49175.200					
	재직기간	1379.271	232.581	.608	5.930	.000	914.039	1844.503	.608	.608	.608	1.000	1.000
2	(상수)	39073.675	2396.474		16.305	.000	34278.342	43869.007					
	재직기간	1061.764	227.176	.468	4.674	.000	607.187	1516.342	.608	.520	.434	.861	1.162
	피인용 수	212.112	56.594	.375	3.748	.000	98.867	325.356	.550	.439	.348	.861	1.162

〈표 4.13〉은 〈표 4.12〉에서 제시된 각 모형의 R^2, .370과 .491에 대한 유의성 검증결과에 해당하는 F와 유의확률을 보여준다. 검증통계량 F는 각각 35.168과 28.431이며 유의적이다(p=000).

〈표 4.14〉는 단계별 회귀식을 보여주는데, 최종 추정회귀식은 $\hat{Y} = 39{,}073.675 + 1{,}061.764X_1 + 212.112X_2$이다. 앞에서 본 바와 같이 $R^2 = .491$로 유의적으로 나타났으므로($F = 28.431$, p-value$=.000$), 독립변수 값이 주어지면 추정회귀식을 이용하여 종속변수(연봉) 값을 예측할 수 있다. 또한, 최종 회귀식에 포함된 두 독립변수는 유의적이다($p = .000$). 이처럼 단계선택에 의해 산출된 최종 회귀식에 포함된 모든 독립변수는 연구자가 설정한 진입 유의성 기준(흔히 $\alpha = .05$)에서 언제나 유의적으로 나타난다. 끝으로, 종속변수에 대한 설명력의 크기순서는 재직기간, 피인용 수의 순이다. 이는 모형 1에 재직기간이 진입하고 모형 2에 피인용 수가 추가된 것과 일치한다.

두 독립변수의 공차한계는 모두 .861로 1에 가까우므로 다중공선성이 낮다. 공차한계 .861을 1에서 차감하면 .139가 되며 이의 제곱근은 .3728로 〈표 4.10〉에 제시된 두 변수의 상관관계 .373과 동일함을 확인할 수 있다. 이처럼 두 개의 독립변수로 구성된 회귀식에서 각 독립변수의 공차한계는 언제나 동일한 값이며, 따라서 VIF 또한 동일하다.

〈표 4.15〉에는 각 단계별 모형에서 제외된 변수들에 대한 통계량이 제시되어 있다. 이 표는 각 단계에서 다음 단계에 어떤 변수가 진입할 것인지를 보여준다. 먼저, 모형 1에서 제외된 세 개의 독립변수들 중에서 피인용 수의 편상관계수가 가장 크며, 모형에 진입하는 경우 $p = .000$이 될 것이므로 다음

표 4.15 제외된 변수

모형		베타입력	t	유의확률	편상관계수	공선성 통계량		
						공차	VIF	최소 공차한계
1	논문 수	.192a	1.434	.157	.184	.577	1.734	.577
	피인용 수	.375a	3.748	.000	.439	.861	1.162	.861
	성별	−.077a	−.731	.468	−.095	.956	1.046	.956
2	논문 수	.135b	1.097	.277	.143	.567	1.763	.549
	성별	−.049b	−.515	.609	−.067	.950	1.052	.837

a. 모형내의 예측값: (상수), 재직기간.
b. 모형내의 예측값: (상수), 재직기간, 피인용수.

단계에서 진입하게 됨을 보여준다. 여기서 베타입력, t 및 유의확률은 그 변수가 회귀모형에 진입하는 경우에 해당 변수의 각각의 값을 의미한다. 독자는 피인용 수의 해당 값들을 〈표 4.14〉의 모형 2의 피인용 수의 해당 값들과 비교하면 일치함을 알 수 있다. 〈표 4.15〉의 모형 2는 남은 두 변수가 각각 종속변수와 비유의적인 편상관관계를 가지므로(p=.277, p=.609) 더 이상 진입할 수 없음을 보여준다. 이에 따라 재직기간과 피인용 수만으로써 최종 회귀모형이 구성된다.

4.5 집단 간 평균비교를 위한 회귀분석의 적용

일반적으로 두 집단의 평균을 비교하기 위해서는 t-test, 그리고 다수 집단들의 평균을 비교하기 위해서는 ANOVA를 실시한다. 그러나 이 경우 집단을 더미변수로 처리하여 회귀분석을 실시해도 된다. 이하에서는 한 예를 제시하고 일원분산분석과 회귀분석을 실시한 다음 그 결과를 비교 설명한다.

예제: 세 개의 광고물 대안 A, B, C 중 가장 효과적인 한 광고물을 선택하고자 한다. 〈표 4.16〉은 각 광고물에 노출된 소비자들의 브랜드태도 값

을 나타낸다(1 = 가장 비호의적, 9 = 가장 호의적). 이 결과로부터 광고물 대안에 따라 그 효과가 다르다고 할 수 있는가? 만약 다르다면 어느 광고물이 가장 효과적인가? $\alpha = .05$.

표 4.16 세 개의 광고물에 대한 브랜드태도 (자료파일명: 브랜드태도-분산)

A	B	C	A	B	C
4	7	8	4	6	7
5	4	7	4	5	8
3	6	7	3	5	8
4	5	6	5	4	5
3	4	8	5	4	6

1. 일원분산분석

SPSS 실행:

평균비교 → 일원배치분석 → 요인에 광고물, 종속변수에 브랜드태도 → 사후분석: Tukey방법 → 옵션: 기술통계 → 계속 및 확인.

분석결과 및 해석:

표 4.17 기술통계

	N	평균	표준편차	표준오차	평균에 대한 95% 신뢰구간		최소값	최대값
					하한값	상한값		
1	10	4.00	.816	.258	3.42	4.58	3	5
2	10	5.00	1.054	.333	4.25	5.75	4	7
3	10	7.00	1.054	.333	6.25	7.75	5	8
합계	30	5.33	1.583	.289	4.74	5.92	3	8

표 4.18 분산분석

	제곱합	df	평균 제곱	F	유의확률
집단-간	46.667	2	23.333	24.231	.000
집단-내	26.000	27	.963		
합계	72.667	29			

표 4.19 다중비교(Tukey)

(I) 광고물	(J) 광고물	평균차(I-J)	표준오차	유의확률	95% 신뢰구간	
					하한값	상한값
1	2	−1.000	.439	.076	−2.09	.09
	3	−3.000*	.439	.000	−4.09	−1.91
2	1	1.000	.439	.076	−.09	2.09
	3	−2.000*	.439	.000	−3.09	−.91
3	1	3.000*	.439	.000	1.91	4.09
	2	2.000*	.439	.000	.91	3.09

*. 평균차는 0.05 수준에서 유의합니다.

A, B, C 각 광고물에 노출된 소비자의 브랜드태도의 평균은 4.0, 5.0, 7.0으로 나타났으며, 그 차이는 유의적이었다($F=24.231$, $p=.000$). 또한 Tukey에 의한 다중비교 결과 광고물 C에 노출된 소비자의 브랜드태도의 평균값은 광고물 A와 B에 노출된 소비자의 브랜드태도의 평균값보다 각각 유의적으로 높은 것으로 나타났다. 따라서 광고물 C가 가장 효과적이라고 할 수 있다.

2. 회귀분석

다음으로 회귀분석을 실시하기 위해 집단을 더미변수로 처리하였다. 이를 위해 두 개의 더미변수를 설정하고 다음과 같이 코딩하였다. A: D1=0, D2=0, B: D1=1, D2=0, C: D1=0, D2=1. 따라서 원자료는 〈표 4.20〉과 같이 변환되었다.

표 4.20 세 광고물에 대한 브랜드태도 값의 더미변수화 (자료파일명: 브랜드태도-회귀)

브랜드 태도	D1	D2	브랜드 태도	D1	D2	브랜드 태도	D1	D2
4	0	0	7	1	0	8	0	1
5	0	0	4	1	0	7	0	1
3	0	0	6	1	0	7	0	1
4	0	0	5	1	0	6	0	1
3	0	0	4	1	0	8	0	1
4	0	0	6	1	0	7	0	1
4	0	0	5	1	0	8	0	1
3	0	0	5	1	0	8	0	1
5	0	0	4	1	0	5	0	1
5	0	0	4	1	0	6	0	1

SPSS 실행:

회귀분석 → 종속변수: 브랜드태도, 독립변수: D1, D2 → 확인.

분석결과 및 해석:

표 4.21 모형 요약

모형	*R*	*R* 제곱	수정된 *R*제곱	추정값의 표준오차
1	.801[a]	.642	.616	.981

a. 예측값: (상수), D2, D1.

표 4.22 분산분석

모형		제곱합	자유도	평균 제곱	*F*	유의확률
1	회귀 모형	46.667	2	23.333	24.231	.000[a]
	잔차	26.000	27	.963		
	합계	72.667	29			

a. 예측값: (상수), D2, D1.

표 4.23 계 수

모형		비표준화 계수		표준화 계수	t	유의확률
		B	표준오차	베타		
1	(상수)	4.000	.310		12.890	.000
	D1	1.000	.439	.303	2.279	.031
	D2	3.000	.439	.909	6.836	.000

〈표 4.23〉 계수표의 비표준화 계수로부터 각 집단의 평균값을 다음과 같이 계산할 수 있다: A=4.0, B=4.0+1.0=5.0, C=4.0+3.0=7.0. 또한 〈표 4.22〉에 나타난 바와 같이 세 집단의 평균값 차이는 유의적이었다(F=24.231, p=.000). 이는 〈표 4.18〉의 내용과 일치한다.

4.6 다중공선성 - 특수한 경우

여러 개의 독립변수들로 다중회귀분석을 실시하는 경우 다중공선성이 존재하더라도 각 독립변수 계수의 부호는 대개의 경우 단순회귀분석을 실시하는 경우와 동일하게 나타난다. 그러나 독립변수들 간의 다중공선성이 매우 크면 독립변수 계수의 부호가 원래 기대와는 반대로 나타날 수 있다. 이하에서는 25개 담배 브랜드의 한 개비 당 타르 및 니코틴의 함유량과 무게를 독립변수로, 그리고 배출되는 일산화탄소량을 종속변수로 한 회귀분석 결과를 예시한다. 분석 자료는 〈표 4.24〉와 같다.[10)]

10) 이 자료의 출처는 다음과 같다: Mendenhall and Sinch, *op. cit.*, p. 366.

표 4.24 담배관련 자료 (자료파일명: 담배)

Brand	타르(mg)	니코틴(mg)	무게(gram)	일산화탄소(mg)
Alpine	14.1	0.86	0.9853	13.6
Benson & Hedges	16.0	1.06	1.0938	16.6
Bull Durham	29.8	2.03	1.1650	23.5
Camel Lights	8.0	0.67	0.9280	10.2
Carlton	4.1	0.40	0.9462	5.4
Chesterfield	15.0	1.04	0.8885	15.0
Golden Lights	8.8	0.76	1.0267	9.0
Kent	12.4	0.95	0.9225	12.3
Kool	16.6	1.12	0.9372	16.3
L&M	14.9	1.02	0.8858	15.4
Lark Lights	13.7	1.01	0.9643	13.0
Marlboro	15.1	0.90	0.9316	14.4
Merit	7.8	0.57	0.9705	10.0
Multifilter	11.4	0.78	1.1240	10.2
Newport Lights	9.0	0.74	0.8517	9.5
Now	1.0	0.13	0.7851	1.5
Old Gold	17.0	1.26	0.9186	18.5
Pall Mall Light	12.8	1.08	1.0395	12.6
Raleigh	15.8	0.96	0.9573	17.5
Salem Ultra	4.5	0.42	0.9106	4.9
Tareyton	14.5	1.01	1.0070	15.9
True	7.3	0.61	0.9806	8.5
Viceroy Rich Lights	8.6	0.69	0.9693	10.6
Virginia Slims	15.2	1.02	0.9496	13.9
Winston Lights	12.0	0.82	1.1184	14.9

분석결과 및 해석:

표 4.25 상관계수

		타르	니코틴	무게	일산화탄소
타르	Pearson 상관계수	1	.977**	.491*	.957**
	유의확률 (양쪽)		.000	.013	.000
	N	25	25	25	25
니코틴	Pearson 상관계수	.977**	1	.500*	.926**
	유의확률 (양쪽)	.000		.011	.000
	N	25	25	25	25
무게	Pearson 상관계수	.491*	.500*	1	.464*
	유의확률 (양쪽)	.013	.011		.019
	N	25	25	25	25
일산화탄소	Pearson 상관계수	.957**	.926**	.464*	1
	유의확률 (양쪽)	.000	.000	.019	
	N	25	25	25	25

**. 상관계수는 0.01 수준(양쪽)에서 유의합니다.
*. 상관계수는 0.05 수준(양쪽)에서 유의합니다.

표 4.26 모형 요약

모형	R	R 제곱	수정된 R제곱	추정값의 표준오차
1	.958[a]	.919	.907	1.4457

a. 예측값: (상수), 무게, 타르, 니코틴.

표 4.27 분산분석

모형		제곱합	자유도	평균 제곱	F	유의확률
1	회귀 모형	495.258	3	165.086	78.984	.000[a]
	잔차	43.893	21	2.090		
	합계	539.150	24			

a. 예측값: (상수), 무게, 타르, 니코틴.

표 4.28 계 수[a]

모형		비표준화 계수		표준화 계수	t	유의확률	공선성 통계량	
		B	표준오차	베타			공차	VIF
1	(상수)	3.202	3.462		.925	.365		
	타르	.963	.242	1.151	3.974	.001	.046	21.631
	니코틴	−2.632	3.901	−.197	−.675	.507	.046	21.900
	무게	−.130	3.885	−.002	−.034	.974	.750	1.334

a. 종속변수: 일산화탄소.

〈표 4.25〉 상관계수표를 보면 독립변수 타르와 니코틴은 종속변수 일산화탄소와 매우 높은 정의 상관관계를 갖는다(.957, .926). 그러나 〈표 4.28〉 계수표에 의하면 니코틴은 비유의적으로 나타났다(p-value = .507). 이는 니코틴과 타르의 높은 공선성 때문이다. 두 변수의 공차한계는 각각 .046으로 이 변수들의 공선성이 매우 높음을 보여준다. 더욱이 니코틴의 계수는 '−'로 나타나 원래 일산화탄소와의 상관관계의 부호인 '+'와 반대로 되었다. 본 예의 경우 니코틴은 타르와 .977의 상관관계를 갖는데, 이처럼 독립변수들 간의 상관관계가 극히 높은 경우 당초의 독립변수와 종속변수 간의 상관관계 부호가 회귀분석 결과 반대로 변할 수 있다. 이러한 현상은 무게의 경우에도 비록 그 정도는 약하지만 유사한 패턴으로 나타났다.

제 5 장

회귀분석을 위한 가정

Regression Analysis

회귀분석과 관련하여 지금까지 서술한 내용들은 몇 가지 가정의 충족을 전제로 한다. 이러한 가정에 크게 위배된다면 분석에 따른 결론은 타당성을 갖지 못한다. 첫째, 보다 심각한 경우로, 회귀분석 결과 도출되는 회귀계수는 모수를 제대로 추정하지 못하며, 나아가 R^2, 유의성 검증, 신뢰구간 등이 부정확하게 나타난다. 또한 이 경우 회귀모형으로부터 종속변수 값을 예측하면 그 신뢰성이 낮다. 둘째, 회귀계수는 바르게 추정하지만 회귀계수의 표준오차의 추정이 부정확할 수 있다. 이 경우 유의성 검증과 신뢰구간은 부정확하다.[1)]

가정의 위배는 부정확한 회귀모형 혹은 데이터셋의 문제에 기인한다. 가정들 중 여러 가지가 잔차에 관련된 것이므로 잔차를 점검함으로써 가정의 충족 여부를 상당히 판단할 수 있다. **잔차**(residual)는 종속변수의 관측치와 예측치 간의 차이를 말한다.[2)] 잔차를 점검할 때 대체로 예측치가 커지면 잔차도 커진다. 따라서 잔차들을 직접 비교하기 위해 표준화(standardization)하는 것이 바람직하다. **표준화 잔차**(standardized residual)는 잔차를 그 표준편차로 나눈 값으로, 평균 '0'과 표준편차 '1'을 갖는다.[3)] 가장 널리 사용되는 표준화 잔차는 **스튜던트화 잔차**(studentized residual)인데, 이는 *t*-값에 해당한다.

단순회귀분석의 경우 **잔차도표**(residual plot)를 그리기 위하여 *Y*축에 잔차를, 그리고 *X*축에 종속변수 혹은 독립변수를 위치시킨다. 그러나 다중회귀분석의 경우 단지 종속변수만이 regression variate(회귀식의 오른쪽 부분)의 전체 효과를 나타내기 때문에 *Y*축에 잔차를, 그리고 *X*축에 종속변수를 위치시킨다. 예를 들어, [그림 5.1-a]는 *Y*축에 잔차를, 그리고 *X*축에 종속변수를 위치시키고 있다. 이 잔차도표는 잔차가 '0'을 중심으로 비교적 고르게 분포되어 있으며, 종속변수(*X*축)의 값에 따라 특정한 패턴을 갖지 않는다. 이와 같은 잔차도표를 **null plot**으로 부르며, 잔차도표가 이처럼 나타나면 모든 가정을 대체로 충족시키는 것으로 볼 수 있다.[4)]

---

1) Jacob Cohen, Patricia Cohen, Stephen G. West, and Leona S. Aiken, *Applied Multiple Regression/Correlation Analysis for the Behavioral Sciences*, 3rd ed., Lawrence Erlbaum, 2003, p. 117.

2) 제2장에서 잔차는 다른 말로 오차라고 하며 본서에서는 이 분야의 다른 서적들처럼 두 가지를 혼용하여 사용함을 기술하였다.

3) Samprit Chatterjee and Ali S. Hadi, *Regression Analysis by Example*, 4th ed., Wiley, 2006, p. 89.

그림 5.1 잔차도표

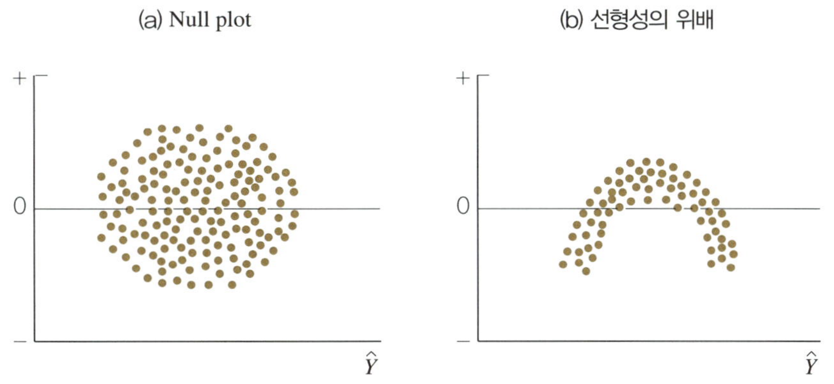

5.1 모형의 설정과 측정에 관한 가정

회귀모형은 사회 혹은 자연 현상에 존재하는 변수들 간의 영향관계를 수식으로 표현하는 것인데 반드시 **논거**(reasoning)를 토대로 설정해야 한다. 연구자는 회귀모형을 구성할 때 종속변수에 영향을 줄 것으로 생각하는 독립변수들을 모형에 포함시키려고 하지만 연구자가 포함시킨 변수들이 부적절한 것일 수도 있고 혹은 반드시 포함시켜야 할 변수들을 포함시키지 않았을 수도 있다. 그러므로 회귀모형이 논리를 토대로 적절히 설정되어야 그 분석결과는 현실을 설명하는 데 적절하다. 뿐만 아니라 회귀모형에 포함된 변수들을 계량적으로 측정한 값이 **신뢰성**(reliability)과 **타당성**(validity)을 가져야 한다. 이는 모형이 제대로 설정되었더라도 그 측정값이 변수들을 제대로 반영하지 못한다면 그 결과 또한 현실을 바로 나타내지 못하기 때문이다. 모형 설정이 잘못되거나, 모형 설정은 바로 되었더라도 측정이 잘못되면 회귀계수의 추정치와 표준오차는 **biased** 된다.

4) Joseph F. Hair, Jr., William C. Black, Barry J. Babin, and Rolph E. Anderson, *Multivariate Data Analysis*, 7th ed., Pearson, 2010, p. 183.

5.2 독립변수와 종속변수 간의 선형성 가정[5)]

1. 선형성의 의미

선형성(linearity)은 독립변수(들)와 종속변수 간의 선형적 관계에 대한 가정이다. **선형적 관계**란 예를 들어, $Y=\beta_0+\beta_1X$의 회귀식은 X의 범위에 걸쳐 기울기가 1으로 일정하다는(constant) 것을 나타낸다. 구체적으로, X가 1 증가하면 Y는 β_1 증가, 그리고 X가 2 증가하면 Y는 $2\beta_1$ 증가한다. 또한 $Y=\beta_0+\beta_1X_1+\beta_2X_2$의 회귀식의 경우 X_2의 값에 상관없이 X_1의 기울기는 β_1으로 일정하며, X_1의 값에 상관없이 X_2의 기울기는 β_2로 일정하다. 이에 비해 비선형적 관계의 예로서, $Y=\beta_0+\beta_1X+\beta_1X^2$의 회귀식의 경우 기울기가 일정하지 않으며, X의 증가에 따라 Y는 증가하다가 감소, 혹은 감소하다가 증가한다. 현실에서 선형적 관계가 존재하지 않는데 선형성의 가정하에 (선형)회귀분석을 실시하면, 자료(현실로부터 수집)가 선형성 가정을 충족시키지 못한다. 결국 회귀계수와 표준오차의 추정이 부정확하고, 따라서 유의성 검증과 신뢰구간 추정에 오류가 발생한다.[6)]

2. 선형성의 진단

선형성을 진단하기 위해서는 일반적으로 **잔차도표**(residual plot)를 이용하면 된다. 전술한 바와 같이, 잔차도표를 그리기 위하여 단순회귀분석의 경우 Y축에 잔차를, 그리고 X축에 종속변수 혹은 독립변수를 위치시키며, 다중회귀분석의 경우 Y축에 잔차를, 그리고 X축에 종속변수를 위치시킨다. [그림 5.1-a]의 잔차도표처럼 null plot의 형태로 나타나면 선형성 가정을 포함하여 모든 가정을 대체로 충족시키는 것으로 본다. 그런데 다중회귀모형의 잔차도표는 여러 독립변수들의 결합효과를 나타내므로, 선형성 가정을 충족시키지 못할

5) 회귀분석은 이러한 가정을 요구하지만 약간의 위배는 계수추정 혹은 분석결론에 큰 영향을 주지는 않는다. Chatterjee and Hadi, *op. cit.*, p. 88.

6) Cohen et al., *op. cit.*, p. 118.

때 주로 어느 독립변수(들)에 기인하는지 알 수 없다. 이를 알기 위해서는 **편회귀도표**(partial regression plots)를 이용한다. 이는 다른 모든 독립변수들을 통제한 상태에서 특정 독립변수와 종속변수 간의 고유의(unique) 관계를 도시한다. 편회귀도표에 의해 선형성 가정을 위배하는 특정 변수를 발견하면 그 변수에 대해 수정을 실시하면 된다.[7] 잔차도표에 의해 선형성 가정이 충족되는 것으로 판단하는 경우에도 편회귀도표를 이용하여 각 독립변수와 종속변수 간의 선형성을 추가로 점검할 수 있다.

3. 비선형성의 치료

[그림 5.1-b]는 **비선형성**(nonlinearity)을 예시한다. 비선형성을 치료하는 직접적인 방법은 일부의 독립변수를 로그, 제곱, 제곱근 등의 방법으로 **변환**하는(transform) 것이다. 변환은 이분산성의 문제가 아닌 경우 독립변수에 적용한다. 그런데 어떤 경우에 특정한 변환이 반드시 바람직하다기보다 연구자가 여러 방법으로 변환을 시도해보고(trial and error) 결국 그 가정을 가장 잘 충족시키는 변환을 취하면 된다.[8] 만약 어떤 방법으로도 선형성 가정을 충족시키지 못하면 $Y=\beta_0+\beta_1X_1+\beta_2X_2+\cdots+\beta_kX_k+\varepsilon$의 형태로 설정한 모형 자체가 선형성을 결여한 것이므로 비선형 회귀모형으로 재설정하는 것을 시도할 수 있다.

5.3 오차의 정규성 가정

1. 오차의 정규성의 의미

X의 어떤 값에 대해 여러 개의 y의 추정치가 존재하면 역시 여러 개의 오차가 발생한다. 이 경우 그 오차들은 평균 '0'의 정규분포를 따른다는 가정

7) Hair et al., *op. cit.*, p. 184.
8) Hair et al., *op. cit.*, p. 76.

이다. **정규성**(normality) 가정의 위배는 회귀계수의 추정에는 bias를 가져오지 않는다. 그러나 표준오차의 추정이 부정확하여 유의성 검증과 신뢰구간 추정에 영향을 줄 수 있다. 특히 표본의 크기가 작은 경우 그 문제는 심각하다. 오차가 정규분포를 따르지 않는다는 것은 회귀모형이 제대로 설정되지 않았기 때문일 수 있다. 표본의 크기가 큰 경우 오차의 비정규성은 유의성 검증과 신뢰구간 추정에 심각한 영향을 주지는 않는다.[9)]

2. 정규성의 진단

정규성을 진단하기 위해서는 표준화 잔차의 히스토그램 그리고/혹은 정규확률도표를 이용할 수 있다. 이 중 표준화 잔차의 **히스토그램**(histogram)은 표준화 잔차가 정규분포에 비해 얼마나 유사한지 혹은 다른지를 보여준다. 또한 표준화 잔차의 **정규확률도표**(normal probability plot)는 잔차의 누적 분포와 정규분포의 누적 분포를 나타낸다. 이 표에서 정규분포는 대각선의 형태로 그려지고 잔차는 그 대각선 주위에 점들로 나타난다. 점들의 분포가 대각선에 가까울수록 정규성 가정을 보다 충족시킨다.

3. 비정규성의 치료

비정규분포로서 흔한 패턴은 flat distribution과 skewed distribution이다. 이 경우 독립변수에 대해 변환을 적용한다. flat 분포의 경우 역수($1/X$)를 취함으로써 자료를 변환하는 경우가 많다. 또한 부의 왜도를 갖는 분포는 제곱(X^2) 혹은 세제곱(X^3) 변환, 그리고 정의 왜도를 갖는 분포는 로그 혹은 제곱근을 취하는 변환을 우선적으로 고려할 수 있다.[10)]

SPSS를 이용한 자료 변환의 예:

선택메뉴의 변환에서 변수계산을 클릭한다. 대상변수에 변환 후 새로운 변수의 이름을 기입하고, 숫자표현식에 변환된 식을 기입한다. 예를 들어, 재직기간을 '역수($1/X$)'로 변환하는 경우, 대상변수에 '재직기간역수' 숫자표현식

9) Cohen et al., *op. cit.*, p. 120.

10) Hair et al., *op. cit.*, p. 74.

에 '1/재직기간'을 기입하고 확인을 클릭하면 자료파일에 '재직기간역수'의 열이 생성된다.

5.4 오차의 등분산성 가정

1. 오차의 등분산의 의미

X의 어떤 값에 대해 여러 개의 y의 추정치가 존재하면 역시 여러 개의 오차가 발생한다. 오차의 **등분산**(homoscedasticity)은 그 오차들의 분산이 X의 모든 값에 걸쳐서 일정한(constant) 상태를 의미한다. 반대로 X의 값의 변화에 따라 분산이 달라지면 그러한 상태를 **이분산**(heteroscedasticity)이라고 한다. 이분산의 경우 회귀계수 추정치는 unbiased이지만, 표준오차의 추정은 부정확하다. 따라서 유의성 검증 결과와 신뢰구간이 부정확하다. 그러나 이분산의 문제가 심각하지 않으면 유의성 검증과 신뢰구간이 정확한 값에 가깝게 나타난다.[11]

그림 5.2 오차의 정규성 및 등분산 가정[12]

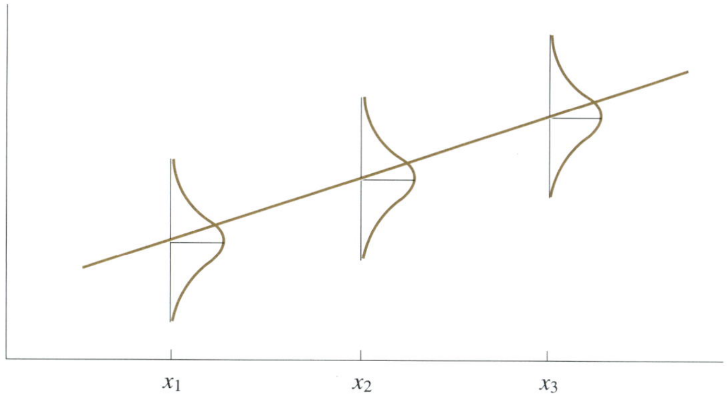

11) Cohen et al., *op. cit.*, p. 120.
12) William Mendenhall and Terry Sincich, *Regression Analysis*, 7th ed., Pearson, 2012, p. 105.

그림 5.3 잔차도표

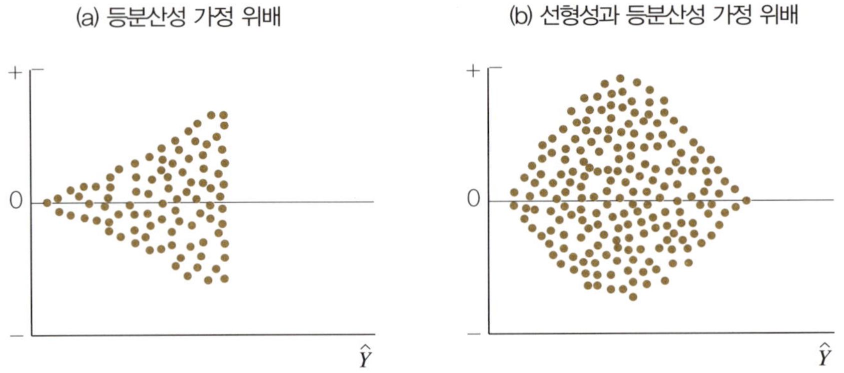

[그림 5.2]는 오차의 정규성 가정과 등분산 가정을 보여준다. 즉, 독립변수 값인 x_1, x_2, x_3 각각에 대한 오차값들은 평균 0, 등분산 σ^2(모든 분포는 동등한 정도의 분산으로 나타나 있음)의 정규분포를 따르는 것으로 도시되어 있다.

2. 등분산성의 진단

등분산성 가정은 회귀분석에서 가장 흔히 위배되는 가정이다. 잔차도표를 이용하거나 통계적 검증으로 진단할 수 있다. 등분산성 가정을 충족시키지 못하는 경우 잔차는 [그림 5.3-a]처럼 삼각형 형태(오른쪽이 열리거나 왼쪽이 열리는) 혹은 다이아몬드 형태로 나타나는 경우가 많다. [그림 5.3-b]는 선형성과 등분산성 가정을 모두 위배하는 경우이다.

3. 이분산성의 치료

오차의 이분산성을 치료하는 한 가지 방법은 종속변수를 변환하는 것이다. 이분산성 패턴이 삼각형 형태로서 오른쪽으로 열리면 역수, 왼쪽으로 열리면 제곱근을 취하는 경우가 일반적이다. 대부분의 경우 이분산성은 비정규성으로 인해 발생한다.[13] 그러므로 자료의 변환에 의해 비정규성을 치료하면

13) Hair et al., *op. cit.*, p. 75.

이분산성도 치료되는 경우가 많다.

이분산성을 치료하기 위한 다른 방법은 **가중최소자승법**(weighted least squares; WLS)을 이용하여 회귀분석을 실시하는 것이다. 이 방법은 가중잔차자승합(weighted sum of squares of the errors)을 최소화하여(minimize) 회귀계수를 추정하는 방법이다. 보통의 최소자승법(ordinary least squares; OLS)의 경우 모든 잔차의 가중치가 동일한 데 비해 이는 분산이 큰 잔차의 영향력을 작게 하는 방법이다. 가중최소자승법은 다음의 식에 의해 도출되는 값을 최소화하는 방법이다. 이 식에서 w는 $1/\sigma_i^2$로서 결국 분산이 큰 잔차의 가중치는 작게 되며 이에 따라 회귀계수의 추정에 그 영향력이 작아진다.

$$\sum_{i=1}^{n} w_i(y_i - \beta_0 - \beta_1 x_{i1} - \cdots - \beta_k x_{ik})^2$$

참고로, 보통의 최소자승법은 다음의 식에 의해 도출되는 값을 최소화하는 것이다. 위의 식은 이 식에 비해 w가 추가되어 있음을 알 수 있다.

$$\sum_{i=1}^{n} (y_i - \beta_0 - \beta_1 x_{i1} - \cdots - \beta_k x_{ik})^2$$

끝으로, 만약 어떤 방법으로도 이분산성이 치료되지 않으면 그 자료는 회귀분석의 대상으로 적절하지 않다.

5.5 오차의 독립성 가정

1. 오차의 독립성의 의미

관측치들의 오차들은 서로 독립적(independent)이어야 한다. 모집단으로부터 무작위로 추출한 표본은 대체로 이 가정을 충족시킨다. 그러나 자료가 군집화되거나(clustered) 혹은 시간적으로 연결되어 있으면 오차들은 독립적이지

그림 5.4 잔차도표

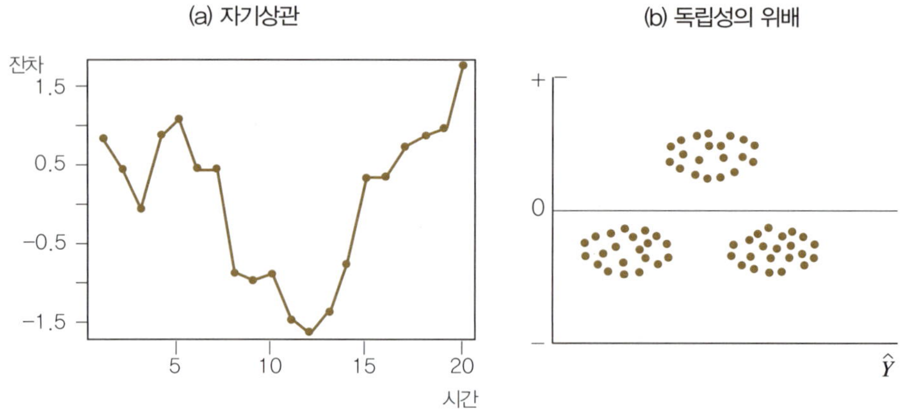

않을 수 있다. 예를 들어, 표본을 고등학생 집단, 대학생 집단, 그리고 30대 직장인 집단에서 추출한 경우, 동일 집단에서 추출한 두 명의 응답은 각각 다른 집단에서 추출한 두 명의 응답보다 더 유사할 수 있다. 또한 동일한 대상으로부터 반복적으로 측정하는 경우, 측정 시점이 가까울수록 그 응답이 유사할 수 있다.

관측치가 시간적 순서에 따라 가까운 것들끼리 상관관계가 높으면 이를 **자기상관**(autocorrelation)이라고 한다. 시계열 자료에서 연속적인 오차들은 정(正)의 상관관계를 갖는 경향이 있다. 즉, 한 오차가 높은 정의 값을 가지면 이어지는 오차도 정의 오차를 가지며, 높은 부(負)의 값을 가지면 이어지는 오차도 부의 값을 갖는 것이다. [그림 5.4-a]의 잔차도표는 시간과 잔차의 관계를 도시한다. 이 도표는 여러 개의 연속적 잔차는 정의 값을 가지며, 또 다른 여러 개의 연속적 잔차는 부의 값을 갖는 것을 보여준다. 오차의 비독립성은 회귀계수의 추정치에는 영향을 미치지 않는다. 그러나 표준오차에 영향을 미침으로써 유의성 검증과 신뢰구간 계산에 오류를 가져온다.[14]

14) Cohen et al., *op. cit.*, p. 120.

2. 독립성의 진단

(1) 잔차도표의 이용

잔차도표를 이용하는 경우 잔차의 패턴이 무작위로 나타나고 [그림 5.1-a]의 null plot과 유사하다면 독립성 가정을 충족시키는 것으로 본다. 만약 잔차가 어떤 패턴을 나타내면(예를 들어, 자기상관이 존재하면) 이는 가정을 위배하며, 종속변수를 설명하는 데 필요한 중요한 변수가 회귀모형에 포함되지 않았다는 것을 의미한다. [그림 5.4-b]는 계절성 제품의 경우로 월을 독립변수에 포함시키지 않으면 잔차가 월에 따라 특정한 패턴으로 나타나는 것을 보여준다. 이 그림에는 잔차가 여름에는 정의 값으로, 그리고 겨울에는 부의 값으로 나타나 있다.

(2) Durbin-Watson test

Durbin-Watson test를 이용하여 자기상관의 존재를 검증할 수 있다. 이를 위한 가설은 다음과 같다.

H_0: 자기상관이 존재하지 않는다($\rho=0$).

위의 가설을 검증하기 위해 다음의 Durbin-Watson d 통계량을 이용할 수 있다.

$$d=\frac{\sum_{i=2}^{n}(e_t-e_{t-1})^2}{\sum_{i=1}^{n}e_t^2} \qquad (5.1)$$

여기서, e_i는 i번째 잔차, 그리고 n은 관측치의 수를 나타낸다.

Durbin-Watson d와 자기상관 r과의 관계는 대체로 다음과 같다: $d=2(1-r)$. 여기서 $r=0$이면 $d=2$, $r=1$이면 $d=0$, $r=-1$이면 $d=4$이므로 d 통계량은 다음의 특성을 갖는다.

① d의 범위는 $0 \le d \le 4$이다.
② d가 2에 가까울수록 자기상관은 0에 가깝다.
③ 자기상관이 정의 방향이면 $d<2$이다.
④ 자기상관이 부의 방향이면 $d>2$이다.

식 (5.1)을 이용하여 자료로부터 산출된 d의 값과 부록의 〈표 5〉에 제시된 d_L과 d_U를 이용하여 가설을 검증한다. 정(正)의 상관관계에 대한 검증 규칙은 다음과 같다.

① $d<d_L$이면, H_0를 기각하고 정의 상관관계가 있다고 결론 내린다.
② $d>d_U$이면, H_0를 기각하지 않으며 상관관계는 존재하지 않는다고 결론 내린다.
③ $d_L<d<d_U$이면, 기각 여부를 결정할 수 없다(inconclusive).

부(負)의 상관관계에 대한 검증 규칙은 다음과 같다.

① $d>4-d_L$이면, H_0를 기각하고 부의 상관관계가 있다고 결론 내린다.
② $d<4-d_U$이면, H_0를 기각하지 않으며 상관관계는 존재하지 않는다고 결론 내린다.
③ $4-d_U<d<4-d_L$이면, 기각 여부를 결정할 수 없다(inconclusive).

3. 비독립성의 치료

앞에서 오차가 어떤 패턴을 나타내면 중요한 변수가 회귀모형에 포함되지 않았다는 것을 의미한다고 하였다. 따라서 그 변수를 회귀모형에 포함시키면 그 패턴은 사라진다. 다른 방법으로, 높은 자기상관을 갖는 경우 자료를 변환시키고, 그 변환된 자료를 이용하여 회귀분석을 할 수 있다.[15)]

15) 구체적인 내용을 알고자 하면 다음을 참조할 수 있다: Cohen et al., *op. cit.*, pp. 148-149.

5.6 관측치에 관한 가정

1. 의 미

이는 모든 관측치가 동일하게 신뢰할 수 있고 회귀모형의 결정에 거의 동등한(equal) 역할을 한다는 가정이다.[16] 이 가정이 필요한 이유는 특정 관측치가 **예외값**(outlier)을 가지면 회귀모형에 큰 **영향력**(influential)을 행사하여 그 관측치가 없는 경우에 비해 회귀모형이 전혀 다르게 나타날 수 있기 때문이다. 예를 들어, [그림 5.5-a]는 표본크기 15의 자료를 단순회귀분석한 결과를 도시하는데 이 경우 한 관측치의 X의 값이 예외값이면 회귀선은 [그림 5.5-b]와 같이 나타난다. 또한 [그림 5.5-c]의 경우 우측 상단에 위치한 관측치가 없다면 회귀선은 수직선으로 나타날 것이다. 이처럼 한 개의 예외값이 절편과 기울기에 결정적으로 영향을 미칠 수 있다. 예외값을 갖는 관측치의 영향력은 표본의 크기가 클수록 작아진다.

2. 영향력이 강한 관측치의 발견

영향력이 강한 관측치는 대개의 경우 표준화 잔차의 값을 보면 찾아낼 수 있다. 이는 이러한 관측치의 표준화 잔차는 다른 값들에 비해 크게 나타나기 때문이다. 그러나 [그림 5.5-c]의 경우 우측 상단의 관측치는 표준화 잔차가 '0'으로 나타난다. 그러므로 표준화 잔차로서 영향력이 강한 관측치를 찾는 데는 한계가 있으며, 보다 정밀한 진단을 위해서는 Cook's distance를 이용할 수 있다. Cook's distance는 전체 자료를 이용하여 분석한 결과 도출되는 회귀계수와 특정 관측치를 제외하고 분석한 결과 도출되는 회귀계수의 차이를 나타내는 것으로, 그 차이가 클수록 그 관측치는 영향력이 강한 것으로 판단할 수 있다. 자세한 내용은 Cook(1997)을 참조할 수 있다.[17]

---

16) Chatterjee and Hadi, *op. cit.*, p. 88.

17) Chatterjee and Hadi, op. cit., p. 103; R. D. Cook, "Detection of Influential Observations in Linear Regression," *Technometrics*, 19, 1977, pp. 15-18.

그림 5.5 예외값의 존재에 따른 회귀선의 변화

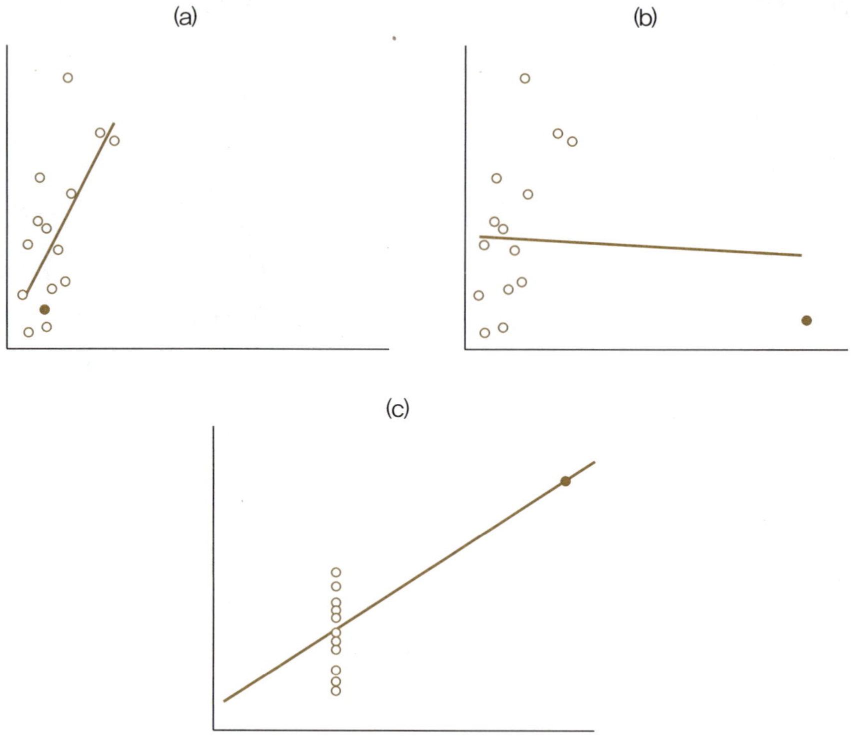

3. 영향력이 강한 관측치의 처리

회귀모형에 크게 영향을 미치는 관측치를 처리하는 전통적인 방법은 그 관측치를 제거하고 분석을 다시 실시하는 것이다. 이 경우 연구자는 해당 관측치를 제거하고 실시한 분석결과를 보고하면 되는데, 이때 해당 관측치의 특성과 아울러 (그 관측치를 제거하지 않은) 전체 자료를 분석하여 도출된 결과를 주석에 부기하는 것이 바람직하다. 그 밖의 처리 방법을 알고자 하면 Cohen et al.(2003)을 참고할 수 있다.[18)]

18) Cohen et al., *op. cit.*, pp. 415-419.

5.7 가정의 진단을 위한 도표의 예

이하에서는 가정을 진단하는 방법들을 설명하기 위하여 제3장의 다중회귀분석(동시입력)에서 사용한 연봉관련 자료를 분석하는 경우를 예로써 사용한다. 이를 위하여 SPSS 회귀분석의 '도표' 기능을 이용하는 방법과 그 분석결과를 해석한다.[19]

SPSS 실행:

회귀분석 창에서 종속변수에 연봉, 독립변수에 재직기간, 논문 수, 피인용수, 성별을 보낸다. 방법은 입력. **통계량**을 클릭하여 추정값, 신뢰구간, 모형적합, 기술통계, 부분상관 및 편상관계수, 공선성 진단을 선택한다. 추가적으로, **잔차**의 '케이스별 진단'을 클릭하여 밖에 나타나는 이상값에 '2' 표준편차를 입력한다.[20] **도표**를 클릭하여 Y: *SRESID, X: *ZPRED를 선택하고, '히스토그램,' '정규확률도표,' '편회귀잔차도표 모두출력'을 선택한다. 계속 및 확인을 클릭한다.

분석결과 및 해석:

[그림 5.6]은 표준화 잔차도표로서 가로축은 표준화 예측값(standardized predicted value; ZPRED), 세로축은 스튜던트화 잔차(studentized residual; SRESID)를 나타낸다. 이 잔차도표에는 잔차가 '0'을 중심으로 대체로 무작위로 분포되어 있으며 특정 패턴이 나타나지 않고 있다. 그러므로 모든 가정을 충족시킨다고 볼 수 있다. 그러나 더 구체적으로 가정을 진단하기 위해서 추가적인 도표를 볼 수 있다.

---

19) 이러한 절차에 의해 분석을 실시하면 제3장의 동시입력방식으로 예시한 분석결과와 아울러 '여러 도표'들이 산출된다. 여기에서는 도표에 대해서만 설명한다.

20) 이 경우 default 값은 '3'인데 여기서는 '2'를 입력하여 결과를 도출해본다. 어느 정도의 값을 예외값으로 볼 것인지는 연구자가 결정할 일이다.

그림 5.6 표준화 잔차도표

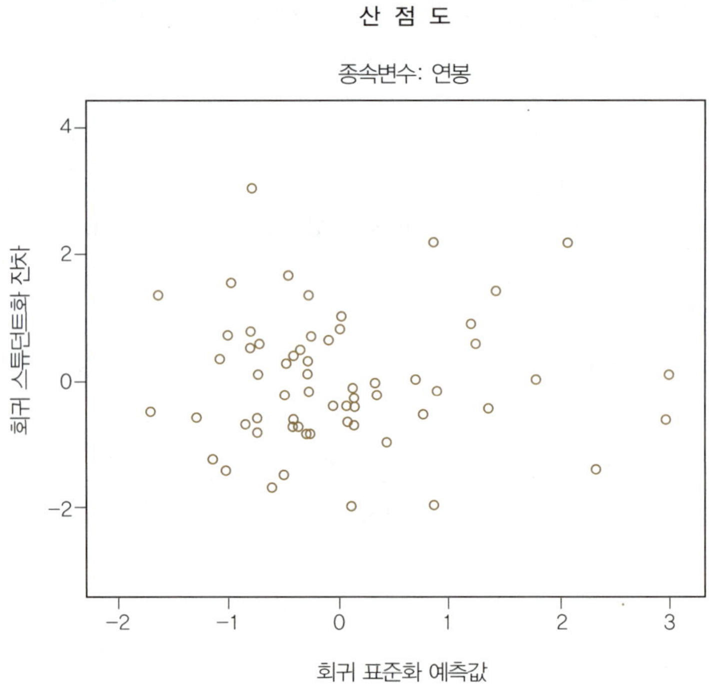

[그림 5.7]은 독립변수와 종속변수 간의 편회귀도표를 나타낸다. 성별과 연봉 간의 편회귀도표를 제외한 나머지 세 개의 편회귀도표는 대체로 정의 선형관계를 보여준다. 이는 선형성 가정을 충족시킴을 보조적으로 보여준다.

그림 5.7 편회귀도표 – 선형성의 진단

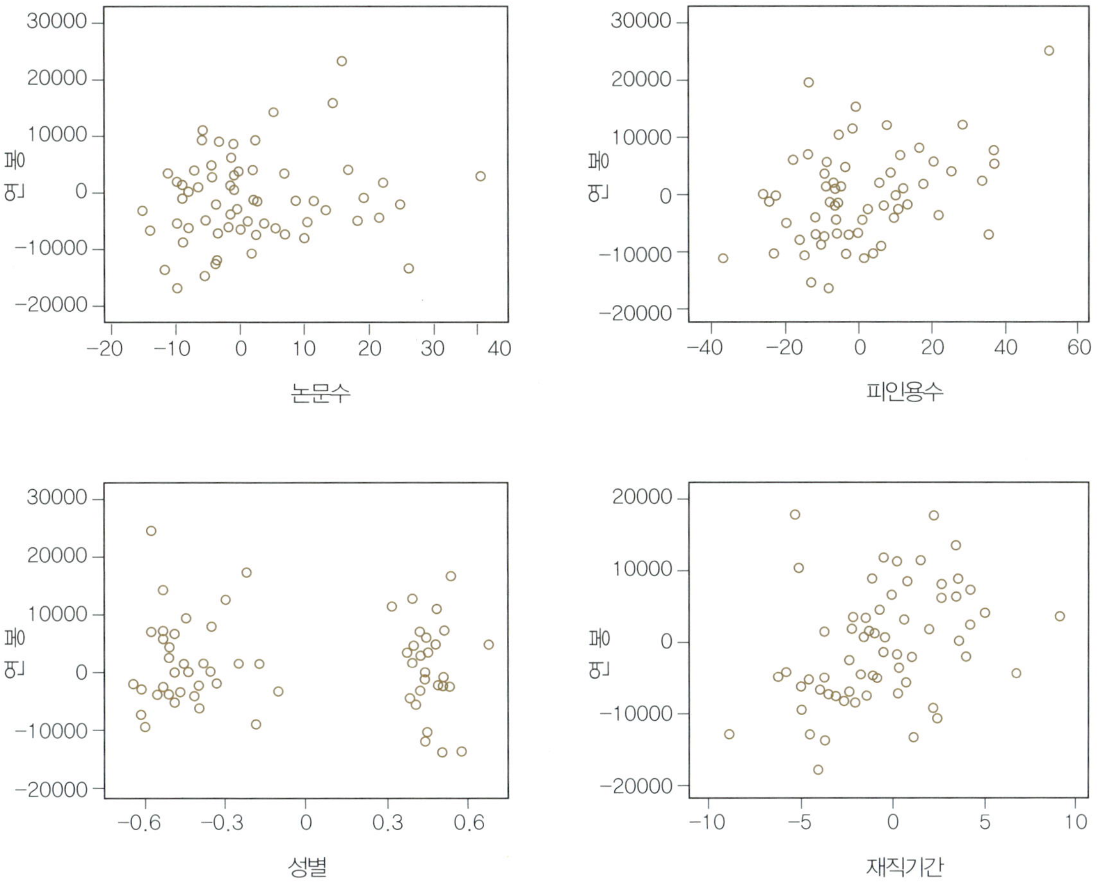

[그림 5.8]은 표준화 잔차의 빈도를 나타낸다. 잔차가 0을 중심으로 어느 정도 정규분포의 형태로 나타나고 있다.

[그림 5.9]는 표준화 잔차의 정규확률도표이다. 표준화 잔차의 정규확률도표는 분석자료의 누적 분포를 정규분포의 누적 분포와 비교하는 방법이다. 이 도표에서 정규분포는 대각선의 형태로 그려지고 분석자료는 그 대각선 주위에 점들로 나타난다. 점들의 분포가 대각선에 가까울수록 정규성 가정을 보다 충족시킨다. [그림 5.9]의 경우 모든 값들이 대각선 주위에 분포하고 있다. 따라서 잔차가 정규분포를 따른다는 가정을 대체로 충족시킨다.

그림 5.8 표준화 잔차의 히스토그램 – 정규성의 진단

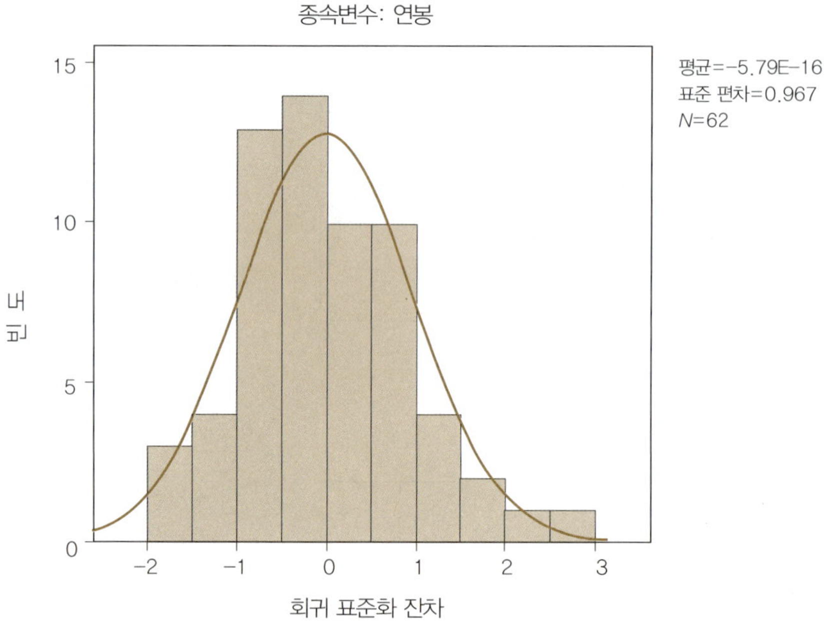

〈표 5.1〉은 **이상값**(outlier)을 갖는 관측치 번호를 나타낸다. 표에서 볼 수 있듯이 관측치 32번과 48번은 표준화 잔차가 기준치로 설정한 '2'를 넘어 이상값으로 보고되고 있다. 만약 기준치를 '3'으로 설정한다면 이 값들은 이상값으로 나타나지 않는다. 여기서 기준치를 크게 한다는 것은 웬만하면 이상값으로 보지 않는다는 의미이다.

표 5.1 영향력이 강한 관측치의 진단

케이스별 진단[a]

케이스번호		표준화 잔차	연봉	예측값	잔차
dimension	32	2.921	70011	49339.81	20671.187
	48	2.043	83503	69042.98	14460.021

a. 종속변수: 연봉.

그림 5.9 표준화 잔차의 정규확률 도표 – 정규성의 진단

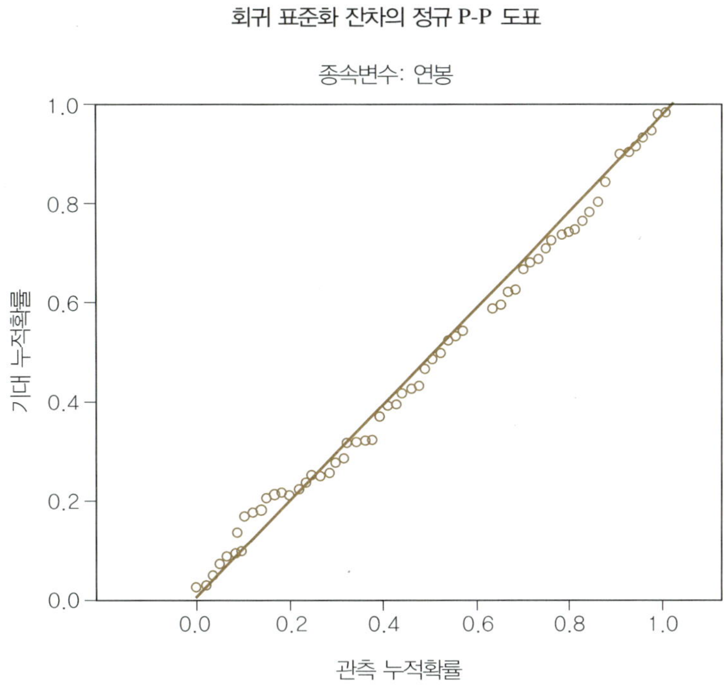

5.8 자기상관의 진단을 위한 예

5.5에서 오차의 독립성 가정과 관련하여 자기상관의 존재를 검증하기 위해 Durbin-Watson test를 실시할 수 있음을 설명하였다. 〈표 5.2〉의 자료는 한 기업의 35년간 매출액에 관한 자료인데 이 자료를 SPSS로 분석하여 자기상관을 진단하는 예를 제시한다.

표 5.2 연간 매출액(자료 파일명: 연도와 매출액)[21)]

연 도 (t)	매출액 (y; 10억 원)	연 도 (t)	매출액 (y; 10억 원)	연 도 (t)	매출액 (y; 10억 원)
1	4.8	13	48.4	25	100.3
2	4.0	14	61.6	26	111.7
3	5.5	15	65.6	27	108.2
4	15.6	16	71.4	28	115.5
5	23.1	17	83.4	29	119.2
6	23.3	18	93.6	30	125.2
7	31.4	19	94.2	31	136.3
8	46.0	20	85.4	32	146.8
9	46.1	21	86.2	33	146.1
10	41.9	22	89.9	34	151.4
11	45.5	23	89.2	35	150.9
12	53.5	24	99.1		

SPSS 실행:

회귀분석 → 선형 → 종속변수: 매출액, 독립변수: 연도 → 통계량: 추정값, 모형적합, Durbin-Watson → 도표: Y: SRESID, X: ZPRED → 계속 및 확인.

분석결과 및 해석:

[그림 5.10]에 나타난 잔차도표는 연속적인 정 혹은 부의 런(run)을 보여준다. 다시 말하면, 여러 개의 연속적인 잔차들은 정(正)의 값을 가지며 또 다른 여러 개의 연속적인 잔차들은 부(負)의 값을 갖는 것으로 나타나 있다. 이는 잔차들 간에 정(正)의 상관관계가 있을 가능성을 나타낸다. 이에 따라 다음과 같이 귀무가설과 대립가설을 설정한다.

H_0: 자기상관이 없다($\rho=0$).

H_1: 정의 자기상관이 있다($\rho>0$).

21) 이 자료는 다음의 서적에서 인용하였다: Mendenhall and Sincich, *op. cit.*

그림 5.10 자기상관 검증을 위한 연간 매출액 자료의 잔차도표

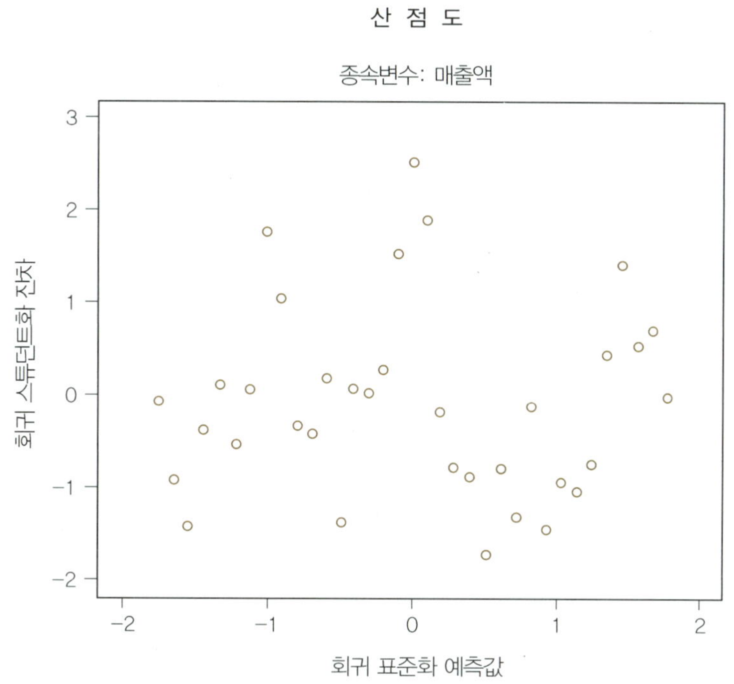

〈표 5.3〉의 모형요약표에는 Durbin-Watson d가 .821로 나타나 있다. 부록의 〈표 5〉는 α=.05 경우의 각 독립변수의 수(k) 별로 d_L과 d_U를 제시한다. 여기서 $k=1$, $n=35$의 경우 $d_L=1.40$, $d_U=1.52$를 찾을 수 있다. 5.5에서 제시한 검증규칙에 따라 $.821 < 1.40$이므로 잔차들 간에는 정의 상관관계가 있다고 결론내릴 수 있다.

표 5.3 자기상관 검증을 위한 연간 매출액 자료의 분석 결과

모형 요약[b]

모형	R	R 제곱	수정된 R 제곱	추정값의 표준오차	Durbin-Watson
1	.990[a]	.980	.979	6.3852	.821

a. 예측값: (상수), 연도.
b. 종속변수: 매출액.

분산분석[b]

모형		제곱합	자유도	평균 제곱	F	유의확률
1	회귀 모형	65875.208	1	65875.208	1615.724	.000[a]
	잔차	1345.454	33	40.771		
	합계	67220.662	34			

a. 예측값: (상수), 연도.
b. 종속변수: 매출액.

계 수[a]

모형		비표준화 계수		표준화 계수	t	유의확률
		B	표준오차	베타		
1	(상수)	.402	2.206		.182	.857
	연도	4.296	.107	.990	40.196	.000

a. 종속변수: 매출액.

제 6 장

조절회귀분석 – 조절효과 검증을 위한 회귀분석

R e g r e s s i o n A n a l y s i s

6.1 독립변수와 조절변수의 척도에 따른 네 가지 구분

6.2 조절회귀식에서 각 계수의 의미와 조절방향

6.3 독립 및 조절변수가 연속변수인 경우

6.4 독립-연속, 조절-범주 변수인 경우

6.5 독립-범주, 조절-연속 변수인 경우

6.6 독립 및 조절변수가 범주변수인 경우

6.7 2차 조절효과

6.8 어떤 경우에 상호작용항을 포함시키는가?

두 변수 간의 인과관계의 강도(strength) 혹은 방향(direction)이 제3의 변수의 수준에 따라 달라진다면, 그 제3의 변수는 두 변수 간의 인과관계를 조절한다고(moderate) 표현한다. 구체적으로, 두 변수 간의 인과관계가 **조절변수**(moderating variable, moderator)의 수준에 따라 강해지거나 약해질 수 있으며, 혹은 정(+)의 관계이거나 부(−)의 관계가 될 수 있는 것이다. 더욱이 두 변수 간의 관계가 다른 변수(제1 조절변수)에 의해 조절될 때, 그 조절적 관계가 다시 다른 변수(제2 조절변수)에 의해 조절될 수 있다. 조절적 작용은 두 변수 간의 상관관계(correlation)에도 적용될 수 있다. 즉, 두 변수 간의 상관관계가 제3의 변수의 수준에 따라 강도나 방향이 달라진다면, 그 제3의 변수는 두 변수 간의 상관관계에 대한 조절변수가 된다.

조절회귀분석(moderated regression analysis)은 독립변수와 종속변수로 구성된 회귀식에 '제3의 변수'와 '독립변수×제3의 변수'로 구성된 상호작용항을 추가하여 분석함으로써 그 제3의 변수가 독립변수와 종속변수의 관계를 조절하는지를 조사하는 분석방법이다.

조절변수는 두 변수 간에 인과관계가 존재할 때뿐만 아니라 존재하지 않을 때도 매우 중요한 의미를 가질 수 있다. 예를 들어, 두 변수 간의 인과관계가 성별에 의해 완전히 반대로 조절되는 경우를 생각해보자. 만약 남자의 경우 정의 관계, 그리고 여자의 경우 부의 관계를 갖는다면 성별을 조절변수로 도입하지 않고 단순히 두 변수 간의 관계를 조사한다면 그 두 변수의 관계는 0에 가깝게 나타날 수 있다. 이 경우 두 변수의 관계가 성별에 의해 조절될 가능성을 조사하지 않는다면 두 변수 간에는 관계가 존재하지 않는다는 결론을 내림으로써 현실을 제대로 설명하지 못하는 결과를 초래하게 된다.

6.1 독립변수와 조절변수의 척도에 따른 네 가지 구분

회귀분석에서 독립변수로 사용될 수 있는 변수는 명목척도(nominal scale)로 측정한 **범주변수**(categorical, qualitative, nonmetric variable)와 간격척도

(interval scale) 혹은 비율척도(ratio scale)로 측정한 **연속변수**(continuous, quantitative, metric variable)로 구분할 수 있다. 독립변수와 조절변수가 각각 범주 혹은 연속변수 중 어느 것인가에 따라 네 가지의 경우를 생각할 수 있다.

1. 독립변수와 조절변수가 연속변수인 경우

이는 조절회귀분석을 적용하는 전형적인 경우이다. 한 개의 독립변수(X)와 한 개의 조절변수(Z)가 있는 **조절회귀식**은 다음과 같이 나타낼 수 있다: $Y = \beta_0 + \beta_1 X + \beta_2 Z + \beta_3 XZ$. 조절변수로 설정된 변수가 독립변수와 종속변수의 관계를 정의 방향 혹은 부의 방향으로 조절하는지는 **상호작용항** 계수 β_3의 부호와 유의성에 의해 판단한다. 예를 들어, "가족 규모(X)가 신용카드 사용금액(Y)에 정(+)의 방향으로 영향을 미치는데, 그 영향은 가족소득(Z)이 많을수록 더 크다"라는 가설을 검증하는 경우, 위와 같은 조절회귀식에서 β_3가 정의 방향으로 유의적으로 나타나면 가설은 지지된다. 추가적으로, 위의 조절회귀식에서 β_2가 유의적이지 않으면 Z는 **순수조절변수**(pure moderator)이고, 유의적이면 **유사조절변수**(quasi moderator)가 된다.[1)]

2. 독립변수가 연속변수, 조절변수가 범주변수인 경우

조절변수가 범주변수인 경우는 비교적 많다. 이에 해당하는 한 가지 예를 제시한다. 소비자행동 연구에서는 소비자의 광고태도가 (비)호의적일수록 브랜드태도는 (비)호의적인 것으로 받아들인다. 그런데 그 관계는 소비자의 제품관여도(product involvement)가 낮을수록 더 뚜렷하게 나타난다고 본다. 이 연구의 경우 광고태도를 5점 혹은 7점 척도로 측정하고 관여도를 고저(high and low)로 조작하여(manipulate) 실험한다면 독립변수는 연속변수, 그리고 조절변수는 범주변수가 된다. 이 경우 전형적인 분석방법은 각 집단별로 회귀분석을 실시하고 독립변수의 회귀계수, 즉 기울기를 비교하는 **평행성 검증**(parallelism test)을 실시하는 것이다. 이 방법을 이용한다면 2회의 회귀분석을 실시하지만, 1회의 조절회귀분석을 실시하여 상호작용항 계수의 부호와 유의성으로도 조절

1) Subhash Sharma, Richard M. Durand, and Oded Gur-Arie, "Identification and Analysis of Moderator Variables," *Journal of Marketing Research*, 18(3), August 1981, pp. 291-300.

효과를 검증할 수 있다.

3. 독립변수가 범주변수, 조절변수가 연속변수인 경우

이 경우는 다른 세 가지의 경우에 비해 상대적으로 적은 것으로 보인다. 한 예로, 광고 소구 방법(advertising appeals)을 합리적 소구와 공포심 소구로 나눌 때, 합리적 소구는 소비자의 지능이 높을수록, 그리고 공포심 소구는 지능이 낮을수록 더 효과적이라는 가설을 생각할 수 있다.[2] 이 경우 독립변수인 광고 소구 방법을 더미변수화하여 조절회귀분석을 실시하고 상호작용항 계수의 부호와 유의성에 의해 조절효과를 검증할 수 있다.

4. 독립변수와 조절변수가 범주변수인 경우

조절변수가 범주변수인 대표적인 예로 성별, 인종, 결혼여부 등이 있다. 예를 들어, 세 가지 광고물 대안에 대한 소비자의 태도가 남녀에 따라 다른지에 관해 연구할 수 있다. 연구 결과 특정 광고물은 남자가 특히 선호하고 또 다른 광고물은 여자가 특히 선호한다면 광고물 대안에 대한 태도는 성별에 의해 조절된다고 할 수 있다. 다른 예로, 청량음료의 단맛 정도(강약)가 브랜드태도에 영향을 미치는 데 있어서 탄산화(강약)가 조절적 작용을 하는지에 관해 연구할 수 있다. 연구 결과 단맛이 강한 경우 강한 탄산화가 선호되고 단맛이 약한 경우 약한 탄산화가 선호된다면, 음료의 단맛 정도가 태도에 영향을 미치는 데 있어서 탄산화 정도가 조절한다고 할 수 있다.

이처럼 독립변수와 조절변수가 모두 범주변수인 경우 **이원분산분석**을 실시하고 **상호작용효과**(interaction effect)의 유의성에 따라 조절효과를 검증할 수 있다. 이에 비해 제2의 조절변수의 조절적 작용을 조사하는 연구에서는 **삼원분산분석**을 실시하고 **삼원상호작용효과**(three-way interaction effect)의 유의성에 따라 검증할 수 있다. 이처럼 독립변수와 조절변수가 모두 범주변수인 경우 흔히 분산분석을 실시하지만 독립변수와 조절변수를 모두 더미변수화하여 조

2) Reuben M. Baron and David A. Kenny, "The Moderator-Mediator Variable Distinction in Social Psychological Research: Conceptual, Strategic, and Statistical Considerations, *Journal of Personality and Social Psychology*, 51(6), 1986, pp. 1173-1182.

절회귀분석을 실시해도 된다.

6.2 조절회귀식에서 각 계수의 의미와 조절방향

조절회귀식은 기본적으로 (초점독립변수 X와 조절변수 Z의) 상호작용항을 포함한다. 상호작용항이 없는 회귀식과 상호작용항이 있는 조절회귀식에서 독립변수들(X, Z)의 계수의 의미는 서로 다르다. 이를 다음의 두 회귀식을 이용하여 설명한다.

$$\text{회귀식 1:} \quad Y = \beta_0 + \beta_1 X + \beta_2 Z \tag{6.1}$$

$$\text{조절회귀식 2:} \quad Y = \beta_0 + \beta_1 X + \beta_2 Z + \beta_3 XZ \tag{6.2}$$

상호작용항이 없는 회귀식 1에서 β_1은 Z의 모든 값에서 X가 Y에 미치는 영향을 나타내며, β_2는 X의 모든 값에서 Z가 Y에 미치는 영향을 나타낸다. 이에 비해 상호작용항이 있는 조절회귀식 2에서 β_1은 Z가 0일 때 X가 Y에 미치는 영향을 나타내며, β_2는 X가 0일 때 Z가 Y에 미치는 영향을 나타낸다. 또한 X가 Y에 미치는 전체 영향은 $\beta_1 + \beta_3 Z$이다.

한편, 조절회귀식 2에서 β_3는 조절효과로서 Z가 한 단위 변함에 따라 X가 Y에 미치는 영향(기울기)의 변화를 나타낸다. 예를 들어, $\beta_1 = 2$, $\beta_3 = .5$라고 가정하자. 만약 Z가 3이면 X의 전체효과는 3.5[$= 2 + .5(3)$], Z가 4이면 X의 전체효과는 4[$= 2 + .5(4)$]가 된다. 이는 Z가 한 단위 증가하면 X가 Y에 미치는 영향은 .5($= \beta_3$)만큼 커짐을 보여준다.

조절효과는 늘 **방향성**(direction)을 갖는다. 즉, 조절변수는 독립변수와 종속변수의 관계를 정(+)의 방향 혹은 부(–)의 방향으로 조절한다. 이를 조절회귀식 (6.2)를 예로써 설명한다.

① $\beta_1 = 2$, $\beta_3 = .5$인 경우, Z가 3이면 X의 전체효과는 3.5이고 Z가 4이면

표 6.1 독립변수(X)와 상호작용항(XZ)의 부호에 따른 해석

	독립변수 X	상호작용항 XZ	
①	+	+	Z가 커짐에 따라 X가 Y에 미치는 정의 영향은 커진다.
②	+	−	Z가 커짐에 따라 X가 Y에 미치는 정의 영향은 작아진다.
③	−	+	Z가 커짐에 따라 X가 Y에 미치는 부의 영향은 작아진다.
④	−	−	Z가 커짐에 따라 X가 Y에 미치는 부의 영향은 커진다.

X의 전체효과는 4가 된다. 즉, 조절변수 Z가 커짐에 따라 X가 Y에 미치는 정의 영향은 커진다.

② $\beta_1=2$, $\beta_3=-.5$인 경우, Z가 3이면 X의 전체효과는 .5이고 Z가 4이면 X의 전체효과는 0이 된다. 즉, 조절변수 Z가 커짐에 따라 X가 Y에 미치는 정의 영향은 작아진다.

③ $\beta_1=-2$, $\beta_3=.5$인 경우, Z가 3이면 X의 전체효과는 $-.5$이고 Z가 4이면 X의 전체효과는 0이 된다. 즉, 조절변수 Z가 커짐에 따라 X가 Y에 미치는 부의 영향은 작아진다.

④ $\beta_1=-2$, $\beta_3=-.5$인 경우, Z가 3이면 X의 전체효과는 -3.5이고 Z가 4이면 X의 전체효과는 -4가 된다. 즉, 조절변수 Z가 커짐에 따라 X가 Y에 미치는 부의 영향은 커진다.

위의 결과로부터 조절효과를 〈표 6.1〉과 같이 요약할 수 있다.

6.3 독립 및 조절변수가 연속변수인 경우의 조절회귀분석

1. 조절회귀분석의 실시 예와 결과 해석

앞에서 서술한 바와 같이 독립변수와 조절변수가 어떤 척도로 측정되었더라도 조절회귀분석을 실시하여 조절효과를 검증할 수 있다. 이하에서는 전형

적인 경우로 독립변수와 조절변수가 연속변수인 경우의 조절회귀분석을 예시한다. 먼저 연구자의 가설을 다음과 같이 설정한다.

가설: 브랜드태도와 구매의도 간의 정(+)의 관계는 자기감시성이 낮을수록 더 크다.

이는 〈표 6.1〉의 네 가지 중 두 번째에 해당하는 것으로, 이를 보다 구체적으로 서술한다. 소비자행동 연구에서는 소비자가 어떤 브랜드에 호의적 태도를 가질수록 그 브랜드에 대한 구매의도가 높아지는 것으로 본다. 그런데 그러한 관계는 소비자의 자기감시성(self-monitoring)이 낮을수록 더 큰 것으로 받아들인다.[3] 이를 가설로 설정하고 검증하기 위해 125명의 피실험자들로부터 자료를 수집하였다. 이 연구에서는 구매의도, 브랜드태도, 그리고 자기감시성을 모두 5점 척도로 측정하였다(1: 매우 낮다~5: 매우 높다). 수집된 자료는 〈표 6.2〉와 같다.

표 6.2 브랜드태도, 자기감시성, 구매의도 자료 (자료 파일명: 자기감시성)[4]

응답자	구매의도	태도	자기감시성	태도×자기감시성	응답자	구매의도	태도	자기감시성	태도×자기감시성
1	1	1	1	1	11	1	1	3	3
2	1	1	1	1	12	1	1	3	3
3	1	1	1	1	13	1	1	3	3
4	2	1	1	1	14	2	1	3	3
5	2	1	1	1	15	2	1	3	3
6	1	1	2	2	16	1	1	4	4
7	1	1	2	2	17	1	1	4	4
8	1	1	2	2	18	1	1	4	4
9	2	1	2	2	19	2	1	4	4
10	2	1	2	2	20	2	1	4	4

3) 자기감시성은 '개인의 행동이 외부적 상황으로부터 영향을 받는 정도'를 말한다. see 이학식, 안광호, 하영원, 소비자행동, 5판, 법문사, 2010, p. 334.

4) 이 자료는 다음의 서적에서 발췌하였으며, 본서에 맞게 일부 변경하였다: James Jaccard and Robert Turrisi, *Interaction Effects in Multiple Regression*, 2nd ed., Sage Publications, 2003, p. 19.

응답자	구매 의도	태도	자기 감시성	태도× 자기감시성	응답자	구매 의도	태도	자기 감시성	태도× 자기감시성
21	1	1	5	5	53	3	3	1	3
22	1	1	5	5	54	4	3	1	3
23	1	1	5	5	55	4	3	1	3
24	2	1	5	5	56	3	3	2	6
25	2	1	5	5	57	3	3	2	6
26	2	2	1	2	58	3	3	2	6
27	2	2	1	2	59	3	3	2	6
28	3	2	1	2	60	3	3	2	6
29	3	2	1	2	61	2	3	3	9
30	3	2	1	2	62	3	3	3	9
31	2	2	2	4	63	3	3	3	9
32	2	2	2	4	64	3	3	3	9
33	2	2	2	4	65	3	3	3	9
34	3	2	2	4	66	2	3	4	12
35	3	2	2	4	67	2	3	4	12
36	2	2	3	6	68	2	3	4	12
37	2	2	3	6	69	3	3	4	12
38	2	2	3	6	70	3	3	4	12
39	2	2	3	6	71	1	3	5	15
40	3	2	3	6	72	2	3	5	15
41	1	2	4	8	73	2	3	5	15
42	2	2	4	8	74	2	3	5	15
43	2	2	4	8	75	2	3	5	15
44	2	2	4	8	76	4	4	1	4
45	2	2	4	8	77	4	4	1	4
46	1	2	5	10	78	4	4	1	4
47	1	2	5	10	79	4	4	1	4
48	2	2	5	10	80	5	4	1	4
49	2	2	5	10	81	3	4	2	8
50	2	2	5	10	82	4	4	2	8
51	3	3	1	3	83	4	4	2	8
52	3	3	1	3	84	4	4	2	8

응답자	구매 의도	태도	자기 감시성	태도× 자기감시성	응답자	구매 의도	태도	자기 감시성	태도× 자기감시성
85	4	4	2	8	106	4	5	2	10
86	3	4	3	12	107	4	5	2	10
87	3	4	3	12	108	4	5	2	10
88	3	4	3	12	109	5	5	2	10
89	3	4	3	12	110	5	5	2	10
90	4	4	3	12	111	3	5	3	15
91	2	4	4	16	112	4	5	3	15
92	3	4	4	16	113	4	5	3	15
93	3	4	4	16	114	4	5	3	15
94	3	4	4	16	115	4	5	3	15
95	3	4	4	16	116	3	5	4	20
96	2	4	5	20	117	3	5	4	20
97	2	4	5	20	118	3	5	4	20
98	2	4	5	20	119	3	5	4	20
99	2	4	5	20	120	3	5	4	20
100	3	4	5	20	121	2	5	5	25
101	5	5	1	5	122	2	5	5	25
102	5	5	1	5	123	2	5	5	25
103	5	5	1	5	124	3	5	5	25
104	5	5	1	5	125	3	5	5	25
105	5	5	1	5					

〈표 6.2〉의 자료를 이용하여 구매의도를 종속변수로, 그리고 태도, 자기감시성, 태도×자기감시성을 독립변수로 설정한 회귀분석을 실시하여 〈표 6.3〉과 같은 결과가 도출되었다.

〈표 6.3〉의 결과로부터 회귀식 $\hat{Y}=.580+1.044X+.108Z-.156XZ$이 산출된다. 여기에서 상호작용항 '태도×자기감시성'의 계수는 '–'이며 유의적으로 나타났다($t=-7.905$, $p=.000$). 그러므로 자기감시성은 브랜드태도–구매의도의 정(+)의 관계를 부(–)의 방향으로 조절하는 것으로 볼 수 있다. 따라서 "브랜드태도와 구매의도 간의 정(+)의 관계는 자기감시성이 낮을수록 더 크다"는 가설은 지지되었다.

표 6.3 조절회귀분석 결과

모형 요약

모형	*R*	*R* 제곱	수정된 *R* 제곱	추정값의 표준오차
1	.919[a]	.844	.840	.441

a. 예측값: (상수), 태도×자기감시성, 자기감시성, 태도.

분산분석[b]

모형		제곱합	자유도	평균 제곱	*F*	유의확률
1	회귀 모형	127.512	3	42.504	218.293	.000[a]
	잔차	23.560	121	.195		
	합계	151.072	124			

a. 예측값: (상수), 태도×자기감시성, 자기감시성, 태도.
b. 종속변수: 구매의도.

계 수[a]

모형		비표준화 계수		표준화 계수	*t*	유의확률	공선성 통계량	
		B	표준오차	베타			공차	VIF
1	(상수)	.580	.217		2.672	.009		
	태도	1.044	.065	1.343	15.951	.000	.182	5.500
	자기감시성	.108	.065	.139	1.650	.102	.182	5.500
	태도×자기감시성	−.156	.020	−.897	−7.905	.000	.100	10.000

a. 종속변수: 구매의도.

Mean-centering에 의한 분석

조절회귀식은 두 개의 변수를 곱한 상호작용항을 포함하므로 다중공선성이 작용할 가능성이 높다. 본 예의 경우에도 '태도×자기감시성' 항의 공차한계는 .1, 그리고 VIF는 10.0으로 높은 수준의 다중공선성이 나타났다. 이러한 문제로 인하여 Aiken and West(1991)는 조절회귀분석의 경우 mean-centering을 권장한다. 이에 따라 조절회귀분석을 이용한 다수의 논문들이 이 방식을 취하고 있다(e.g., Fang, Palmatier, Scheer, and Li 2008; Joshi 2010; Ramani and Kumar 2008; Sethi and Iqbal 2008).[5] **Mean-centering**은 각 케이스의 독

5) Leona S. Aiken and Stephen G. West, *Multiple Regression: Testing and Interpreting*

립변수와 조절변수의 값을 각각의 평균값(mean)으로 차감하는 것을 말하는데, 결국 그 값들을 적용하여 분석을 실시함으로써 다중공선성 문제를 해결할 수 있다는 것이다. 이에 따라 원자료를 mean-centering하여 분석한다. 동일한 자료(파일명: 자기감시성)의 MX, MZ, MXMZ를 독립변수로 하여 회귀분석을 실시하면 〈표 6.4〉와 같은 결과가 도출된다.

〈표 6.4〉의 분석결과를 보면 R^2, 분산분석표의 값들, 상호작용항의 계수, t, p-value 등이 〈표 6.3〉에 나타난 값들과 동일함을 확인할 수 있다. 더욱이 다른 연구자들은 mean-centering을 하더라도 다중공선성 문제를 해결할 수 없으므로 다중공선성 문제를 해결하기 위하여 mean-centering을 하는 것은 무익하다고(futile) 주장한다(e.g., Echambadi and Hess 2007; Kromrey and Foster-Johnson 1998).[6] 결국 이들의 주장을 받아들인다면 조절회귀분석을 위해 mean-centering을 할 필요가 없다고 할 수 있다.

2. 상호작용항의 추가 설명력 검증에 의한 방법

위에서는 조절회귀식의 상호작용항 계수의 유의성 여부에 의해 조절효과를 검증할 수 있는 것으로 설명하였다. 또 다른 방법은 상호작용항을 포함하지 않은 회귀식의 R^2와 상호작용항을 포함한 회귀식의 R^2의 차이를 조사하는 것이다. 이 방법을 설명하기 위해 다음의 두 회귀식을 전제로 한다.

Interactions, Newbury Park, CA: Sage Publications, 1991; Eric Fang, Robert W. Palmatier, Lisa K. Scheer, and Ning Li, "Trust at Different Organizational Levels," *Journal of Marketing*, 72(2), March 2008, pp. 80-98; Ashwin W. Joshi, "Salesperson Influence on Product Development: Insight from a Study of Small Manufacturing Organizations," *Journal of Marketing*, 74(1), January 2010, pp. 94-107; Girish Ramani and V. Kumar, "Interaction Orientation and Firm Performance," *Journal of Marketing*, 72(1), January 2008, pp. 27-45; Rajesh Sethi and Zafar Iqbal, "Stage-Gate Controls, Learning Failure, and Adverse Effects on Novel New Products," *Journal of Marketing*, 72(1), January 2008, pp. 118-134.

6) Raj Echambadi and James D. Hess, "Mean-Centering Does Not Alleviate Collinearity Problems in Moderated Multiple Regression Models," *Marketing Science*, May/June 2007, 26, pp. 438-445; Jeffrey D. Kromrey and Lynn Foster-Johnson, "Mean Centering in Moderated Multiple Regression: Much Ado about Nothing," *Educational and Psychological Measurement*, 58, February 1998, pp. 42-67.

표 6.4 Mean-centering에 의한 조절회귀분석 결과

모형 요약

모형	*R*	*R* 제곱	수정된 *R* 제곱	추정값의 표준오차
1	.919[a]	.844	.840	.441

a. 예측값: (상수), MXMZ, MZ, MX.

분산분석[b]

모형		제곱합	자유도	평균 제곱	*F*	유의확률
1	회귀 모형	127.512	3	42.504	218.293	.000[a]
	잔차	23.560	121	.195		
	합계	151.072	124			

a. 예측값: (상수), MXMZ, MZ, MX.
b. 종속변수: 구매의도.

계수[a]

모형		비표준화 계수		표준화 계수	*t*	유의확률	공선성 통계량	
		B	표준오차	베타			공차	VIF
1	(상수)	2.632	.039		66.688	.000		
	MX	.576	.028	.741	20.639	.000	1.000	1.000
	MZ	−.360	.028	−.463	−12.900	.000	1.000	1.000
	MXMZ	−.156	.020	−.284	−7.905	.000	1.000	1.000

a. 종속변수: 구매의도.

$$\text{회귀식 1:}\quad Y = \beta_0 + \beta_1 X + \beta_2 Z$$

$$\text{조절회귀식 2:}\quad Y = \beta_0 + \beta_1 X + \beta_2 Z + \beta_3 XZ$$

회귀식 1은 독립변수와 조절변수로만 구성된 회귀식(식 6.1)인 데 비해 조절회귀식 2는 상호작용항이 포함된 회귀식(식 6.2)이다. 이 방법은 회귀식 1에 비한 조절회귀식 2의 설명력 증가분(R^2 차이)이 '0'이라는 귀무가설을 검증하는 방법이다(H_0: R^2 차이$=0$). 다음의 통계량에 의한 검증결과가 유의적으로 나타나면 조절효과가 있다고 결론지을 수 있다.

① 회귀식 1과 조절회귀식 2, 각각의 회귀분석을 실시하고 다음의 F값을 구한다.[7)]

$$F = \frac{(R_2^2 - R_1^2)/(k_2 - k_1)}{(1 - R_2^2)/(N - k_2 - 1)} \tag{6.3}$$

여기서, R_2^2와 R_1^2는 각각 조절회귀식 2와 회귀식 1의 R^2, 그리고 k_2와 k_1은 각각 조절회귀식 2와 회귀식 1의 독립변수의 수, N은 관측치의 수를 나타낸다.

② 위의 과정에서 산출되는 F를 자유도 $(k_2 - k_1)$와 $(N - k_2 - 1)$의 자유도를 갖는 F–분포로 검증한다.

③ 검증결과 유의적으로 나타나면 조절효과가 있다고 결론지을 수 있다.

〈표 6.2〉의 자료에서 위의 방법으로 조절효과를 검증하기 위하여 상호작용항이 없는 두 개의 독립변수로 구성된 회귀식을 계산한 결과 다음과 같이 나타났으며, R^2는 .764이었다.

$$\hat{Y} = 1.984 + .576X - .360Z$$

또한 상호작용항을 포함한 회귀식의 R^2는 〈표 6.3〉에 나타난 바와 같이 .844이었다. 식 (6.3)에 해당 값들을 대입하면 다음과 같은 결과가 도출된다.

$$F = \frac{(.844 - .764)/(3 - 2)}{(1 - .844)/(125 - 3 - 1)} = 62.05$$

이 식에서 R^2의 차이 .08(=.844 − .764)은 상호작용항의 추가적 설명력을 나타낸다. 검증 통계량 F는 62.05로서 두 회귀식의 R^2의 차이는 자유도(1, 121)의 F–분포에서 통계적으로 유의적이며($p < .01$), 따라서 조절효과는 있다고 할 수 있다. 추가로, 위에서 산출된 F는 상호작용항 계수의 t의 제곱과 동일하며 따라서 해당 p-value 또한 동일하다. 본 예의 경우 〈표 6.3〉에 나타난

7) Jaccard and Turrisi, *op. cit.*, p. 12; 이 식은 제4장의 식 (4.1)과 동일한 것이다.

바와 같이 '태도×자기감시성' 항 계수의 t는 -7.905이며 $(-7.905)^2=62.41$로서 위의 62.05와 거의 같음을 확인할 수 있다. 약간의 차이는 계산과정에서의 rounding error에 기인한 것이다. 또한 SPSS 분석결과는 '태도×자기감시성'의 p-value가 .000임을 보여주며, 따라서 위의 $F=62.05$에 해당하는 p-value는 .000이다.

이처럼 조절효과를 검증하기 위해 두 회귀식의 R^2로부터 F를 계산하고 그 유의성을 볼 수도 있지만, 그 대신 상호작용항이 포함된 회귀식의 상호작용항의 계수의 유의성을 보는 것이 보다 간편하다. 다만, 두 회귀식의 R^2의 차이가 통계적으로 유의적이라는 것을 확인하는 과정에 의해 조절효과의 유의성뿐만 아니라 상호작용항이 포함된 조절회귀식이 포함되지 않은 회귀식보다 현상에 대한 설명력이 더 크다는 것을 확인할 수 있다.

3. 논문 예

이하에서는 독립 및 조절변수가 연속변수인 경우의 조절효과를 검증하기 위해 조절회귀분석을 실시한 논문들을 예로 제시한다.

(1) **전선규, 이학식, 최영진, "소비자만족판단과정에서 성별효과: 제품성과가 만족도에 미치는 영향,"** ***마케팅연구*****, 2007. 9, pp. 135-157.**

이 논문의 가설 중 일부는 다음과 같다.

가설 1-a: 소비자의 남성성이 높을수록 기능적 결과에 대한 평가가 만족판단에 미치는 정(+)의 영향력은 크게 나타난다.

가설 1-b: 소비자의 남성성이 높을수록 심리적 결과에 대한 평가가 만족판단에 미치는 정(+)의 영향력은 작게 나타난다.

가설 2-a: 소비자의 여성성이 높을수록 기능적 결과에 대한 평가가 만족판단에 미치는 정(+)의 영향력은 작게 나타난다.

가설 2-b: 소비자의 여성성이 높을수록 심리적 결과에 대한 평가가 만족판단에 미치는 정(+)의 영향력은 크게 나타난다.

이 논문에서는 남성성, 여성성, 기능적 결과에 대한 평가, 심리적 결과에 대한 평가, 만족판단을 5점 척도로 측정하였다(1: 매우 낮다～5: 매우 높다). 가설 1과 가설 2를 검증하기 위해 만족도를 종속변수로 하는 회귀분석을 실시하였다. 가설에서 초점독립변수는 기능적 결과와 심리적 결과이며, 조절변수는 남성성과 여성성이다. 이는 〈표 6.5〉에서 각각 FC(functional consequences), PC(psychological consequences), masculinity, femininity로 나타나 있다. 모든 가설에서 한쪽 방향의 효과를 예측하고 있기 때문에 단측검증을 사용하였다. 가설 1–a와 2–b가 지지되기 위해서는 상호작용항 계수의 부호가 정(+)으로, 가설 1–b와 2–a가 지지되기 위해서는 그 부호가 부(–)로 나타나며 통계적으로 유의적이어야 된다.

〈표 6.5〉에 나타난 것처럼 기능적 결과에 대한 평가와 남성성 간 상호작용효과(FC×masculinity)는 가설에서 기대한 것처럼 정(+)의 방향으로 나타났으며 통계적으로 유의적이었으나($\beta=1.30$, $t=2.91$, $p<.01$), 심리적 결과에 대한 평가와 남성성 간 상호작용효과(PC×masculinity)는 통계적으로 유의하지 않았다. 따라서 가설 1–a는 지지되었지만 가설 1–b는 지지되지 않았다. 기능적 결과에 대한 평가와 여성성 간 상호작용효과(FC×femininity)는 가설에서 기대한 것처럼 부(–)의 방향으로 나타났으며 통계적으로 유의적이어서($\beta=-1.01$,

표 6.5 조절회귀분석 결과

Independent Variables	Standardized Coefficients	t
constant		2.52
functional consequences(FC)	.02	.03
psychological consequences(PC)	–.36	–.77
masculinity	–.76	3.11**
femininity	.13	.47
FC×masculinity	1.30	2.91**
PC×masculinity	.04	.33
FC×femininity	–1.01	–1.98*
PC×femininity	.84	1.54

* $p<.05$(단측검증).

** $p<.01$(단측검증).

$t=-1.98$, $p<.05$) 가설 2-a를 지지하고 있다. 한편, 심리적 결과에 대한 평가와 여성성 간 상호작용효과(PC×femininity)는 가설에서 기대한 것처럼 정(+)의 방향으로 나타났으나 통계적으로 유의적이지 않았다($\beta=.84$, $t=1.54$, $p>.10$). 따라서 가설 2-b는 지지되지 않았다.

(2) **Rajesh Sethi and Zafar Iqbal, "Stage-Gate Controls, Learning Failure, and Adverse Effects on Novel New Products," *Journal of Marketing*, 72(1), January 2008, pp. 118-134.**

이 논문에는 여섯 개의 조절효과에 관한 가설이 있다. 이 중 가설 10은 다음과 같다.

H10: The greater the product novelty, the stronger is the adverse effect of post-approval learning failure on the market performance of the new product.

표 6.6 조절회귀분석 결과

Variables in the Equation	회귀계수	표준화계수	t-value
3. Dependent Variable = Market Performance			
Interaction Term			
Learning failure × product novelty	−.04	−.16	−1.70**
Main Effect Variable			
Learning failure	−.09	−.06	−.69
Moderator Variable			
Product novelty	−.05	−.05	−.52
Covariates			
Duration of project	.01	.27	3.10***
Project expenditure	−1.04	−.19	−2.08**
Environmental munificence	−.21	−.12	−1.35*
Adjusted $R^2=.10$, F-statistic = 3.17**(d.f. = 6,113)			

* Significant at $p<.10$ (one-tailed).
** Significant at $p<.05$ (one-tailed).
*** Significant at $p<.01$ (one-tailed).

이 가설에서 종속변수는 market performance, 초점독립변수는 learning failure, 그리고 조절변수는 product novelty이다. 이 가설은 "조절변수가 커짐에 따라 독립변수가 종속변수에 미치는 부의 영향은 커진다"는 것으로 〈표 6.1〉의 ④에 해당한다. 논문의 p. 128, 〈table 3〉의 해당 부분은 〈표 6.6〉과 같다. 〈표 6.6〉에 나타난 결과를 보면, 'Learning failure×product novelty'의 상호작용항의 계수는 부호가 '−'이며, 유의적으로 나타났다($\beta=-.04$, $t=-1.70$, $p<.05$, one-tailed). 그러므로 H10은 지지되었다. 추가적으로, 조절변수의 계수는 비유의적으로 나타났으므로($\beta=-.05$, $t=-.52$, ns) 조절변수는 순수조절변수(pure moderator)라고 할 수 있다.

(3) **Eric (Er) Fang, Robert W. Palmatier, Lisa K. Scheer, and Ning Li, "Trust at Different Organizational Levels," *Journal of Marketing*, 72(2), March 2008, pp. 80-98.**

이 논문의 가설 7, 8, 9는 다음과 같다.

H7: Collaborating firms' resource investments in a coentity positively affect the coentity's financial performance.

H8: A coentity's (a) coordination and (b) responsiveness positively affect its financial performance.

H9: A coentity's (a) coordination and (b) responsiveness positively moderate the effects of collaborating firms' resource investments on the coentity's financial performance.

H8은 coentity's (a) coordination and (b) responsiveness는 financial performance에 영향을 미치는 것으로 되어 있고, H9는 collaborating firms' resource investments → coentity's financial performance의 관계에 coentity's (a) coordination and (b) responsiveness가 조절적 작용을 하는 것으로 기술되어 있다. 이를 요약하면 변수 Z는 Y에 영향을 미치면서 또한 $X \rightarrow Y$ 간의 관계를 조절하는 것으로, 비교적 드문 형태이다. 이 점에서 coentity's (a) coordination and (b) responsiveness는 유사조절변수라고 할 수 있다. 또한 기대되는 부호가 모두 정(+)이므로, H9는 〈표 6.1〉의 ①에 해당한다.

이 논문에서는 조절회귀분석을 실시하면서 몇 개의 변수를 조절회귀식에 통제변수로 포함시켰다. 또한 다중공선성을 줄이기 위해 독립변수와 조절변수를

표 6.7 조절회귀분석 결과

Variables	Hypotheses	Financial Performance (Standardized Regression Coefficient)
Control Variables		
Dysfunctional competition		−.16*
Environmental dynamism		.11
Cultural distance		.03
Years of operation		.09
Joint venture type(1 = vertical; 0 = horizontal)		.04
Industry (1 = business market; 0 = consumer market)		.10
Main Effects		
Resource investment(foreign parent)	H_7	.23**
Resource investment(local parent)	H_7	.18*
Coentity coordination	H_{8a}	.10
Coentity responsiveness	H_{8b}	.19*
Moderating Effects		
Resource investment(foreign parent) ×coentity coordination	H_{9a}	.18*
Resource investment(local parent) ×coentity coordination	H_{9a}	.12
Resource investment(foreign parent) ×coentity responsiveness	H_{9b}	.11
Resource investment(local parent) ×coentity responsiveness	H_{9b}	.20*
R^2		.43
Adjusted R^2		.35
F-value		4.79**

* $p<.05$.
** $p<.01$.

mean-centering하였다. 분석결과는 〈표 6.7〉에 나타난 바와 같이(논문의 Table 4), 회귀계수의 부호는 모두 정으로 나타났다. 유의성 검증 결과 H7과 H8b는 지지되었지만 H8a는 지지되지 않았다. H9a와 H9b도 부분적으로 지지되었다.

이 논문에서는 이처럼 주효과(H7, H8)와 조절효과(H9)를 한 개의 조절회귀분석 결과로써 검증하였다. 그러나 제 4 장의 4.2 계층적 회귀분석에서 예시한 Briñol, Petty, and Tormala(2004)와 Joshi(2010)는 이와 같은 경우 별개의 회귀분석을 실시하였다. 그들의 방법에 의하면 〈표 6.7〉과 같이 상호작용항이 포함된 조절회귀분석 결과로써 조절효과를 검증하고, 주효과를 검증하기 위해서는 resource investment(foreign parent), resource investment(local parent), coentity coordination, coentity responsiveness를 독립변수로 하여(이 경우, 필요에 따라 control variables 포함) 별개의 회귀분석을 실시하는 것이다. 본 논문의 분석방법보다 Briñol, Petty, and Tormala(2004)와 Joshi(2010)의 분석방법이 더 엄격하다고 할 수 있다.

(4) Girish Ramani and V. Kumar, "Interaction Orientation and Firm Performance," *Journal of Marketing*, 72(1), January 2008, pp. 27-45.

이 논문의 가설 9와 가설 10은 조절효과에 관한 가설이다. 이 중 가설 9는 다음과 같다.

H9: The higher the level of customer-initiated contacts(CIC), the greater is the positive effect of a firm's interaction orientation(INTOR) on its customer-based profit performance.

연구자들은 가설 9를 검증하기 위해 주효과 모형과 조절효과 모형을 별도로 분석하였다. 조절효과 모형의 경우 Aiken and West(1991)가 제안한 바와 같이 다중공선성을 줄이기 위해 독립변수들을 mean-centering하였다. 분석결과 〈표 6.8〉에 제시된 바와 같이(see 논문, Table 4-B) R^2는 조절효과 모형의 경우 주효과 모형보다 약간 높게 나타났다(.91 vs. .90). 그러나 상호작용항(INTOR×CIC)은 유의적으로 나타났다(β=.06, t=1.97, p=.05). 이 경우 독립변수(INTOR) 또한 매우 유의적이므로(β=.55, t=15.80, p=.00) 조절변수(CIC)는 유사조절변수에 해당한다. 이 논문에서는 추가적으로 조절변수의 평

표 6.8 조절회귀분석 결과

Dependent Variable	B: Moderator Regression: H9					
	CBPP					
	β	t-value	VIF	F	p	R^2
Main effects-only model				205.54	.00	.90
INTOR	.55	15.56	1.11		.00	
CIC	.32	7.34	1.11		.00	
Moderator effects model				142.83		.91
INTOR	.55	15.80	1.11		.00	
CIC	.33	7.58	1.12		.00	
INTOR×CIC	.06	1.97	1.01		.05	

Notes: VIF=variance inflation factor.

균을 중심으로 조절변수 값이 평균보다 1 표준편차 높은 그룹과 낮은 그룹으로 나누어 기울기를 비교하였는데, 두 그룹의 기울기가 어느 정도 차이가 있는 것으로 나타났다(.61 vs. .48; see Figure 4).[8] 이 결과는 조절회귀분석에서 상호작용항이 유의적으로 나타난 것과 대체로 일치한다. 이러한 분석결과는 가설 9가 지지됨을 보여주는 것이다.

(5) **Rajesh Sethi, Zafar Iqbal, and Anju Sethi, "Developing New-to-the-Firm Products: The Role of Micropolitical Strategies," *Journal of Marketing*, 76(2), March 2012, pp. 99-115.**

이 논문의 아홉 개 가설 중 가설 1~6은 다음과 같으며, 〈그림 6.1〉은 이를 모형으로 도시한다.

H1: The greater the technology newness of the new product, the greater is the review committee's resistance to the product.

H2: The greater the market newness of the new product, the greater is the review committee's resistance to the product.

H3: The greater a project team's use of coalition building, the weaker is the relationship between technology newness of and review committee's resistance to the product.

8) 이 경우 평행성검증을 실시할 수 있지만 이 논문에서는 실시하지 않았다.

그림 6.1 Hypothesized Model

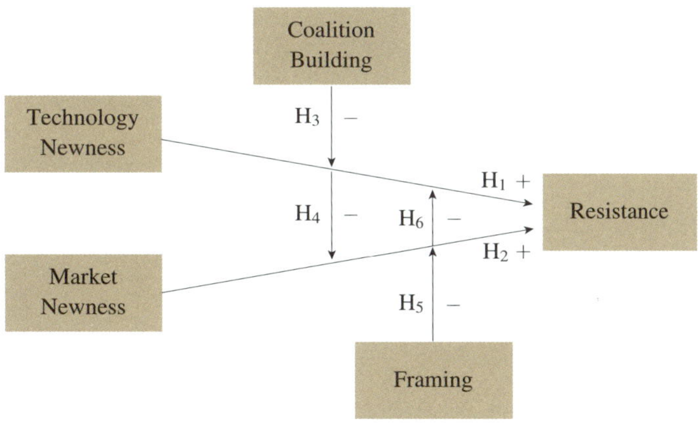

H4: The greater a project team's use of coalition building, the weaker is the relationship between market newness of and review committee's resistance to the product.

H5: The greater a project team's use of framing, the weaker is the relationship between technology newness of and review committee's resistance to the product.

H6: The greater a project team's use of framing, the weaker is the relationship between market newness of and review committee's resistance to the product.

가설 1~2는 초점독립변수가 종속변수에 정의 영향을 미치며, 가설 3~6은 "조절변수가 커짐에 따라 독립변수가 종속변수에 미치는 정의 영향은 작아진다"는 것으로 〈표 6.1〉의 ②에 해당한다. 모든 변수들은 다항목 Likert-type 척도로 측정하였다. 논문의 〈table 3〉의 해당 부분은 〈표 6.9〉와 같다. 이 표는 두 개의 초점독립변수, 두 개의 조절변수, 네 개의 상호작용항, 일곱 개의 covariates를 포함한 회귀분석 결과를 제시하고 있다. 가설이 지지되기 위해서는 두 개의 초점독립변수의 계수의 부호는 '+'로, 그리고 네 개의 상호작용항의 계수의 부호는 '–'로 유의적으로 나타나야 한다. 분석결과를 보면 가설 1, 2, 4, 5는 지지되었으나 가설 3과 6은 지지되지 않았다. 본 분석처럼 회귀식의 우측에 많은 변수들을 포함시키면 다중공선성으로 인하여 다수의 독립

표 6.9 조절회귀분석 결과

Variables in the Equation	회귀계수	표준화계수	*t*-value
Dependent Variable = Resistance (N = 114)			
Main Effect Variable			
Constant	17.61		7.26***
H_1: Technology newness	.22	.23	2.29***
H_2: Market newness	.19	.17	1.73**
Interaction Terms			
H_3: Technology newness × coalition building	.03	.12	1.03
H_4: Market newness × coalition building	−.07	−.30	−2.77***
H_5: Technology newness × framing	−.09	−.25	−2.22**
H_6: Market newness × framing	.09	.23	2.11**
Moderator Variables			
Coalition building	.01	.01	.12
Framing	.06	.04	.40
Covariates			
Entrepreneurial focus	−.16	−.13	−1.32*
Prior product success	−.32	−.25	−2.64***
Number of gates	.18	.18	1.70**
Strictness of review criteria	.02	.02	.21
Project duration	.004	.01	.11
Market turbulence	.05	.04	.41
Technological turbulence	−.02	−.02	−.23
Adjusted R^2 = .24, F-statistic (15, 98) = 3.44***			

*** Significant at $p < .01$.

변수들이 비유의적으로 나타날 가능성이 높다.

이 논문에서는 이처럼 두 개의 주효과(H1, H2)와 네 개의 조절효과(H3, H4, H5, H6)를 한 개의 조절회귀분석 결과로써 검증하였다. 이는 (3) Fang et al.(2008)의 분석방법과 동일하다. 그러나 (3) Fang et al.(2008)의 논문 소개에서 언급한 것처럼 이 경우도 〈표 6.9〉와 같이 상호작용항이 포함된 조절회귀분석 결과로써 조절효과를 검증하고, 주효과를 검증하기 위해서는 technology newness와 market newness를 독립변수로 하여(이 경우, 필요에 따라 covariates 포함) 별개의 회귀분석을 실시하는 것이 더 엄격하다.

6.4 독립변수가 연속변수, 조절변수가 범주변수 – 평행성 검증과 조절회귀분석

1. 분석방법

(1) 평행성 검증

앞에서 조절효과를 조사하는 데 있어서 독립변수가 연속변수이고 조절변수가 범주변수인 경우 전형적인 분석방법은 각 집단별로 회귀분석을 실시하고 독립변수의 회귀계수, 즉 기울기(β_1)를 비교하는 **평행성 검증**(parallelism test)을 실시하는 것이라고 하였다. 이는 두 회귀선이 평행한지를 검증하는 것으로(H_0: 두 회귀선이 평행), 결과가 유의적이면 두 기울기는 동일하지 않으며, 결국 조절효과가 있다는 결론을 내릴 수 있다. 이는 집단에 따라 독립변수가 종속변수에 미치는 영향이 다르다는 것을 의미한다. 평행성 검증을 위한 검증통계량은 다음과 같다.

$$t=\frac{\hat{\beta}_{A집단}-\hat{\beta}_{B집단}}{S_{\hat{\beta}_{A집단}-\hat{\beta}_{B집단}}} \tag{6.4}$$

여기서, $\hat{\beta}_{A집단}$=A집단의 기울기 $\beta_{A집단}$의 추정치

$\hat{\beta}_{B집단}$=B집단의 기울기 $\beta_{B집단}$의 추정치

$S_{\hat{\beta}_{A집단}-\hat{\beta}_{B집단}}$=기울기 추정치의 차이의 표준편차의 추정치

그리고, $S^2_{\hat{\beta}_{A집단}-\hat{\beta}_{B집단}}=S^2_{P,\,Y|X}\left[\frac{1}{(n_{A집단}-1)S^2_{X_{A집단}}}+\frac{1}{(n_{B집단}-1)S^2_{X_{B집단}}}\right]$

여기서, $S^2_{P,\,Y|X}=\frac{(n_{A집단}-2)S^2_{Y|X_{A집단}}+(n_{B집단}-2)S^2_{Y|X_{B집단}}}{n_{A집단}+n_{B집단}-4}$

단, $S^2_{Y|X_{A집단}}$=A집단의 MSE

$S^2_{Y|X_{B집단}}$=B집단의 MSE

$S^2_{X_{A집단}}$=A집단의 독립변수의 분산

$S^2_{X_{B집단}}$=B집단의 독립변수의 분산

(2) 조절회귀분석

독립변수가 연속변수이고 조절변수가 범주변수인 경우 평행성 검증을 이용하면 2회의 회귀분석을 실시하지만, 1회의 조절회귀분석을 실시하여 상호작용항의 계수의 부호와 유의성으로도 조절효과를 검증할 수 있다. 이를 위하여 다음의 조절회귀식에서 집단에 따라 조절변수 Z의 값을 1 혹은 0으로 입력한다. 이 경우 β_3의 부호가 가설에서 설정한 바와 같고 유의적이면 조절효과가 있다고 결론지을 수 있다.

$$Y = \beta_0 + \beta_1 X + \beta_2 Z + \beta_3 XZ$$

이처럼 평행성 검증 대신 조절회귀분석을 실시하면 조절변수가 순수조절변수인지 혹은 유사 조절변수인지를 알 수 있다. 위의 조절회귀식에서 조절변수 Z는 β_2가 유의적이지 않으면 순수조절변수이고, 유의적이면 유사조절변수가 된다.

(3) 상호작용항의 추가 설명력 검증에 의한 방법

이 방법은 식 (6.3)으로 설명한 바와 같이 독립변수와 조절변수로만 구성된 회귀식에 비해 상호작용항이 포함된 조절회귀식의 설명력 증가분(R^2 차이)이 '0'이라는 귀무가설을 검증하는 방법이다. 다음의 통계량에 의한 검증결과가 유의적이면 조절효과가 있다고 결론지을 수 있다.

$$F = \frac{(R_2^2 - R_1^2)/(k_2 - k_1)}{(1 - R_2^2)/(N - k_2 - 1)}$$

여기서, R_2^2와 R_1^2는 각각 조절회귀식 2와 회귀식 1의 R^2, 그리고 k_2와 k_1은 각각 조절회귀식 2와 회귀식 1의 독립변수의 수, N은 관측치의 수를 나타낸다.

식 (6.3)의 공식 대신 다음의 공식으로 계산해도 동일한 F가 산출된다.

$$F = \frac{SSR(X, Z, XZ) - SSR(X, Z)}{MSE(X, Z, XZ)} \quad (6.5)$$

여기서, $SSR(X, Z, XZ)$=상호작용항이 포함된 조절회귀식의 SSR
$SSR(X, Z)$=상호작용항이 포함되지 않은 회귀식의 SSR
$MSE(X, Z, XZ)$=상호작용항이 포함된 조절회귀식의 MSE

2. 각 분석방법의 실시 예

40명 남자와 29명 여자의 나이와 수축기혈압에 대한 자료는 〈표 6.10〉 및 〈표 6.11〉과 같다. 이 자료를 이용하여 나이가 혈압에 영향을 미치는 데 성별이 조절적 작용을 하는지를 조사한다.[9] 이하에서는 SPSS에 의한 분석결과를 제시하고 위의 각각의 방법으로 해석한다.

표 6.10 남자의 나이와 혈압에 관한 자료 (자료 파일명: 혈압-남자)

케이스	혈압	나이	케이스	혈압	나이
1	158	41	21	150	38
2	185	60	22	156	52
3	152	41	23	134	41
4	159	47	24	134	18
5	176	66	25	174	51
6	156	47	26	174	55
7	184	68	27	158	65
8	138	43	28	144	33
9	172	68	29	139	23
10	168	57	30	180	70
11	176	65	31	165	56
12	164	57	32	172	62
13	154	61	33	160	51
14	124	36	34	157	48
15	142	44	35	170	59
16	144	50	36	153	40
17	149	47	37	148	35
18	128	19	38	140	33
19	130	22	39	132	26
20	138	21	40	169	61

9) 이 자료는 다음의 책에서 발췌하였다: David G. Kleinbaum, Lawrence L. Kupper, and Keith E. Muller, *Applied Regression Analysis and Other Multivariate Method*, 2nd ed., Boston: PWS-KENT, 1988.

표 6.11 여자의 나이와 혈압에 관한 자료 (자료 파일명: 혈압-여자)

케이스	혈압	나이	케이스	혈압	나이
1	144	39	16	135	45
2	138	45	17	114	17
3	145	47	18	116	20
4	162	65	19	124	19
5	142	46	20	136	36
6	170	67	21	142	50
7	124	42	22	120	39
8	158	67	23	120	21
9	154	56	24	160	44
10	162	64	25	158	53
11	150	56	26	144	63
12	140	59	27	130	29
13	110	34	28	125	25
14	128	42	29	175	69
15	130	48			

(1) 평행성 검증

각 집단별로 회귀분석을 실시하여 남자집단과 여자집단에서 〈표 6.12〉와 〈표 6.13〉의 결과가 산출되었다.

표 6.12 평행성 검증을 위한 분석 결과 – 남자

모형 요약

모형	*R*	*R* 제곱	수정된 *R* 제곱	추정값의 표준오차
1	.863[a]	.745	.738	8.479

a. 예측값: (상수), 나이.

분산분석[b]

모형		제곱합	자유도	평균 제곱	*F*	유의확률
1	회귀모형	7971.007	1	7971.007	110.867	.000[a]
	잔차	2732.093	38	71.897		
	합계	10703.100	39			

a. 예측값: (상수), 나이.
b. 종속변수: 혈압.

계 수[a]

모형		비표준화 계수		표준화 계수	t	유의확률
		B	표준오차	베타		
1	(상수)	110.039	4.489		24.512	.000
	나이	.961	.091	.863	10.529	.000

a. 종속변수: 혈압.

기술통계량

	N	최소값	최대값	평균	표준편차	분산
나이	40	18	70	46.92	14.871	221.148

표 6.13 평행성 검증을 위한 분석 결과 – 여자

모형 요약

모형	R	R 제곱	수정된 R 제곱	추정값의 표준오차
1	.844[a]	.712	.702	9.563

a. 예측값: (상수), 나이.

분산분석[b]

모형		제곱합	자유도	평균 제곱	F	유의확률
1	회귀모형	6110.102	1	6110.102	66.808	.000[a]
	잔차	2469.347	27	91.457		
	합계	8579.448	28			

a. 예측값: (상수), 나이.
b. 종속변수: 혈압.

계 수[a]

모형		비표준화 계수		표준화 계수	t	유의확률
		B	표준오차	베타		
1	(상수)	97.077	5.528		17.562	.000
	나이	.949	.116	.844	8.174	.000

a. 종속변수: 혈압.

기술통계량

	N	최소값	최대값	평균	표준편차	분산
나이	29	17	69	45.07	15.561	242.138

두 집단의 기울기를 비교하면 남자 집단의 기울기(.961)가 여자 집단의 기울기(.949)보다 크게 나타났다. 두 기울기를 비교하기 위해 평행성 검증을 실시한다. 우선, 〈표 6.12〉와 〈표 6.13〉으로부터 다음의 값을 얻을 수 있다.

$\hat{\beta}_{A집단}$=A집단의 기울기 $\beta_{A집단}$의 추정치=.961

$\hat{\beta}_{B집단}$=B집단의 기울기 $\beta_{B집단}$의 추정치=.949

$S^2_{Y|X_{A집단}}$=A집단의 MSE=71.897

$S^2_{Y|X_{B집단}}$=B집단의 MSE=91.457

$S^2_{X_{A집단}}$=A집단의 독립변수의 분산=221.148

$S^2_{X_{B집단}}$=B집단의 독립변수의 분산=242.138

위의 값들로부터 다음의 값을 계산할 수 있다.

$$S^2_{P,Y|X} = \frac{(n_{A집단}-2)S^2_{Y|X_{A집단}} + (n_{B집단}-2)S^2_{Y|X_{B집단}}}{n_{A집단}+n_{B집단}-4}$$

$$= \frac{38(71.897)+27(91.457)}{40+29-4} = 80.0219$$

이어서, 위의 값들로부터 다음의 값을 계산할 수 있다.

$$S^2_{\hat{\beta}_{A집단}-\hat{\beta}_{B집단}} = S^2_{P,Y|X}\left[\frac{1}{(n_{A집단}-1)S^2_{X_{A집단}}} + \frac{1}{(n_{B집단}-1)S^2_{X_{B집단}}}\right]$$

$$= 80.0219\left\{\frac{1}{39(221.148)} + \frac{1}{28(242.138)}\right\} = .021081$$

따라서 $S_{\hat{\beta}_{A집단}-\hat{\beta}_{B집단}}$=.145193

최종적으로 다음과 같이 t를 계산할 수 있다.

$$t = \frac{\hat{\beta}_{A집단}-\hat{\beta}_{B집단}}{S_{\hat{\beta}_{A집단}-\hat{\beta}_{B집단}}} = \frac{(.961-.949)}{.145193} = .08265$$

검증통계량 t=.08265이고 검증을 위한 임계치 $t_{(.05/2;\ 40+29-4)}=2.000$이므로 평행성검증 결과는 비유의적이며, 결국 두 집단의 기울기가 다르다고 할 수 없다. 따라서 나이가 혈압에 영향을 미치는 데 성별이 조절적 작용을 한다고 할 수 없다.

표 6.14 조절회귀분석을 위한 성별, 나이, 및 혈압에 관한 자료 (자료 파일명: 혈압–전체)

케이스	혈압	나이	성별	나이×성별	케이스	혈압	나이	성별	나이×성별
1	158	41	1	41	36	153	40	1	40
2	185	60	1	60	37	148	35	1	35
3	152	41	1	41	38	140	33	1	33
4	159	47	1	47	39	132	26	1	26
5	176	66	1	66	40	169	61	1	61
6	156	47	1	47	41	144	39	0	0
7	184	68	1	68	42	138	45	0	0
8	138	43	1	43	43	145	47	0	0
9	172	68	1	68	44	162	65	0	0
10	168	57	1	57	45	142	46	0	0
11	176	65	1	65	46	170	67	0	0
12	164	57	1	57	47	124	42	0	0
13	154	61	1	61	48	158	67	0	0
14	124	36	1	36	49	154	56	0	0
15	142	44	1	44	50	162	64	0	0
16	144	50	1	50	51	150	56	0	0
17	149	47	1	47	52	140	59	0	0
18	128	19	1	19	53	110	34	0	0
19	130	22	1	22	54	128	42	0	0
20	138	21	1	21	55	130	48	0	0
21	150	38	1	38	56	135	45	0	0
22	156	52	1	52	57	114	17	0	0
23	134	41	1	41	58	116	20	0	0
24	134	18	1	18	59	124	19	0	0
25	174	51	1	51	60	136	36	0	0
26	174	55	1	55	61	142	50	0	0
27	158	65	1	65	62	120	39	0	0
28	144	33	1	33	63	120	21	0	0
29	139	23	1	23	64	160	44	0	0
30	180	70	1	70	65	158	53	0	0
31	165	56	1	56	66	144	63	0	0
32	172	62	1	62	67	130	29	0	0
33	160	51	1	51	68	125	25	0	0
34	157	48	1	48	69	175	69	0	0
35	170	59	1	59					

(2) 조절회귀분석

조절회귀분석을 실시하기 위하여 두 집단의 자료 파일을 통합하고 성별을 조절변수로 추가하여 〈표 6.14〉와 같은 새로운 자료 파일을 만들었다. 여기서 성별의 경우, 남자=1, 여자=0으로 설정하였다. 또한 변수 계산을 이용하여 '나이×성별'의 새로운 변수를 산출하여 파일에 추가하였다. 이 자료를 이용하여 조절회귀분석을 실시하여 〈표 6.15〉의 결과가 도출되었다. 〈표 6.15〉에 나타난 바와 같이 조절회귀식은 다음과 같다.

$$\hat{Y} = 97.077 + .949X + 12.961Z + .012XZ$$

표 6.15 조절회귀분석 결과

모형 요약

모형	*R*	*R* 제곱	수정된 *R* 제곱	추정값의 표준오차
1	.881[a]	.776	.766	8.946

a. 예측값: (상수), 나이×성별, 나이, 성별.

분산분석[b]

모형		제곱합	자유도	평균 제곱	*F*	유의확률
1	회귀 모형	18010.329	3	6003.443	75.022	.000[a]
	잔차	5201.439	65	80.022		
	합계	23211.768	68			

a. 예측값: (상수), 나이×성별, 나이, 성별.
b. 종속변수: 혈압.

계 수[a]

모형		비표준화 계수		표준화 계수	*t*	유의확률
		B	표준오차	베타		
1	(상수)	97.077	5.170		18.775	.000
	나이	.949	.109	.775	8.738	.000
	성별	12.961	7.012	.349	1.849	.069
	나이×성별	.012	.145	.017	.083	.934

a. 종속변수: 혈압.

조절회귀식의 상호작용항의 계수의 부호는 '+'이다. 그러나 t=.083이며, p=.934로 매우 비유의적이다. 따라서 나이가 혈압에 영향을 미치는 데 성별은 조절적 역할을 한다고 할 수 없다. 여기서 t=.083은 평행성 검증의 t=.08265와 사실상 동일한 것이며, 약간의 차이는 rounding error에 기인한다.

(3) 상호작용항의 추가 설명력 검증에 의한 방법

바로 위에서 조절회귀식을 이미 구하였으므로 '독립변수와 조절변수만으로 구성된 회귀식'을 구하면 〈표 6.16〉의 결과를 얻게 된다(자료 파일명: 혈압-전체).

이 방법을 이용하는 경우 검증통계량 F를 계산하는 공식은 두 가지이다. 각 공식을 이용하여 F 값을 계산하면 다음과 같다.

표 6.16 상호작용항이 없는 회귀분석 결과

모형 요약

모형	R	R 제곱	수정된 R 제곱	추정값의 표준오차
1	.881[a]	.776	.769	8.878

a. 예측값: (상수), 성별, 나이.

분산분석[b]

모형		제곱합	자유도	평균 제곱	F	유의확률
1	회귀 모형	18009.779	2	9004.890	114.249	.000[a]
	잔차	5201.989	66	78.818		
	합계	23211.768	68			

a. 예측값: (상수), 성별, 나이.
b. 종속변수: 혈압.

계 수[a]

모형		비표준화 계수		표준화 계수	t	유의확률
		B	표준오차	베타		
1	(상수)	96.774	3.621		26.727	.000
	나이	.956	.072	.780	13.366	.000
	성별	13.513	2.169	.364	6.229	.000

a. 종속변수: 혈압.

먼저, R^2의 차이를 검증하는 공식을 이용하는 경우, 각 회귀분석 결과의 R^2를 이용해야 하는데, .776으로 동일하다. 이는 각각의 rounding error에 기인한다. 각각의 분석결과로부터 보다 정밀한 R^2를 구하면 각각 다음과 같다.

상호작용항을 포함한 조절회귀식: $\frac{18{,}010.329}{23{,}211.768} = .775914$

상호작용항을 포함하지 않은 회귀식: $\frac{18{,}009.779}{23{,}211.768} = .775890$

따라서 F는 다음과 같이 계산된다.

$$F = \frac{(.775914 - .775890)/(3-2)}{(1 - .775914)/(69-3-1)} = .006961$$

다음으로 SSR의 차이를 검증하는 공식을 이용하면 다음과 같다.

$$F = \frac{SSR(X, Z, XZ) - SSR(X, Z)}{MSE(X, Z, XZ)} = \frac{18{,}010.329 - 18{,}009.779}{80.022} = .006873$$

두 개의 F는 사실상 동일한 값이지만 rounding error로 인하여 조금 다르게 나타났다. 그런데 검증 통계량 F는 임계치 $F_{(.05;\ 1,\ 65)}$=4보다 작으므로 R^2의 차이는 비유의적이다. 따라서 나이가 혈압에 영향을 미치는 데 성별이 조절적 작용을 한다고 할 수 없다. 참고로 이 경우 다음과 같이 F는 평행성검증과 조절회귀식에서 산출된 t의 제곱값과 동일함을 알 수 있다.

$$t^2(.08265^2) = .006831$$

3. 논문 예

Joseph Johnson and Gerald J. Tellis, "Drivers of Success for Market Entry into China and India," *Journal of Marketing*, 72(3), May 2008, pp. 1-13.

이 논문은 어떤 변수가 해외시장 진입의 성공에 영향을 미치는지, 그리고 그 영향력이 China와 India에 따라 다른지를 연구한 것으로, 조절회귀분석을 실시하였다. 이 논문의 초점독립변수는 해외시장 진입에 영향을 미칠 수 있는 일곱 개의 변수(entry mode, timing, size, economic distance, cultural distance, country risk, openness)이며, 종속변수는 성공정도(success)이다. 또한 국가를 조절회귀식에서 조절변수로 설정하였으며(India를 더미변수로 하여 India=1, India가 아니면 즉 China=0), 각각의 '독립변수×더미변수'로 구성된 일곱 개의 상호작용항을 구성하여 회귀분석에 포함시켰다. 요컨대, 일곱 개의 초점독립변수, 한 개의 조절변수, 그리고 일곱 개의 상호작용항, 모두 15개의 독립변수들로 구성된 조절회귀분석을 실시하였다.

분석결과는 제4장의 〈표 4.1〉에 제시되어 있다. 이 표에는 Simple Regression Estimates, Full-Model Estimates, 그리고 Reduced-Model Estimates의 세 가지 결과가 제시되어 있다. 이 중 핵심적인 것은 Full-Model Estimates로서 이 결과를 보면 일곱 개의 초점독립변수들 중 세 개의 독립변수들(timing, economic distance, cultural distance)의 영향에 국가가 조절적 역할을 하는 것으로 나타났다($p<.1$). 이는 그 독립변수들이 성공정도에 미치는 영향은 국가에 따라 다르다는 것을 의미한다.

예를 들어, economic distance의 주효과는 유의적이었으며($\beta=-.008$, $t=-2.725$) 또한 economic distance×India의 상호작용효과도 유의적이었다($\beta=.011$, $t=2.6220$). 여기서 독립변수항의 부호는 '−', 그리고 상호작용항의 부호는 '+'로 나타났다. 이는 〈표 6.1〉의 ③의 경우로 '조절변수가 커짐에 따라 독립변수가 종속변수에 미치는 부의 영향은 작아진다'에 해당한다. 따라서 연구자들은 economic distance가 짧을수록 성공정도가 높으며, 그러한 경향은 India(조절변수)의 경우 더 약하다는 것으로 해석하였다(It is significantly weaker for India than for China). 네 개의 상호작용효과는 비유의적이었다. 이에 따라 저자들은 그 독립변수들(entry mode, size, risk, openness)이 종속변수에 미치는 영향은 두 국가에서 차이가 없는 것으로 해석하였다.

6.5 독립변수가 범주변수, 조절변수가 연속변수인 경우의 조절회귀분석

이 경우 독립변수를 더미변수화하여 조절회귀분석을 실시하고 상호작용항 계수의 부호와 유의성에 의해 조절효과를 검증할 수 있다. 이 경우에 해당하는 논문의 예는 다음과 같다.

김장현, 이학식, "광고 노출 시 태도 및 태도자신감 형성 과정에서 사고 자신감의 역할," *경영학연구*, 2011. 12, pp. 1417-1454.

이 논문의 가설 3은 다음과 같다.

H3: 높은 정교화 상황에서, 모델의 매력도에 의해 발생한 사고 자신감은 주장의 질과 브랜드 태도의 관계를 정(正)의 방향으로 조절할 것이다. 즉, 주장(중심 단서)의 질이 강할수록 호의적인 브랜드태도가 형성되는데 이러한 관계는 사고 자신감이 높을수록 더 클 것이다.

실험에 의해 자료를 수집하였는데, 실험용 광고물을 피실험자들에게 노출시킨 후 설문지에 응답하도록 하였다. 사고 자신감(1: 자신이 없다 ~ 7: 자신이 있다)과 브랜드태도(1: 비호의적이다 ~ 7: 호의적이다)는 7점 척도를 사용하여 측정하였다.

가설 3을 검증하기 위해 주장의 질과 사고 자신감, 그리고 이 둘의 상호작용을 독립변수로, 브랜드태도를 종속변수로 하는 조절회귀분석을 실시하였다. 주장의 질은 범주변수로서 더미변수로 처리하였다(약한 주장=1, 강한 주장=2). 분석결과 상호작용항의 계수는 정의 값으로 나타났고 통계적으로 유의적이었다(β=.48, t=1.94, p<.05, 단측검증). 따라서 가설 3은 지지되었다. 한편 모델의 매력도를 독립변수로 그리고 브랜드태도를 종속변수로 하는 회귀분석을 실시하였는데 회귀계수는 통계적으로 비유의적이었다(β=.42, t=1.45, p>.10). 따라서 정교화 가능성이 높은 경우 모델의 매력도는 브랜드태도에 직접적인 영향을 미치지 않는 것으로 볼 수 있으며, 이는 가설 3을 보다 확증하는 것이다.

6.6 독립 및 조절변수가 범주변수인 경우의 평행성 검증

독립변수와 조절변수가 모두 범주변수인 경우 일반적으로 분산분석을 실시한다. 즉, 이원분산분석을 실시하고 상호작용효과(interaction effect)의 유의성에 따라 조절효과를 검증할 수 있다. 이와 같은 경우 흔히 분산분석을 실시하지만 독립변수와 조절변수를 모두 더미변수화하여 회귀분석을 실시해도 된다. 이 경우에 해당하는 논문의 예는 다음과 같다.

이학식, 김장현, "브랜드 수식어의 플라시보 효과: 제품관여도와 제품지식의 조절적 역할," *마케팅연구*, 2007. 12, pp. 85-113.

이 논문의 가설 1과 2는 다음과 같으며, 이를 그림으로 나타내면 [그림 6.2]와 같다.

H1: 브랜드에 수식어가 붙으면 플라시보 효과가 나타난다. 즉, 기존 브랜드에 (호의적인 의미를 지닌) 브랜드 수식어가 붙을 경우, 기존 브랜드보다 품질이 높게 평가될 것이다.

그림 6.2 브랜드 수식어 → 지각된 품질 관계에 대한 제품유형의 조절 작용

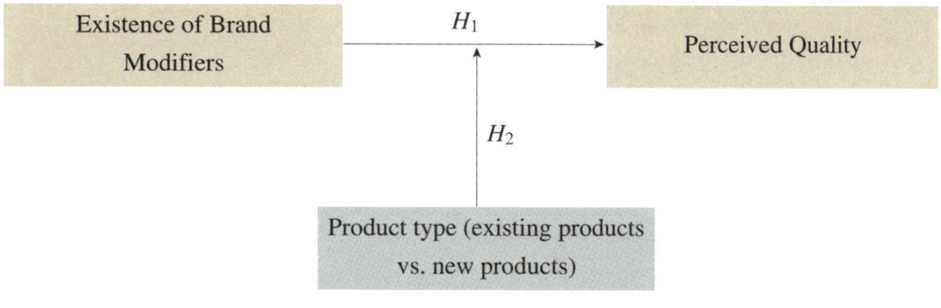

H2: 브랜드 수식어의 플라시보 효과는 (소비자가 인지하는) 기존제품에서 파생된 제품의 경우, (소비자가 인지하지 못하는) 신제품의 경우보다 더 클 것이다.

이 논문의 가설 1은 기존 제품의 경우 수식어 부착 여부가 품질평가에 영향을 미치는가에 관한 것이고, 가설 2는 수식어 부착 여부(초점독립변수)가 품질평가에 영향을 미치는 데 있어서 제품유형(기존제품 혹은 신제품)이 조절적 작용을 하는가에 관한 것이다. 본 논문에서는 가설 1을 검증하기 위하여 기존제품의 경우 수식어 부착 여부(더미변수 처리; 수식어 부착함=1, 부착 안함=0)를 독립변수로, 품질평가를 종속변수로 하는 회귀분석을 실시하였다. 그리고 가설 2를 검증하기 위하여 신제품의 경우 수식어 부착 여부(위와 동일)를 독립변수로, 품질평가를 종속변수로 하는 회귀분석을 실시한 후, 가설 1의 검증을 위한 회귀식과의 기울기 차이를 검증하는 평행성 검증을 실시하였다.

이러한 방법 대신 품질평가를 종속변수로, 그리고 수식어 여부, 제품유형, 수식어 여부×제품유형을 독립변수로 하는 조절회귀분석을 실시할 수도 있다. 또 다른 방법으로 수식어 여부와 제품유형을 각각의 처치변수로 하는 2×2 이원분산분석을 실시해도 된다. 이 두 방법을 이용하는 경우 분석결과의 상호작용항의 통계적 유의성에 의해 가설을 검증할 수 있다.

6.7 2차 조절효과

1. 2차 조절효과와 삼원 상호작용효과 모형

지금까지 두 변수 간의 인과관계가 제3의 변수의 수준에 따라 달라지는 조절효과에 대해 설명하였다. 그런데 그러한 조절적 관계가 다른 변수에 의해 다시 조절될 수 있다. 이 경우 첫 번째 조절변수는 **1차 조절변수**(first-order moderator), 그리고 두 번째 조절변수는 **2차 조절변수**(second-order moderator)가 된다. 예를 들어, 어린이의 부모가 자녀에게 예방주사를 접종시키려는 의도(종속변수)에 영향을 미치는 변수를 조사하는 연구를 생각해보자.[10] 이 경우 예방주사 접종의도에 세 개의 변수가 영향을 미칠 것으로 생각할 수 있다.

첫째, 예방접종을 받지 않는 경우 전염병에 걸릴 가능성(전염병 민감성)이 높다고 생각할수록, 둘째, 그 병에 걸릴 경우 문제를 심각하게 생각할수록(심각성), 셋째, 그 예방접종이 전염병을 예방할 가능성이 높다고 생각할수록(예방가능성) 예방주사 접종의도는 높아질 것이다.

이 예의 경우 예방접종의도는 위의 세 변수의 상호작용 함수로 볼 수 있다. 그런데 **삼원상호작용**(three-way interaction) 효과를 분석하기 위해서는 초점독립변수와 1차 및 2차 조절변수를 구분하는 것이 바람직하다. 이 예의 경우, 전염병 민감성을 초점독립변수, 그리고 심각성을 1차 조절변수로 생각할 수 있다. 즉, 전염병 민감성이 높을수록 접종의도가 높아지며 그 관계는 심각성이 높을수록 더 높을 것으로 생각할 수 있다. 그러나 전염병 민감성이 높고, 심각성이 높더라도 예방접종이 전혀 효과가 없을 것으로 생각한다면, 접종을 하려 하지 않을 것이다. 그러나 접종이 효과가 높을 것으로 생각한다면 전염병 민감성과 심각성의 상호작용효과는 더 높아질 것이다. 이와 같은 논리에 따르면 예방가능성은 2차 조절변수가 된다. 다시 말하면, 예방가능성은 전염병 민감성(초점독립변수)과 접종의도(종속변수)의 관계에 심각성(1차 조절변수)의 영향을 조절(2차)하는 것이다. 이를 그림으로 나타내면 [그림 6.3]과 같다.

위의 내용을 주효과 모형과 삼원 상호작용효과 모형의 회귀식으로 표현하면 다음과 같다.

그림 6.3 1차 및 2차 조절효과 모형

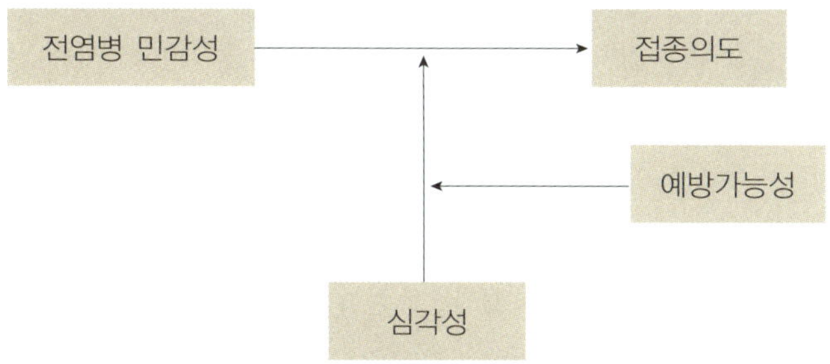

10) Jaccard and Turrisi, *op. cit.*

주효과 모형: $Y=\beta_0+\beta_1X+\beta_2Z+\beta_3Q$

삼원상호작용효과 모형:

$$Y=\beta_0+\beta_1X+\beta_2Z+\beta_3Q+\beta_4XZ+\beta_5XQ+\beta_6ZQ+\beta_7XZQ$$

2. 논문 예

Pablo Briñol, Richard E. Petty, and Zakary L. Tormala, "Self-Validation of Cognitive Responses to Advertisements," ***Journal of Consumer Research*****, 30(4), March 2004, pp. 559-573.**

이 논문의 가설 1과 2는 다음과 같다.

H1: Thought confidence was expected to interact with argument cogency to influence attitudes. Increasing thought confidence was expected to be associated with more attitude change for participants exposed to the strong version of the ad. Increasing thought confidence was expected to be associated with reduced attitude change for participants exposed to the weak version of the ad.

H2: Self-validation effects were expected to be most apparent for individuals engaged in a high level of elaboration of the ad (i.e., high need for cognition participants).

이 논문은 제4장의 4.2의 논문 예에서 논의하였으므로 여기서는 조절적 작용에 초점을 맞추어 논의를 추가한다. 각각의 가설을 조절적 작용에 초점을 맞추면, 가설 1은 '설득력(argument cogency; AC) → 태도'의 관계를 사고자신감(thought confidence; TC)이 조절한다는 것이며, 가설 2는 그 조절적 작용을 인지욕구(need for cognition; NC)가 2차 조절한다는 것이다. 가설 1을 조절회귀 모형으로 보면, attitudes는 종속변수, AC는 초점독립변수, TC는 조절변수이다. 그리고 가설 2는 AC → attitudes의 관계에 TC가 1차 조절을 하는 데 대해 NC가 2차 조절을 하는 것으로 기술되어 있다.

본 논문에서 argument cogency는 범주변수(strong vs. weak)이고 다른 변수들은 연속변수로 측정하였다. 연구자들은 위의 두 가설을 검증하기 위하여 다음과 같이 조절회귀분석을 단계적으로 실시하였다. 이 논문에서는 이원 및 삼원 상호작용효과를 분석하지만 mean-centering을 하지 않았다.

① 이원상호작용효과 모형: $\text{attitude} = \beta_0 + \beta_1\text{AC} + \beta_2\text{TC} + \beta_3(\text{AC} \times \text{TC})$

② 삼원상호작용효과 모형: $\text{attitude} = \beta_0 + \beta_1\text{AC} + \beta_2\text{TC} + \beta_3\text{NC} + \beta_4(\text{AC} \times \text{TC}) + \beta_5(\text{AC} \times \text{NC}) + \beta_6(\text{TC} \times \text{NC}) + \beta_7(\text{AC} \times \text{TC} \times \text{NC})$

가설 1은 조절회귀식 ①의 β_3의 부호와 유의성에 의해 검증한 결과 지지되었다($\beta_3 = -.33$, $t = -3.59$, $p = .001$). 가설 2를 검증하기 위한 조절회귀식 ②의 β_7은 유의적으로 나타났다($\beta_7 = -.18$, $t = -1.99$, $p < .05$). 그런데 조절회귀식에서 삼원상호작용항의 부호의 의미를 해석하는 것은 용이하지 않다. 이에 따라 피실험자들을 인지욕구(NC)의 중앙값과 사고자신감(TC)의 평균값(±1 표준편차)을 중심으로 네(2×2) 그룹으로 나누었다. argument cogency는 실험에서 strong vs. weak의 두 그룹으로 조작하였으므로 모두 8개의 cell이 산출되었다.

[그림 6.4]는 논문의 Figure 1의 내용으로, 2차 조절변수인 인지욕구가 높은 집단과 낮은 집단으로 분리하여 도시되어 있다. 이처럼 그림으로 그리는 경우 2차 조절변수를 기준으로 두 개의 그림을 그리면 2차 조절 작용의 패턴을 알 수 있다. 그림에서 볼 수 있듯이 인지욕구가 높은 집단에서는 이원상호작용 효과가 유의적으로($\beta = -.41$, $t = -3.28$, $p = .002$), 그리고 낮은 집단에

그림 6.4 삼원상호작용 효과(2차 조절변수: Need for Cognition)

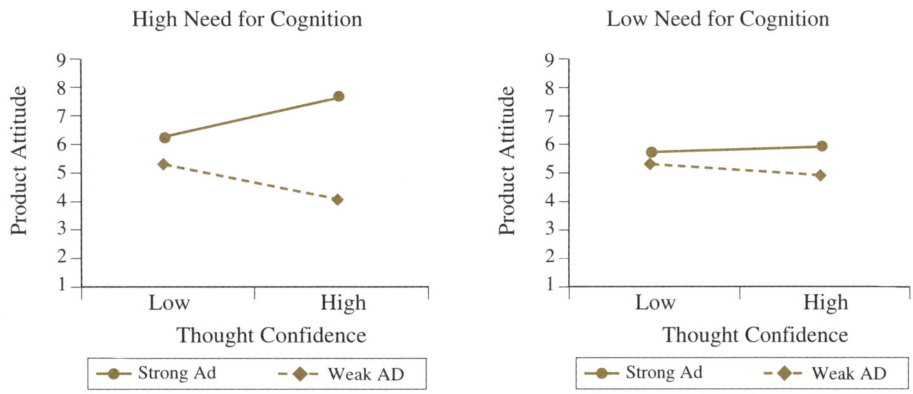

서는 이원상호작용 효과가 비유의적으로 나타났다($\beta=-.17$, $t=-1.18$, $p=.24$). 이처럼 2차 조절변수에 의해 구분된 두 경우 중 한 경우에서는 이원상호작용 효과가 유의적, 그리고 다른 경우에서는 비유의적이면(혹은 유의적이면서 그림의 모습이 반대로 나타난 경우) 삼원상호작용효과는 대체로 유의적인 것으로 생각할 수 있다. 또한 그림의 모습은 가설 2와 대체로 일치하는 모습이다. 따라서 가설 2는 지지되었다.

6.8 어떤 경우에 상호작용항을 포함시키는가? - 가산효과와 상호작용효과

지금까지 본 장에서는 조절효과를 검증하기 위해 회귀식에 상호작용항을 추가하는 것으로 설명하였다. 이하에서는 상호작용항을 다른 측면에서 설명하는데, 회귀식에 두 개의 독립변수가 있을 때 종속변수에 대한 독립변수의 **가산효과**(additive effect)와 **상호작용효과**(interactive effect)를 예로써 설명한다. 연구자는 대학생의 학업성과 Y에 학생의 능력 X_1과 모티베이션 X_2는 정의 영향을 미친다고 생각한다. 이 경우 가산효과는 각각의 효과를 결합한 것이다. 연구자가 단순히 이와 같은 상황을 전제로 한다면 두 개의 독립변수들로 구성된 다음의 회귀식을 설정하면 된다: $Y=\beta_0+\beta_1X_1+\beta_2X_2$. 그런데 연구자가 학생의 능력이 뛰어나고 모티베이션이 강하면 그 효과가 두 독립변수의 효과를 단순히 결합한 것보다 훨씬 클 것으로 생각한다면 상호작용항을 포함하여 다음의 회귀식을 설정해야 한다: $Y=\beta_0+\beta_1X_1+\beta_2X_2+\beta_2X_1X_2$.

이 회귀식을 조절효과 측면에서 본다면 X_2는 X_1이 Y에 영향을 미치는 데 조절적 작용을 하는 것으로 볼 수 있다. 그러나 본 연구 문제의 경우 X_2는 X_1과 Y의 관계에 조절적 작용을 한다기보다 Y에 직접적 영향을 미치고 또한 X_1과의 상승작용(synergy)에 의해 Y에 영향을 미치는 것으로 본다. 따라서 상호작용항이 언제나 조절적 작용을 나타내는 것은 아니라고 할 수 있다.

제 7 장

매개모형 분석 – 매개효과 검증을 위한 회귀분석

R e g r e s s i o n A n a l y s i s

매개변수(mediating variable, mediator)는 두 변수 *X*와 *Y*의 인과관계를 연결하는 변수이다. 즉, 독립변수(*X*)가 매개변수(*M*)에 영향을 주고(cause, affect), 그 매개변수가 다시 종속변수(*Y*)에 영향을 주는 것이다. 이 경우 매개변수는 독립변수가 종속변수에 미치는 영향(effect)을 전달하는(transmit) 역할을 하며, 이러한 관계($X \rightarrow M \rightarrow Y$)를 매개적 관계라고 한다.

7.1 완전매개와 부분매개

두 변수의 인과관계가 다른 변수에 의해 매개되는지를 연구하는 경우 그 결과는 세 가지 중 한 가지로 나타날 수 있다: 완전매개, 부분매개, 매개하지 않음.

[그림 7.1]은 완전매개와 부분매개의 예를 보여준다. [그림 7.1-a]는 $X \rightarrow Y$의 관계가 '0'이거나 통계적으로 비유의적인 경우로 **완전매개**(full mediation, complete mediation)에 해당한다. 예를 들어, 소비자가 호텔 서비스의 품질(*X*)을 높게 평가하면 만족도(*M*)가 높아질 수 있으며, 이에 따라 그 호텔을 재이용하려는 의도(*Y*)가 높아질 수 있다. 그러나 서비스품질을 높게 평가하더라도 어떤 이유로(예를 들어, 가격이 너무 높아) 만족도가 높지 않으면 재이용의도는 낮을 것이다. 결국 서비스품질은 만족도를 매개로 하여 재이용

그림 7.1 완전매개와 부분매개

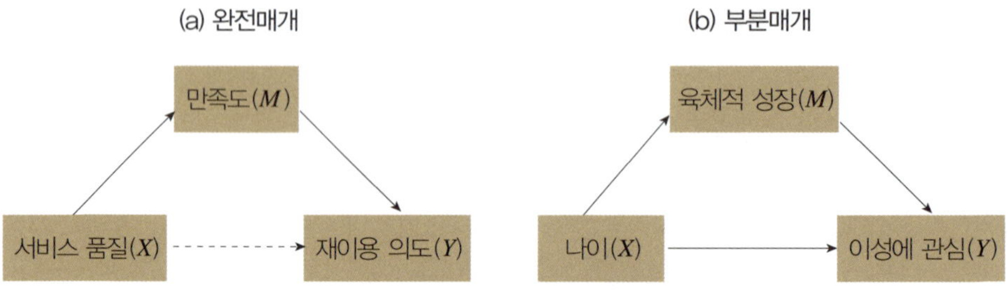

* 실선은 유의적, 그리고 파선은 비유의적 관계를 나타낸다.

의도에 영향을 줄 수 있으며, 서비스품질이 높다고 하여 반드시 재이용의도가 높지는 않은 것이다.

[그림 7.1-b]는 $X \rightarrow Y$의 관계가 통계적으로 유의적인 경우로 **부분매개**(partial mediation)에 해당한다. 예를 들어, 십대 소년소녀들이 나이(X)가 많아짐에 따라 이성에 관심(Y)을 갖는데 이때 육체적 성장(M)이 매개변수가 될 수 있다. 그러나 육체적 성장 이외에도 다른 요인이 매개를 한다면 $X \rightarrow Y$의 관계는 유의적으로 나타날 수 있다. 이러한 결과가 도출되면 연구자는 새로운 매개변수를 생각해볼 수 있다. 즉, 논거를 토대로 당초 완전매개로 설정하였으나 자료분석 결과 부분매개로 나타난다면 또 다른 매개변수가 존재할 가능성이 있으며, 이에 따라 새로운 매개변수를 찾는 시도를 할 수 있는 것이다. 또한 당초 연구자가 생각한 매개변수가 두 변수 간의 관계를 매개하지 않는 것으로 나타난 경우에도(즉, 직접관계만 나타남) 새로운 매개변수를 찾는 시도를 할 수 있다. 결국 그러한 매개변수를 찾을 수 있으면 현상을 보다 구체적으로 이해하고 설명할 수 있다.

7.2 단일 매개변수 모형

단일 매개변수 모형(single mediator model)은 독립변수와 종속변수 간에 한 개의 매개변수가 존재하는 것이다. [그림 7.2]는 독립변수 X가 종속변수 Y에 영향을 미치는 것을 나타내는 것이고 [그림 7.3]은 그 두 변수 간을 변수 M이 매개하는 것을 나타낸다. [그림 7.2]에서 c는 X가 Y에 영향을 미치는 **총효과**(total effect)이고 [그림 7.3]에서 $a \times b$는 M에 의한 **매개효과**(mediated effect)이다.

변수 M이 변수 X와 Y를 매개하는지를 조사하기 위하여 (1), (2), (3) 세 개의 회귀분석을 이용할 수 있다.[1] 세 개의 회귀분석 결과 c, a, b가 유의적

1) Reuben M. Baron and David A. Kenny, "The Moderator-Mediator Variable Distinction in Social Psychological Research: Conceptual, Strategic, and Statistical Considerations," *Journal of Personality and Social Psychology*, 51(6), 1986, pp. 1173-1182.

그림 7.2 독립변수와 종속변수의 관계

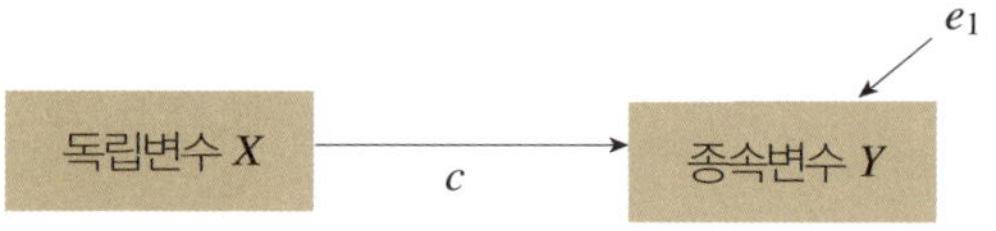

$$Y = i_1 + cX + e_1 \tag{1}$$

그림 7.3 독립변수, 매개변수, 종속변수의 관계

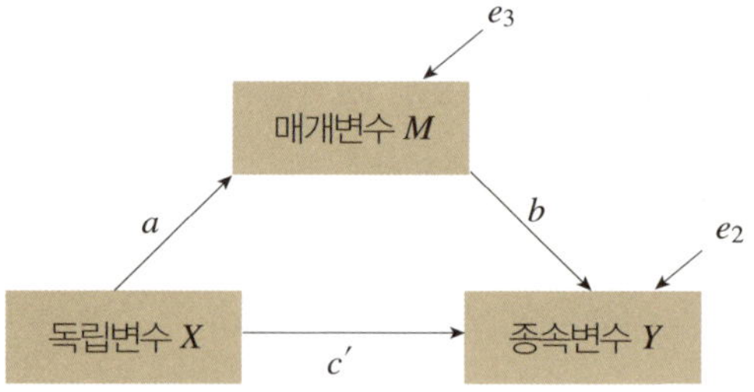

$$Y = i_2 + c'X + bM + e_2 \tag{2}$$

$$M = i_3 + aX + e_3 \tag{3}$$

이고, c'이 c보다 유의적으로 작으면 M은 X와 Y의 관계를 매개한다. 여기서 c는 X가 Y에 미치는 총효과, 그리고 c'은 M이 통제된 상태에서 X가 Y에 미치는 **직접효과**(direct effect)이다. 이를 보다 구체적으로 기술하면 다음과 같다: (1) 독립변수는 종속변수에 유의적으로 영향을 미친다, (2) 독립변수는 매개변수에 유의적으로 영향을 미친다, (3) 독립변수가 통제된 상태에서 매개변수는 종속변수에 유의적으로 영향을 미친다, (4) 독립변수의 직접효과(c')는 총효과(c)보다 유의적으로 작다.[2)]

여기서 조건 (4)는 c'이 c보다 유의적으로 작아야 한다는 것이며, 이를 c'이 c보다 덜 유의적이라는 것으로 해석해서는 안 된다. 예를 들어, c의 p-value=.049, c'의 p-value=.051인 경우 $c-c'$은 유의적이지 않을 가능성이

2) 이 네 가지 조건은 Baron and Kenny(1986)가 제시한 원래의 조건을 보완하여 Dawn Iacobucci가 제시한 조건이다. see Dawn Iacobucci, *Mediation Analysis*, Sage Publications, 2008.

높다. 연구자들은 이 점을 유의해야 한다. 그런데 $c-c'$ 은 총효과에서 직접효과를 차감한 **간접효과**(indirect effect)이므로 **매개효과**인 $a \times b$와 동일하다. 결국 $c-c'$ 의 유의성을 검증하는 것은 $a \times b$의 유의성을 검증하는 것이며, 검증 통계량은 다음의 z이다. 여기서 $a \times b$의 값은 X가 한 단위 변할 때 M을 통하여 Y에 얼마나 간접적으로 영향을 미치는가를 나타낸다. 이 검증을 흔히 **Sobel test**라고 한다(Sobel 1982).[3]

$$z = \frac{a \times b}{\sqrt{a^2 s_b^2 + b^2 s_a^2}}$$

여기서, s_a와 s_b는 각각 a와 b의 표준오차이다.

이 식의 a, b, 그리고 표준오차는 회귀식 (2)와 (3)에서 구할 수 있다. (1), (2), (3)의 조건을 충족시키고 Sobel test 결과가 유의적이면 M은 X와 Y의 관계를 매개한다고 결론내릴 수 있다. 특히, c'이 비유의적이면 M은 둘 간을 완전매개하며, 유의적이면 부분매개하는 것으로 본다.

7.3 매개모형 분석의 실시 예

본 예는 온도가 음수량(飮水量)에 영향을 미치는 데 있어서 갈증이 매개하는지를 검증하는 것이다. 즉, 온도(X) → 갈증(M) → 음수량(Y)의 관계를 조사하는 데 목적이 있다. 〈표 7.1〉은 50명의 피실험자들을 대상으로 실험을 하여 수집한 자료이다. 여기서 온도는 F(화씨)로 측정된 값이며, 갈증은 피실험자가 느끼는 갈증 정도로서 5점 척도(1 약함～5 심함), 그리고 음수량은 2시간 동안에 마신 물을 deciliter(0.1 리터)로 측정한 값이다.

---

3) Michael E. Sobel, "Asymptotic Confidence Intervals for Indirect Effects in Structural Equation Models," *Sociological Methodology*, 13, 1982, pp. 290-312.

표 7.1 온도, 갈증, 음수량 자료 (자료명: 음수량)[4)]

응답자	온도(X)	갈증(M)	음수량(Y)	응답자	온도(X)	갈증(M)	음수량(Y)
1	70	4	3	26	70	3	4
2	71	4	3	27	70	2	3
3	69	1	3	28	69	3	4
4	70	1	3	29	69	4	3
5	71	3	3	30	70	3	3
6	70	4	2	31	71	2	1
7	69	3	3	32	70	1	3
8	70	5	5	33	70	2	5
9	70	4	4	34	70	2	1
10	72	5	4	35	71	4	3
11	71	2	2	36	68	2	1
12	71	3	4	37	72	4	3
13	70	5	5	38	69	3	2
14	71	4	5	39	70	3	3
15	71	4	5	40	68	3	2
16	70	2	2	41	68	3	3
17	70	4	4	42	70	4	3
18	69	3	5	43	71	4	4
19	72	3	4	44	69	2	2
20	71	3	3	45	69	3	3
21	71	2	4	46	71	3	4
22	72	3	5	47	71	4	4
23	67	1	2	48	71	3	2
24	71	4	4	49	72	4	5
25	71	3	2	50	70	2	2

〈표 7.1〉의 자료를 입력하여 SPSS로 세 개의 회귀분석을 실시하여 산출된 결과는 〈표 7.2〉와 같다.

4) 이 자료는 다음의 서적에서 발췌하였다: David P. MacKinnon, *Introduction to Statistical Mediation Analysis*, Psychology Press, 2008.

표 7.2 세 개의 회귀분석 결과 ($X \rightarrow Y$, $X \rightarrow M$, $X+M \rightarrow Y$)

계 수[a]

모형		비표준화 계수		표준화 계수	t	유의확률
		B	표준오차	베타		
1	(상수)	−22.050	9.478		−2.339	.024
	온도	.360	.134	.361	2.683	.010

a. 종속변수: 음수량.

계 수[a]

모형		비표준화 계수		표준화 계수	t	유의확률
		B	표준오차	베타		
1	(상수)	−20.702	8.589		−2.410	.020
	온도	.339	.122	.371	2.767	.008

a. 종속변수: 갈증.

계 수[a]

모형		비표준화 계수		표준화 계수	t	유의확률
		B	표준오차	베타		
1	(상수)	−12.713	9.197		−1.382	.173
	온도	.208	.133	.208	1.558	.126
	갈증	.451	.146	.413	3.090	.003

a. 종속변수: 음수량.

세 개의 회귀분석 결과 다음과 같은 세 회귀식이 도출되었다.

$$\hat{Y} = -22.050 + .360X$$
$$M = -20.702 + .339X$$
$$\hat{Y} = -12.713 + .208X + .451M$$

또한 분석결과로부터 X, M, Y의 관계를 [그림 7.4]처럼 나타낼 수 있다.

위의 분석결과를 앞에서 서술한 매개효과의 조건에 맞추어 보면 다음과 같다:

(1) 독립변수 X는 종속변수 Y에 유의적으로 영향을 미친다: $\beta=.360$, $t=$

그림 7.4 온도(X), 갈증(M), 음수량(Y)의 관계

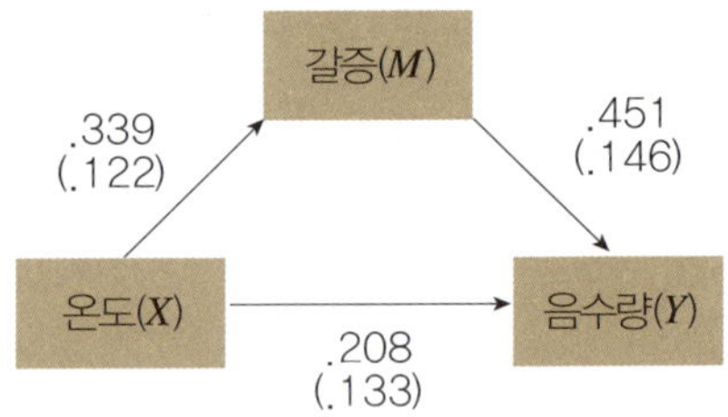

여기서, 각 숫자는 회귀계수(표준오차)를 나타냄.

2.683, $p=.010$.

(2) 독립변수 X는 매개변수 M에 유의적으로 영향을 미친다: $\beta=.339$, $t=2.767$, $p=.008$.

(3) 독립변수 X가 통제된 상태에서 매개변수 M은 종속변수 Y에 유의적으로 영향을 미친다: $\beta=.451$, $t=3.090$, $p=.003$.

(4) 독립변수의 직접효과(c')는 총효과(c)보다 유의적으로 작다: $.208<.360$.

(4)의 조건을 검증하기 위하여 Sobel test를 실시하면 다음과 같다.

$$z=\frac{a\times b}{\sqrt{a^2s_b^2+b^2s_a^2}}=\frac{.339\times .451}{\sqrt{(.339)^2(.146)^2+(.451)^2(.122)^2}}=2.06$$

$\alpha=.05$에서 $z=1.96$이므로 매개효과는 유의적이다. 특히, 매개변수 갈증이 통제된 상태에서 온도의 직접효과는 비유의적이므로($\beta=.208$, $t=1.558$, $p=.126$) 갈증은 온도와 음수량을 완전매개한다고 할 수 있다. 이는 온도가 높은 경우 갈증을 많이 느끼는 사람들은 물을 많이 마시지만, 온도가 높더라도 갈증을 별로 느끼지 않는 사람들은 물을 별로 마시지 않는다는 것을 의미한다.

매개효과를 이처럼 네 단계를 거쳐 검증할 수도 있지만, Baron and Kenny(1986) 이후 최근 다른 연구자들은 [그림 7.3]의 $a\times b$가 유의적이면 된다고 주장한다.[5] 더욱이 Zhao, Lynch, and Chen(2010)은 매개는 간접효과에

5) MacKinnon, *op. cit.*; Xinshu Zhao, John G. Lynch, Jr., and Qimei Chen, Reconsidering Baron and Kenny: Myths and Truths about Mediation Analysis, *Journal of Consumer*

의해 검증해야지, 직접효과의 약화/결여에 의해 검증하는 것은 잘못이라고 주장한다. 이는 결국 조건 (1), (2), (3)은 필요 없이 Sobel test만으로 매개효과를 검증할 수 있다는 것이다.

7.4 복수의 매개변수 모형

독립변수와 종속변수 간의 관계에 두 개 이상 변수의 매개 작용에 대해 연구할 수 있는 경우는 두 가지이다. 즉, 처음부터 두 개 이상 변수를 매개변수로 설정할 수도 있고, 혹은 매개효과 검증결과 기존의 매개변수(들)가 부분매개하는 것으로 나타난 경우 새로운 가능한 매개변수를 추가하여 연구할 수 있다. 이를 [그림 7.5]와 [그림 7.6]으로 설명한다.

[그림 7.6]과 같이 두 개의 매개변수가 모형에 있는 경우 4회의 회귀분석을 실시할 필요가 있다. 그림에서 $a_1b_1+a_2b_2$가 매개효과를 나타내며, 이는 $c-c'$과 동일하다. 이 경우 매개효과의 검증 통계량 Z는 다음과 같다.[6)]

$$z=\frac{a_1b_1+a_2b_2}{\sqrt{s^2_{a_1b_1}+s^2_{a_2b_2}+2a_1a_2s_{b_1b_2}}}$$

그림 7.5 독립변수와 종속변수의 관계

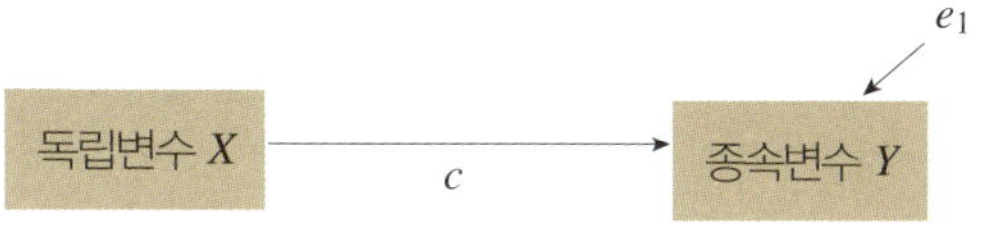

$$Y=i_1+cX+e_1 \tag{1}$$

Research, 37(2), August 2010, pp. 197-206.

6) 복수의 매개변수를 포함하는 모형을 분석하기 위해서는 회귀분석보다 구조방정식이 자주 이용되므로 구체적인 예시는 생략한다. 회귀분석을 이용하여 복수의 매개변수 모형을 분석하고자 하면 다음의 서적을 참고할 수 있다: MacKinnon, *op. cit*.

그림 7.6 독립변수, 두 개의 매개변수, 종속변수의 관계

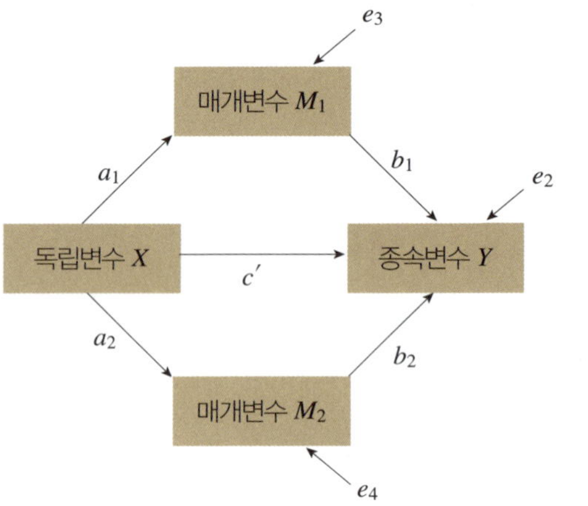

$$Y = i_2 + c'X + b_1M_1 + b_2M_2 + e_2 \quad (2)$$

$$M_1 = i_3 + a_1X + e_3 \quad (3)$$

$$M_2 = i_4 + a_2X + e_4 \quad (4)$$

7.5 매개효과 검증 논문의 예

(1) **Vanitha Swaminathan, Karen L. Page, Zeynep Gürhan-Canli, "My Brand or Our Brand: The Effects of Brand Relationship Dimensions and Self-Construal on Brand Evaluations," *Journal of Consumer Research*, 34(2), August 2007, pp. 248-259.**

이 논문의 pp. 253-254는 매개분석 결과를 보고하고 있다. 〈표 7.3〉은 independent self-construal 경우의 분석결과이다(see 논문 Table 2의 상단). 이는 독립변수 self-concept connection과 brand country of origin이 종속변수 brand attitude에 영향을 미치는 데 매개변수 self-concept-based counterarguments가 매개 역할을 하는지를 조사하기 위해 세 개의 회귀분석을 실시한 결과에

표 7.3 매개변수 Self-concept-based counteragruments의 매개효과 분석결과

Dependent variable	Independent variables	Standard beta	*t*-value
Independent self-construal:			
1. Brand attitude	Self-concept connection	.58	5.80***
	Brand country of origin (foreign = 1; local = 0)	.04	.41
2. Self-concept-based counterarguments	Self-concept connection	.60	6.49***
	Brand country of origin	.06	.62
3. Brand attitude	Self-concept connection	.24	1.56
	Brand country of origin	−.89	−.83
	Self-concept-based counterarguments	.53	5.27**
	Country-based counterarguments	−.18	−1.90

*p<.05.
**p<.01.
***p<.001.

관한 것이다. 이 결과에 의하면 회귀식 1의 경우 self-concept connection의 회귀계수는 .58(t=5.80)인데, 매개변수 self-concept-based counterarguments가 포함된 회귀식 3의 경우 그 회귀계수는 .24(t=1.56)로 크게 감소하였다. 또한 Sobel's test 결과 그 차이는 유의적이었다(z=4.11, p<.01). 이는 self-concept-based counterarguments의 매개역할을 지지하는 것이다.

(2) **Ravindra Chitturi, Rajagopal Raghunathan, and Vijay Mahajan, "Delight by Design: The Role of Hedonic Versus Utilitarian Benefits," *Journal of Marketing*, 72(3), May 2008, pp. 48-63.**

이 논문의 pp. 57-58은 매개분석 결과를 보고하고 있다. [그림 7.7]은 Delight가 Promotion emotions와 Word-of-mouth 및 Repurchase intention 간의 관계를 매개하는지를 보여준다(see 논문 Figure 2의 상단). 분석결과 Delight는 Promotion → Word-of-mouth의 관계를 부분 매개하는 것으로 나타났다. 저자들은 Promotion emotions → Word-of-mouth의 경우 계수가 .42, 그리고 Delight

그림 7.7 Promotion Emotions → Loyalty 관계에 대한 Delight의 매개효과

Model 1: Promotion Emotions, Delight, and Loyalty (Study 3)

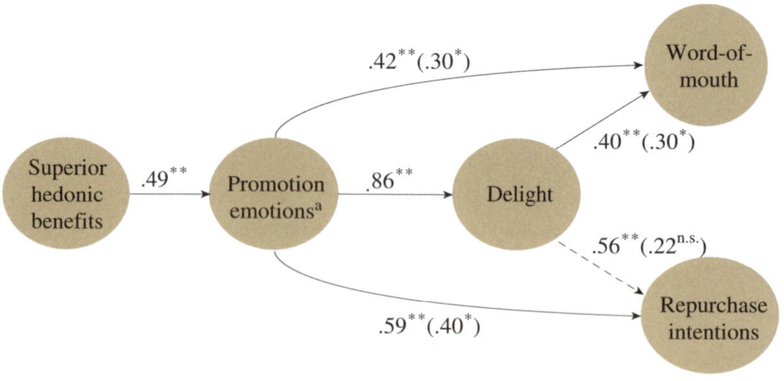

* Relationship is significant at $p<.05$.
** Relationship is significant at $p<.01$.

→ Word-of-mouth의 경우 계수가 .40으로 각각 유의적이었는데, 두 독립변수를 동시에 포함시킨 경우 그 계수가 각각 .30, .30으로 약화되었지만 유의적이어서 그러한 해석을 하였다. 그러나 Delight는 Promotion emotions → Repurchase intentions 관계는 매개하지 않는 것으로 나타났다. 저자들은 Delight → Repurchase intentions의 경우 계수는 .56으로 유의적이었으나 Promotion emotions가 예측변수로 추가된 경우 그 계수는 .22로 비유의적으로 되었기 때문에 이렇게 해석하였다. 이 논문에서는 Sobel test를 실시하지 않았다.

(3) **John L. Lastovicka and Nancy J. Sirianni, "Truly, Madly, Deeply: Consumers in the Throes of Material Possession Love,"** ***Journal of Consumer Research*****, 38(2), August 2011, pp. 323-342.**

이 논문의 pp. 333-334는 매개분석 결과를 보고하고 있다. 〈표 7.4〉는 논문의 Table 2의 일부분이다. 여기에는 아홉 개의 매개분석 결과를 제시한다. 모든 경우 독립변수는 Interpersonal deficit이며 매개변수는 Lonely이다. 그리고 종속변수는 Passion, Intimacy, Commitment 중의 한 개다. 아홉 개 중 여덟 개의 분석에서 매개효과가 유의적으로 나타났다. 예를 들어, 처음에 제시

표 7.4 매개변수 Lonely의 매개효과 분석

Analysis	Statistic	Study 3: Computers ($n=110$)	Study 4: Bicycles ($n=142$)	Study 5: Firearms ($n=41$)
Passion mediation analyses:				
(1) Lonely $=\beta_1+\beta_2$(int. deficit)	β_2	1.63*	1.38*	5.08*
(2) Passion $=\beta_3+\beta_4$(int. deficit)	β_4	2.30*	1.26*	3.95*
(3) Passion $=\beta_5+\beta_6$(int. deficit) $+\beta_7$(lonely)	β_6	.74	.83	.83
	β_7	.89*	.31*	.57*
Sobel's z-test of $(\beta_4-\beta_6)$	z_P	2.46*	1.99*	2.74*
Intimacy mediation analyses:				
(1) Lonely $=\beta_1+\beta_2$(int. deficit)	β_2	1.63*	1.38*	5.08*
(2) Intimacy $=\beta_3+\beta_4$(int. deficit)	β_4	2.79*	1.28*	3.50*
(3) Intimacy $=\beta_5+\beta_6$(int. deficit) $+\beta_7$(lonely)	β_6	.82	.86	.46
	β_7	1.44*	.30*	1.54*
Sobel's z-test of $(\beta_4-\beta_6)$	z_I	2.28*	2.07*	2.38*
Commitment mediation analyses:				
(1) Lonely $=\beta_1+\beta_2$(int. deficit)	β_2	1.63*	1.38*	5.08*
(2) Commiment $=\beta_3+\beta_4$(int. deficit)	β_4	.78*	1.15*	2.15*
(3) Commiment $=\beta_5+\beta_6$(int. deficit) $+\beta_7$(lonely)	β_6	.09	1.05*	.83
	β_7	.54	.07	.28
Sobel's z-test of $(\beta_4-\beta_6)$	z_C	2.48*	.89	2.66*

*$p<.05$.

된 Study 3, Passion mediation analyses의 경우, Int. deficit → Lonely → Passion의 관계를 분석하였는데, Int. deficit → Lonely의 경우 계수는 1.63*, Int. deficit → Passion의 경우 2.30*이었다. 그런데 Int. deficit + Lonely → Passion의 경우, Lonely의 계수는 .89*, 그리고 Int. deficit의 계수는 .74로 나타났다. 이는 독립변수 → 종속변수의 직접효과(.74)가 총효과(2.3)보다 작은 것을 나타내며, 그 차이 즉, 매개효과는 Sobel's z-test 결과, z=2.46으로 유의적으로 나타났다. 이는 곧 Lonely의 매개작용을 지지하는 결과이다.

그러나 Study 4, Commitment mediation analyses의 경우 매개효과는 비유의적으로 나타났다. 즉, Int. deficit → Lonely → Commitment의 관계를 분석하였는데, Int. deficit → Lonely의 경우 계수는 1.38*, Int. deficit → Commitment의 경우 1.15*이었다. 그런데 Int. deficit + Lonely → Commitment

의 경우, Lonely의 계수는 .07, 그리고 Int. deficit의 계수는 1.05*로 나타났다. 이는 독립변수 → 종속변수의 직접효과(1.05)가 총효과(1.15)와 비슷한 것을 나타내며, Sobel's *z*-test 결과 z=.89로 비유의적으로 나타났다. 따라서 Lonely의 매개작용은 지지되지 않았다.

제 8 장

매개적 조절모형과 조절적 매개모형

Regression Analysis

8.1 매개적 조절모형

1. 매개적 조절모형의 도해적 설명

매개적 조절모형(mediated moderation model)은 상호작용항을 포함하는 매개 모형이다. [그림 8.1]처럼 독립변수 X_1이 종속변수 Y에 영향을 미치는 데 있어서 다른 변수 X_2가 조절할 때 그 상호작용항과 종속변수 간의 관계를 다른 변수 M이 매개하는 것을 말한다.

그림에 도시된 바와 같이 매개적 조절모형에는 통계적 통제를 위하여 주효과를 포함시킨다. 그러나 이는 분석의 초점이 아니며, 분석의 초점은 조절작용($X_1*X_2 \rightarrow Y$)이 다른 변수(M)에 의해 매개되는가에 있다. 다시 말하면 초점은 $\{X_1*X_2\} \rightarrow Y$인가 혹은 $\{X_1*X_2\} \rightarrow M \rightarrow Y$인가에 있다. 이 경우 $a \times b$가 강할수록, 그리고 c가 약할수록 매개효과는 강하다.

매개적 조절모형의 예로서 광고효과와 관련하여 서술한다. 소비자가 광고물을 접했을 때 그 메시지의 설득력이 높을수록 해당 제품에 대한 구매의도가 높을 것으로 생각할 수 있다. 그런데 소비자행동 연구에서는 메시지설득력 → 구매의도의 정의 관계는 특히 관여도가 높을 때 명확할 것을 받아들인다. 그러므로 이 경우 관여도가 조절변수로 작용한다고 할 수 있다. 그런데 사회심리학의 태도이론에 의하면 행동의도는 태도에 영향을 받는다. 따라서 이를

그림 8.1 매개적 조절모형

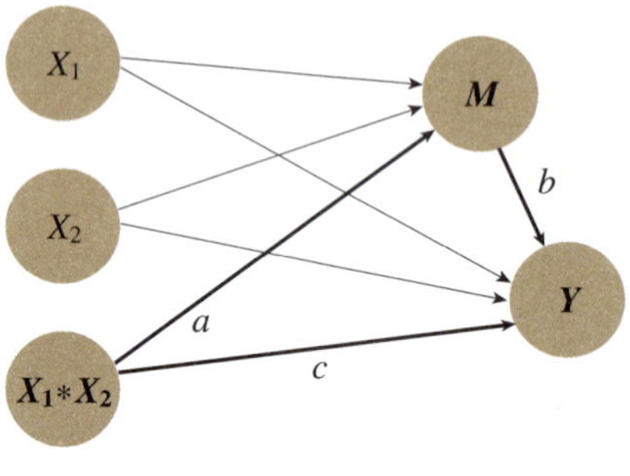

소비자행동의 맥락에 적용시키면 소비자가 제품에 호의적 태도를 가질수록 구매의도는 높을 것으로 볼 수 있다. 이를 '메시지설득력×관여도 → 구매의도'의 관계에 적용하면 '메시지설득력×관여도 → 태도 → 구매의도'의 관계로 설정할 수 있다. 이 관계에서 관여도는 조절변수, 그리고 태도는 매개변수가 된다.

2. 매개적 조절모형 논문 예

(1) **Karen Page Winterich, Vikas Mittal, and William T. Ross, Jr., "Donation Behavior toward In-Groups and Out-Groups: The Role of Gender and Moral Identity,"** ***Journal of Consumer Research*****, 36(2), August 2009, pp. 199-214.**

이 논문의 가설 1은 다음과 같이 조절적 작용, 그리고 가설 2는 매개-조절적 작용에 관한 것이다. [그림 8.2]는 두 개의 가설을 나타낸다.

H1: Consumers with high importance for moral identity will give more to the in-group(out-group) than those with low importance for moral identity if they place more importance on <u>a masculine (feminine) identity</u>.

가설 1을 해설하면 다음과 같다. moral identity를 중요시하고 masculine identity를 중요시할수록 in-group에 donation을 많이 하며, moral identity를 중요시하고 feminine identity를 중요시할수록 out-group에 donation을 많이 한다. 이를 조절회귀분석 관점에서 보면 moral identity(MI) → donation to in-group and out-group의 관계를 gender identity(GI)가 조절적 작용을 한다는 것이다. 이를 다음과 같이 표현할 수 있다: MI×GI → donation to in-group and out-group. 이 가설에서 줄친 부분이 조절변수에 해당한다.

H2: <u>Inclusion of other in the self</u> will mediate the moderating role of gender identity in the relationship between moral identity and donation to in-group and out-group.

그림 8.2 MI×GI → IOS → donation to in-group and out-group의 관계

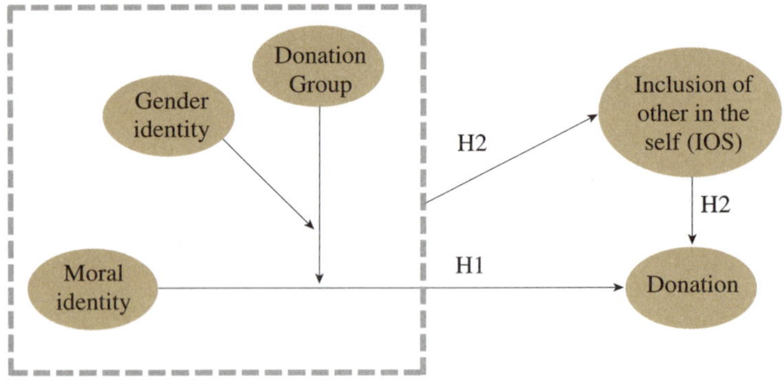

가설 2의 내용은 다음과 같다. moral identity → donation to in-group and out-group의 관계에 gender identity가 조절적 작용을 하는데 있어서(가설 1의 내용임) inclusion of other in the self(IOS)가 매개적 작용을 한다. 이를 다음과 같이 표현할 수 있다: MI×GI → IOS → donation to in-group and out-group. 이 가설에서 줄친 부분이 매개변수에 해당한다.

가설 1의 검증결과는 논문의 pp. 203-204에 기술되어 있다. 먼저 monetary donation을 종속변수, 그리고 moral identity, gender identity, donation group, 그리고 이들의 two-way interactions, three-way interactions, biological sex(covariate)를 독립변수로 하는 회귀식을 분석하였다. 분석결과 three-way interaction(MI×GI×donation group)은 유의적이었다($\beta=-.29$, $p<.05$). 이러한 내용을 자세히 이해하기 위하여 추가적인 회귀분석을 실시하였다. 그 결과 feminine gender identity를 가진 피실험자들의 경우, moral identity와 donations 간의 관계는 out-group에서 유의적이었으나($\beta=.48$, $p<.05$) in-group에서는 비유의적이었다($\beta=-.05$, $p>.80$). 그리고 masculine gender identity를 가진 피실험자들의 경우, moral identity와 donations 간의 관계는 in-group에서 유의적이었으나($\beta=.60$, $p<.05$) out-group에서는 비유의적이었다($\beta=-.03$, $p>.80$). 이 결과는 가설 1을 지지하는 것이다.

가설 2의 검증결과는 논문의 pp. 205-206에 기술되어 있다. 가설 2를 검증하기 위하여 매개-조절 분석(mediated-moderation analysis)을 실시하였다.

표 8.1 매개적 조절효과 분석결과
(MI×GI → Relative allocation에서 Difference in IOS의 매개적 작용)

Variable	Relative allocation	In-group IOS minus Out-group IOS	Relative allocation
Moral identity(MI)	.02	−.04	.07
Gender identity(GI)	−.10	.15*	−.26*
MI × GI	−.24**	−.28**	−.18*
Biological sex	.02	−.02	.03
Difference in IOS (in-group minus out-group)			.37**
Difference in IOS × GI			.17
Sum of IOS			−.01

*$p<.10$.
**$p<.05$.

〈표 8.1〉은 논문의 Table 2로서 그 분석결과를 보여준다. 먼저 첫 번째 회귀분석 결과 MI×GI가 종속변수 donation(relative allocation)에 대해 유의적으로 나타났다($\beta=-.24$, $t=-2.77$, $p<.05$). 다음으로 두 번째 회귀분석 결과 MI×GI가 매개변수(회귀식에서 종속변수) Difference in IOS에 대해 유의적으로 나타났다($\beta=-.28$, $t=-3.27$, $p<.05$). 마지막으로 세 번째 회귀분석에서 MI×GI와 Difference in IOS를 모두 독립변수에 포함시켰는데, Difference in IOS는 유의적이었으나($\beta=.37$, $t=3.93$, $p<.05$) MI×GI의 유의성은 약화되었다($\beta=-.18$, $t=-1.95$, $p=.05$). 또한 첫 번째 회귀식의 경우 Y절편은 유의적이었으나($t=2.24$, $p<.05$), 세 번째 회귀식의 경우 Y절편은 비유의적이었다($t=-.30$, NS). 이는 Difference in IOS는 종속변수를 거의 설명한다는 것이다. 이러한 분석결과는 MI×GI→donation의 관계를 Difference in IOS가 매개함을 의미하므로 가설 2는 지지되었다.

(2) **Kimmy Wa Chan and Echo Wen Wan, "How Can Stressed Employees Deliver Better Customer Service? The Underlying Self-Regulation Depletion Mechanism," *Journal of Marketing*, 76(1), January 2012, pp. 119-137.**

이 논문에는 일곱 개의 가설이 있다. 이 중 가설 2는 다른 가설들과 연계되어 있지 않으므로 제외하고 나머지 여섯 개의 가설은 다음과 같다.

H1: Employees' work stress has a negative impact on their CCHP (depletion effect). That is, employees with high work stress perform worse on the task of handling customer complaints than employees with low work stress. (CCHP=customer complaint handling performance)

H3: Employees' feelings of fatigue mediate the effect of work stress on CCHP, such that work stress increases feelings of fatigue, which in turn impairs CCHP.

H4: The depletion effect of work stress on employees' CCHP is moderated by the level of SS, such that high SS attenuates the negative effect of work stress on employees' CCHP. (SS=supervisory support)

H5: The depletion effect of work stress on employees' CCHP is moderated by the level of PT, such that high PT attenuates the negative effect of work stress on employees' CCHP. (PT=perspective taking)

H6: Feelings of fatigue mediate the effect of work stress on CCHP when employees have low levels of SS or PT but not when they have high levels of SS or PT.

H7: Employees' intrinsic job motivation mediates the effect of work stress on CCHP when employees have high levels of SS or PT but not when they have low levels of SS or PT.

이 논문의 가설들을 매개와 조절의 관점에서 요약하면 다음과 같다.

H1: work stress → CCHP

H3: work stress → CCHP 간의 feelings of fatigue(FF)의 매개효과
(work stress → FF → CCHP)

H4: work stress → CCHP 간의 SS의 조절효과

H5: work stress → CCHP 간의 PT의 조절효과

H6: work stress → CCHP 간의 관계를 SS 혹은 PT가 낮은 경우 FF는 매개하지만 높은 경우에는 매개하지 않는다; 매개적 조절효과.

H7: work stress → CCHP 간의 관계를 SS 혹은 PT가 높은 경우 motivation은 매개하지만 낮은 경우에는 매개하지 않는다; 매개적 조절효과.

이하에서는 Study 2에 보고되어 있는 가설 검증과 관련하여 기술한다.

H1: 단순회귀분석 결과 지지되었다($\beta=-.25$, $p<.01$).

H3: Baron and Kenny(1986)의 방식으로 매개효과 검증을 실시한 결과 다음과 같이 나타났다. 세 개의 단순회귀분석 결과 work stress는 CCHP에 유의적으로 영향을 미치며($\beta=-.25$, $p<.01$), 또한 FF에($\beta=.56$, $p<.01$) 유의적으로 영향을 미치는 것으로 나타났다. 그리고 FF는 CCHP에 유의적으로 영향을 미쳤다($\beta=-.28$, $p<.01$). 그러나 CCHP에 대한 FF의 효과($\beta=-.22$, $p<.05$)를 통제하니 work stress의 영향력은 비유의적이었다($\beta=-.13$, $p=.15$). 이는 FF의 완전매개를 의미하며 따라서 H3은 지지되었다.

H4: CCHP를 종속변수, 그리고 work stress, SS, work stress×SS를 독립변수로 하는 회귀분석 결과 상호작용항의 계수는 '+'로 유의적으로 나타났다($\beta=.28$, $p<.01$). 이는 work stress가 CCHP에 미치는 부정적 영향이 SS가 커짐에 따라 약화된다는(attenuate)는 것으로 H4를 지지하는 것이다. 이는 〈표 6.1〉의 ③에 해당한다.

H5: H4와 동일한 방식으로 검증한 결과 지지되었다($\beta=.16$, $p<.05$).

H6: Muller, Judd, and Yzerbyt(2005)의 방식에 따라 다음과 같은 세 개의 회귀분석을 실시하였다.[1)]

모형 1: $CCHP=\beta_{10}+\beta_{11}STRESS+\beta_{12}SS+\beta_{13}STRESS\times SS+\varepsilon_1.$

모형 2: $FF=\beta_{20}+\beta_{21}STRESS+\beta_{22}SS+\beta_{23}STRESS\times SS+\varepsilon_2.$

1) Dominique Muller, Charles M. Judd, and Vincent Y. Yzerbyt, "When Moderation Is Mediated and Mediation Is Moderated," *Journal of Personality and Social Psychology*, 89(6), 2005, pp. 852–863.

모형 3: $CCHP = \beta_{30} + \beta_{31}STRESS + \beta_{32}SS + \beta_{33}STRESS \times SS + \beta_{34}FF + \beta_{35}FF \times SS + \varepsilon_3.$

세 개의 회귀분석 결과는 논문의 Table 3에 제시되어 있으며, 핵심 부분은 다음과 같다. 모형 1에서 STRESS × SS의 계수는 유의적이었는데(β_{13}=.28, p<.01), 이는 SS의 조절효과를 지지하는 것이다(H4의 검증에 해당). 그리고 모형 2에서 STRESS의 계수는 유의적이었다(β_{21}=.56, p<.01). 모형 3에서 FF × SS의 계수는 유의적이었다(β_{35}=.22, p<.01). 그러나 STRESS × SS의 계수는 작아지고 비유의적이었다(β_{33}=.15, p>.10). 따라서 FF는 STRESS × SS → CCHP의 관계를 완전히(fully) 매개한다. 추가적으로 이 논문에서는 FF의 매개에 의한 work stress → CCHP의 간접효과를 계산하였는데, Low SS의 경우 −.23, 그리고 High SS의 경우 .02로 나타났다. 이는 FF의 매개효과가 Low SS의 경우에만 있다는 것으로 H6과 일치하는 것이다.

이 논문에서는 PT의 조절효과도 동일한 방식으로 검증하였는데, H6은 PT의 조절효과에서도 지지되었다.

H7: H6과 동일한 방식으로 검증한 결과 지지되었다.

8.2 조절적 매개모형

1. 조절적 매개모형의 도해적 설명

조절적 매개모형(moderated mediation model)은 조절변수의 수준에 따라 매개적 관계가 다른 모형으로 구체적으로 다음의 세 가지가 이에 해당한다: ① 매개 작용이 한 집단에는 존재하고 다른 집단에는 존재하지 않거나, ② 집단에 따라 매개의 방향(정 혹은 부)이 다르거나, ③ 조절변수 값의 변화에 따라 매개작용이 더 강해지거나 약해진다. 조절적 매개모형에서 전형적 조절

그림 8.3 조절적 매개모형

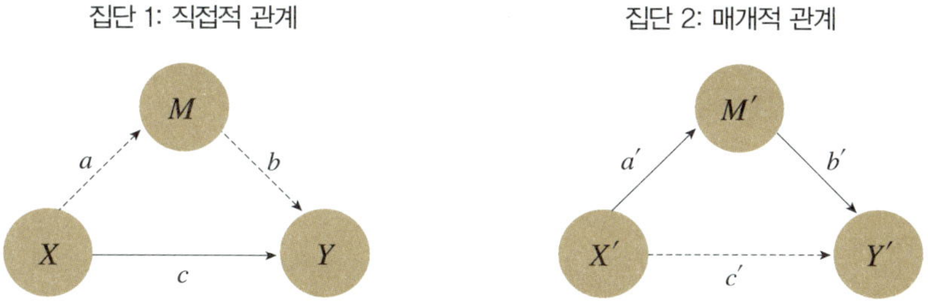

그림에서 실선은 유의적 관계, 그리고 파선은 비유의적 관계를 의미한다.

변수는 범주변수이지만 연속변수일 수도 있다. [그림 8.3]은 위의 세 가지 중 ①의 경우로, 전형적인 조절적 매개모형을 도시한다. 집단 1의 경우 변수 M은 매개작용을 하지 않지만, 집단 2의 경우 M'은 매개작용을 하는 것으로 되어 있다.

조절적 매개모형의 예로서 Petty et al.의 논문을 소개한다. 이 논문에서는 path analysis의 결과 high elaboration condition에서는 positive mood와 attitude의 관계에 positivity of thought가 매개하지만 low elaboration condition에서는 positive mood는 attitude에 직접적으로 영향을 미치는 것으로 나타났다.[2] 이는 세 가지 중 ①에 해당한다.

2. 조절적 매개모형의 논문 예

Xiaojing Yang, Torsten Ringberg, Huifang Mao, and Laura A. Peracchio, "The Construal (In)compatibility Effect: The Moderation Role of a Creative Mind-Set," *Journal of Consumer Research*, 38(4), December 2011, pp. 681-696.

이 논문의 pp. 689-690은 조절적 매개모형과 관련된 내용을 논의하는데, p. 689의 좌측 상단에 다음과 같이 기술되어 있다:

2) Richard E. Petty, David Schumann, Steven A. Richman, Alan J. Strathman, "Positive Mood and Persuasion: Different Roles for Affect under High and Low Elaboration Conditions," *Journal of Personality and Social Psychology*, 64, January 1993, pp. 5-20.

Our theory suggests that the priming of creative versus thoughtful mind-sets affects respondents' tendency to look for remote associations and novel information (vs. to adhere to close associations and familiar information), which ultimately determines their preference for the compatible versus incompatible ad claims.

위의 내용을 변수별로 구분하면 다음과 같다:

독립변수: the priming of creative versus thoughtful mind-sets.

매개변수: respondents' tendency to look for remote associations and novel information (vs. to adhere to close associations and familiar information).

종속변수: their preference.

조절변수: the compatible versus incompatible ad claims.

위의 내용을 요약하면 consumer mind-set은 novelty-seeking tendency의 매개에 의해 product evaluations에 영향을 미치는데, 그러한 관계가 compatible vs. incompatible conditions에 의해 조절된다는 것이다. 이는 곧 조절변수의 수준에 따라 매개적 관계가 달라진다는 것이다. 위의 내용을 검증하기 위해 연구자들은 Muller, Judd, and Yzerbyt(2005)의 제안에 따라 조절-매개 분석을 실시하였다.[3] 분석결과는 [그림 8.4]에 나타나 있는데, 이는 논문의 Figure 3의 내용이다. 논문에서 매개변수는 길게 서술되어 있지만 그림에서는 novelty-seeking tendency로 줄여서 표기되어 있다.

[그림 8.4]의 위의 그림에서 핵심적인 부분은 consumer mind-set × compatibility가 product evaluations에 미치는 영향력(총효과)은 −.38(p<.01)로 매우 유의적이었는데, 매개변수 novelty-seeking tendency가 독립변수로 추가되자 그 영향력(직접효과)은 −.04로 비유의적으로 변하였다는 것이다. 이는 novelty-seeking tendency의 매개적 작용을 의미한다.

연구자들은 위의 내용을 보다 구체적으로 이해하기 위해 incompatible conditions와 compatible conditions로 나누어 분석하였는데, 그 결과는 아래 두 그림이다. 먼저, incompatible conditions의 경우 consumer mind-set이 product evaluations에 미치는 영향력(총효과)은 .27(p<.05)로 유의적이었는데,

3) Dominique Muller et al., op. cit.

그림 8.4 Novelty-Seeking Tendency의 매개적 작용: Incompatible vs. Compatible Conditions

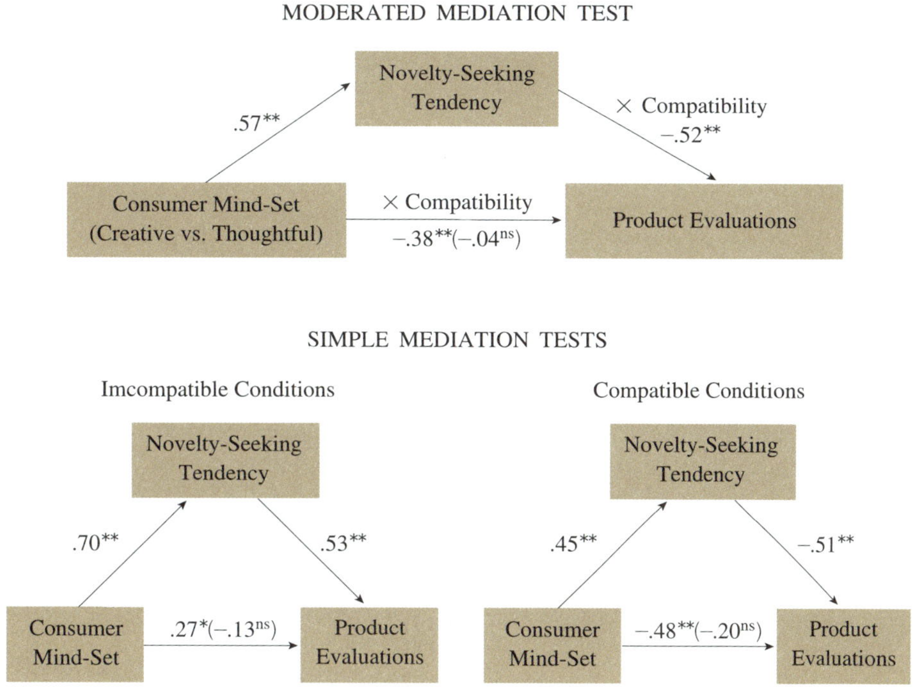

Note: *=significant at the .05 level; **=significant at the .01 level; ns=not significant.

novelty-seeking tendency가 독립변수로 추가되자 그 영향력(직접효과)은 −.13으로 비유의적으로 변하였다. 이는 novelty-seeking tendency의 매개적 작용을 의미한다. 또한 compatible conditions의 경우 consumer mind-set이 product evaluations에 미치는 영향력(총효과)은 −.48(p<.01)로 매우 유의적이었는데, novelty-seeking tendency가 독립변수로 추가되자 그 영향력(직접효과)은 −.20으로 비유의적으로 변하였다. 이는 novelty-seeking tendency의 매개적 작용을 의미한다.

그런데 두 경우의 매개변수가 종속변수에 미치는 영향은 서로 반대이다. 즉, incompatible conditions의 경우 novelty-seeking tendency는 product evaluations에 정의 방향으로 영향을 미치는데 반해(.53), compatible conditions의 경우 novelty-seeking tendency는 product evaluations에 부의 방향으로 영향

을 미친다(−.51). 이는 novelty-seeking tendency의 매개적 작용이 조절변수인 conditions에 따라 달라지는 것을 의미한다. 이는 처음에 설명한 세 가지 경우 중 ②의 경우로, '집단에 따라 매개의 방향(정 혹은 부)이 다른 경우'이다. 요컨대 본 연구 결과 조절변수의 수준에 따라 매개적 관계가 달라지는 것으로 나타났다.

부 록

통 계 표

표 1　표준정규분포표

표 2　t-분포표

표 3　χ^2 분포표

표 4　F 분포표

표 5　Critical values for the Durbin-Watson d Statistic

표 6　z' Transformation of r

표 1 표준정규분포표

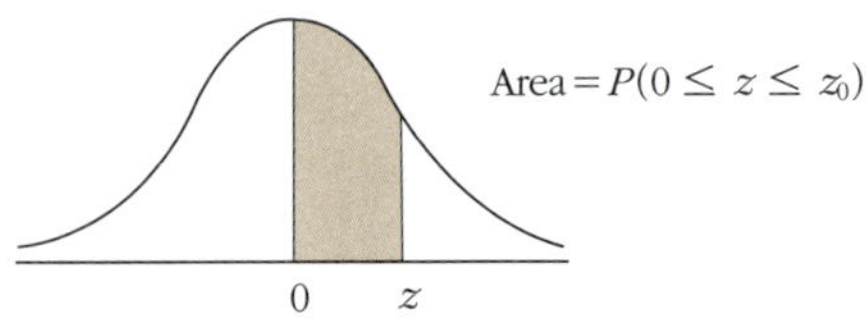

z_0	.00	.01	.02	.03	.04	.05	.06	.07	.08	.09
0.0	.0000	.0040	.0080	.0120	.0160	.0199	.0239	.0279	.0319	.0359
0.1	.0398	.0438	.0478	.0517	.0557	.0596	.0636	.0675	.0714	.0753
0.2	.0793	.0832	.0871	.0910	.0948	.0987	.1026	.1064	.1103	.1141
0.3	.1179	.1217	.1255	.1293	.1331	.1368	.1406	.1443	.1480	.1517
0.4	.1554	.1591	.1628	.1664	.1700	.1736	.1772	.1808	.1844	.1879
0.5	.1915	.1950	.1985	.2019	.2054	.2088	.2123	.2157	.2190	.2224
0.6	.2257	.2291	.2324	.2357	.2389	.2422	.2454	.2486	.2517	.2549
0.7	.2580	.2611	.2642	.2673	.2704	.2734	.2764	.2794	.2823	.2852
0.8	.2881	.2910	.2939	.2967	.2995	.3023	.3051	.3078	.3106	.3133
0.9	.3159	.3186	.3212	.3238	.3264	.3289	.3315	.3340	.3365	.3389
1.0	.3413	.3438	.3461	.3485	.3508	.3531	.3554	.3577	.3599	.3621
1.1	.3643	.3665	.3686	.3708	.3729	.3749	.3770	.3790	.3810	.3830
1.2	.3849	.3869	.3888	.3907	.3925	.3944	.3962	.3980	.3997	.4015
1.3	.4032	.4049	.4066	.4082	.4099	.4115	.4131	.4147	.4162	.4177
1.4	.4192	.4207	.4222	.4236	.4251	.4265	.4279	.4292	.4306	.4319
1.5	.4332	.4345	.4357	.4370	.4382	.4394	.4406	.4418	.4429	.4441
1.6	.4452	.4463	.4474	.4484	.4495	.4505	.4515	.4525	.4535	.4545
1.7	.4554	.4564	.4573	.4582	.4591	.4599	.4608	.4616	.4625	.4633
1.8	.4641	.4649	.4656	.4664	.4671	.4678	.4686	.4693	.4699	.4706
1.9	.4713	.4719	.4726	.4732	.4738	.4744	.4750	.4756	.4761	.4767
2.0	.4772	.4778	.4783	.4788	.4793	.4798	.4803	.4808	.4812	.4817
2.1	.4821	.4826	.4830	.4834	.4838	.4842	.4846	.4850	.4854	.4857
2.2	.4861	.4864	.4868	.4871	.4875	.4878	.4881	.4884	.4887	.4890
2.3	.4893	.4896	.4898	.4901	.4904	.4906	.4909	.4911	.4913	.4916
2.4	.4918	.4920	.4922	.4925	.4927	.4929	.4931	.4932	.4934	.4936
2.5	.4938	.4940	.4941	.4943	.4945	.4946	.4948	.4949	.4951	.4952
2.6	.4953	.4955	.4956	.4957	.4959	.4960	.4961	.4962	.4963	.4964
2.7	.4965	.4966	.4967	.4968	.4969	.4970	.4971	.4972	.4973	.4974
2.8	.4974	.4975	.4976	.4977	.4977	.4978	.4979	.4979	.4980	.4981
2.9	.4981	.4982	.4982	.4983	.4984	.4984	.4985	.4985	.4986	.4986
3.0	.4987	.4987	.4987	.4988	.4988	.4989	.4989	.4989	.4990	.4990

This table is abridged from Table 1 of *Statistical Tables and Formulas,* by A. Hald(New York: John Wiley & Sons, Inc., 1952).

표 2 t-분포표

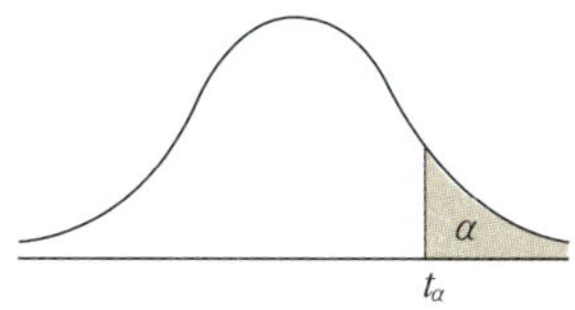

d.f.	$t_{.100}$	$t_{.050}$	$t_{.025}$	$t_{.010}$	$t_{.005}$	d.f.
1	3.078	6.314	12.706	31.821	63.657	1
2	1.886	2.920	4.303	6.965	9.925	2
3	1.638	2.353	3.182	4.541	5.841	3
4	1.533	2.132	2.776	3.747	4.604	4
5	1.476	2.015	2.571	3.365	4.032	5
6	1.440	1.943	2.447	3.143	3.707	6
7	1.415	1.895	2.365	2.998	3.499	7
8	1.397	1.860	2.306	2.896	3.355	8
9	1.383	1.833	2.262	2.821	3.250	9
10	1.372	1.812	2.228	2.764	3.169	10
11	1.363	1.796	2.201	2.718	3.106	11
12	1.356	1.782	2.179	2.681	3.055	12
13	1.350	1.771	2.160	2.650	3.012	13
14	1.345	1.761	2.145	2.624	2.977	14
15	1.341	1.753	2.131	2.602	2.947	15
16	1.337	1.746	2.120	2.583	2.921	16
17	1.333	1.740	2.110	2.567	2.898	17
18	1.330	1.734	2.101	2.552	2.878	18
19	1.328	1.729	2.093	2.539	2.861	19
20	1.325	1.725	2.086	2.528	2.845	20
21	1.323	1.721	2.080	2.518	2.831	21
22	1.321	1.717	2.074	2.508	2.819	22
23	1.319	1.714	2.069	2.500	2.807	23
24	1.318	1.711	2.064	2.492	2.797	24
25	1.316	1.708	2.060	2.485	2.787	25
26	1.315	1.706	2.056	2.479	2.779	26
27	1.314	1.703	2.052	2.473	2.771	27
28	1.313	1.701	2.048	2.467	2.763	28
29	1.311	1.699	2.045	2.462	2.756	29
30	1.310	1.697	2.042	2.457	2.750	30
40	1.303	1.684	2.021	2.423	2.704	40
60	1.296	1.671	2.000	2.390	2.660	60
inf.	1.282	1.645	1.960	2.326	2.576	inf.

From "Table of Percentage Points of the t-Distribution," *Biometrika*, Vol. 32(1941), p. 300.

표 3 χ^2 분포표

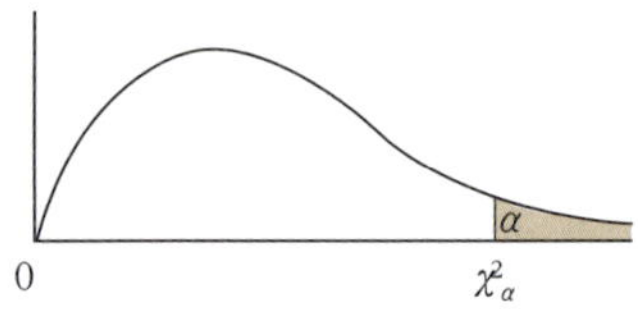

d.f.	$\chi^2_{0.995}$	$\chi^2_{0.990}$	$\chi^2_{0.975}$	$\chi^2_{0.950}$	$\chi^2_{0.900}$
1	0.0000393	0.0001571	0.0009821	0.0039321	0.0157908
2	0.0100251	0.0201007	0.506356	0.102587	0.210720
3	0.0717212	0.114832	0.215795	0.351846	0.584375
4	0.206990	0.297110	0.484419	0.710721	1.063623
5	0.411740	0.554300	0.831211	1.145476	1.61031
6	0.675727	0.872085	1.237347	1.63539	2.20413
7	0.989265	1.239043	1.68987	2.16735	2.83311
8	1.344419	1.646482	2.17973	2.73264	3.48954
9	1.734926	2.087912	2.70039	3.32511	4.16816
10	2.15585	2.55821	3.24697	3.94030	4.86518
11	2.60321	3.05347	3.81575	4.57481	5.57779
12	3.07382	3.57056	4.40379	5.22603	6.30380
13	3.56503	4.10691	5.00874	5.89186	7.04150
14	4.07468	4.66043	5.62872	6.57063	7.78953
15	4.60094	5.22935	6.26214	7.26094	8.54675
16	5.14224	5.81221	6.90766	7.96164	9.31223
17	5.69724	6.40776	7.56418	8.67176	10.0852
18	6.26481	7.01491	8.23075	9.39046	10.8649
19	6.84398	7.63273	8.90655	10.1170	11.6509
20	7.43386	8.26040	9.59083	10.8508	12.4426
21	8.03366	8.89720	10.28293	11.5913	13.2396
22	8.64272	9.54249	10.9823	12.3380	14.0415
23	9.26042	10.19567	11.6885	13.0905	14.8479
24	9.88623	10.8564	12.4011	13.8484	15.6587
25	10.5179	11.5240	13.1197	14.6114	16.4734
26	11.1603	12.1981	13.8439	15.3791	17.2919
27	11.8076	12.8786	14.5733	16.1513	18.1138
28	12.4613	13.5648	15.3079	16.9279	18.9392
29	13.1211	14.2565	16.0471	17.7083	19.7677
30	13.7867	14.9535	16.7908	18.4926	20.5992
40	20.7065	22.1643	24.4331	26.5093	29.0505
50	27.9907	29.7067	32.3574	34.7642	37.6886
60	35.5346	37.4848	40.4817	43.1879	46.4589
70	43.2752	45.4418	48.7576	51.7393	55.3290
80	51.1720	53.5400	57.1532	60.3915	64.2778
90	59.1963	61.7541	65.6466	69.1260	73.2912
100	67.3276	70.0648	74.2219	77.9295	82.3581

d.f.	$\chi^2_{0.100}$	$\chi^2_{0.050}$	$\chi^2_{0.025}$	$\chi^2_{0.010}$	$\chi^2_{0.005}$
1	2.70554	3.84146	5.02389	6.63490	7.87944
2	4.60517	5.99147	7.37776	9.21034	10.5966
3	6.25139	7.81473	9.34840	11.3449	12.8381
4	7.77944	9.48773	11.1433	13.2767	14.8602
5	9.23635	11.0705	12.8325	15.0863	16.7496
6	10.6446	12.5916	14.4494	16.8119	18.5476
7	12.0170	14.0671	16.0128	18.4753	20.2777
8	13.3616	15.5073	17.5346	20.0902	21.9550
9	14.6837	16.9190	19.0228	21.6660	23.5893
10	15.9871	18.3070	20.4831	23.2093	25.1882
11	17.2750	19.6751	21.9200	24.7250	26.7569
12	18.5494	21.0261	23.3367	26.2170	28.2995
13	19.8119	22.3621	24.7356	27.6883	29.8194
14	21.0642	23.6848	26.1190	29.1413	31.3193
15	22.3072	24.9958	27.4884	30.5779	32.8013
16	23.5418	26.2962	28.8454	31.9999	34.2672
17	24.7690	27.5871	30.1910	33.4087	35.7185
18	25.9894	28.8693	31.5264	34.8053	37.1564
19	27.2036	30.1435	32.8523	36.1908	38.5822
20	28.4120	31.4104	34.1696	37.5662	39.9968
21	29.6151	32.6705	35.4789	38.9321	41.4010
22	30.8133	33.9244	36.7807	40.2894	42.7956
23	32.0069	35.1725	38.0757	41.6384	44.1813
24	33.1963	36.4151	39.3641	42.9798	45.5585
25	34.3816	37.6525	40.6465	44.3141	46.9278
26	35.5631	38.8852	41.9232	45.6417	48.2899
27	36.7412	40.1133	43.1944	46.9630	49.6449
28	37.9159	41.3372	44.4607	48.2782	50.9933
29	39.0875	42.5569	45.7222	49.5879	52.3356
30	40.2560	43.7729	46.9792	50.8922	53.6720
40	51.8050	55.7585	59.3417	63.6907	66.7659
50	63.1671	67.5048	71.4202	76.1539	79.4900
60	74.3970	79.0819	83.2976	88.3794	91.9517
70	85.5271	90.5312	95.0231	100.425	104.215
80	96.5782	101.879	106.629	112.329	116.321
90	107.565	113.145	118.136	124.116	128.299
100	118.498	124.342	129.561	135.807	140.169

From "Tables of Percentage Points of the χ^2-Distribution," *Biometrika Tables for Statisticians*, Vol. 1, 3rd ed. (1966).

표 4 *F* 분포표

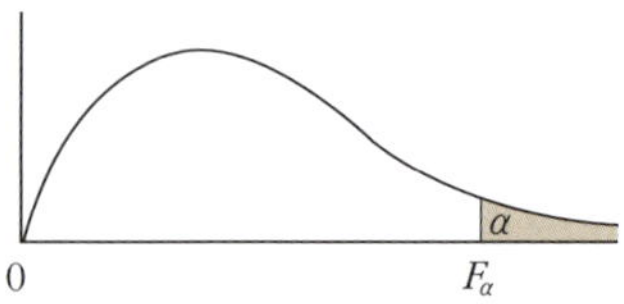

ν_2 \ ν_1	α	1	2	3	4	5	6	7	8	9
1	.100	39.86	49.50	53.59	55.83	57.24	58.20	58.91	59.44	59.86
	.050	161.4	199.5	215.7	224.6	230.2	234.0	236.8	238.9	240.5
	.010	4052	4999.5	5403	5625	5764	5859	5928	5982	6022
2	.100	8.53	9.00	9.16	9.24	9.29	9.33	9.35	9.37	9.38
	.050	18.51	19.00	19.16	19.25	19.30	19.33	19.35	19.37	19.38
	.010	98.50	99.00	99.17	99.25	99.30	99.33	99.36	99.37	99.39
3	.100	5.54	5.46	5.39	5.34	5.31	5.28	5.27	5.25	5.24
	.050	10.13	9.55	9.28	9.12	9.01	8.94	8.89	8.85	8.81
	.010	34.12	30.82	29.46	28.71	28.24	27.91	27.67	27.49	27.35
4	.100	4.54	4.32	4.19	4.11	4.05	4.01	3.98	3.95	3.94
	.050	7.71	6.94	6.59	6.39	6.26	6.16	6.09	6.04	6.00
	.010	21.20	18.00	16.69	15.98	15.52	15.21	14.98	14.80	14.66
5	.100	4.06	3.78	3.62	3.52	3.45	3.40	3.37	3.34	3.32
	.050	6.61	5.79	5.41	5.19	5.05	4.95	4.88	4.82	4.77
	.010	16.26	13.27	12.06	11.39	10.97	10.67	10.46	10.29	10.16
6	.100	3.78	3.46	3.29	3.18	3.11	3.05	3.01	2.98	2.96
	.050	5.99	5.14	4.76	4.53	4.39	4.28	4.21	4.15	4.10
	.010	13.75	10.92	9.78	9.15	8.75	8.47	8.26	8.10	7.98
7	.100	3.59	3.26	3.07	2.96	2.88	2.83	2.78	2.75	2.72
	.050	5.59	4.74	4.35	4.12	3.97	3.87	3.79	3.73	3.68
	.010	12.25	9.55	8.45	7.85	7.46	7.19	6.99	6.84	6.72
8	.100	3.46	3.11	2.92	2.81	2.73	2.67	2.62	2.59	2.56
	.050	5.32	4.46	4.07	3.84	3.69	3.58	3.50	3.44	3.39
	.010	11.26	8.65	7.59	7.01	6.63	6.37	6.18	6.03	5.91
9	.100	3.36	3.01	2.81	2.69	2.61	2.55	2.51	2.47	2.44
	.050	5.12	4.26	3.86	3.63	3.48	3.37	3.29	3.23	3.18
	.010	10.56	8.02	6.99	6.42	6.06	5.80	5.61	5.47	5.35
10	.100	3.29	2.92	2.73	2.61	2.52	2.46	2.41	2.38	2.35
	.050	4.96	4.10	3.71	3.48	3.33	3.22	3.14	3.07	3.02
	.010	10.04	7.56	6.55	5.99	5.64	5.39	5.20	5.06	4.94
11	.100	3.23	2.86	2.66	2.54	2.45	2.39	2.34	2.30	2.27
	.050	4.84	3.98	3.59	3.36	3.20	3.09	3.01	2.95	2.90
	.010	9.65	7.21	6.22	5.67	5.32	5.07	4.89	4.74	4.63
12	.100	3.18	2.81	2.61	2.48	2.39	2.33	2.28	2.24	2.21
	.050	4.75	3.89	3.49	3.26	3.11	3.00	2.91	2.85	2.80
	.010	9.33	6.93	5.95	5.41	5.06	4.82	4.64	4.50	4.39

ν_2 \ ν_1	α	10	12	15	20	24	30	40	60	120	∞
1	.100	60.19	60.71	60.22	61.74	62.00	62.26	62.53	62.79	63.06	63.33
	.050	241.9	243.9	245.9	248.0	249.1	250.1	251.2	252.2	253.3	254.3
	.010	6056	6106	6157	6209	6235	6261	6287	6313	6339	6366
2	.100	9.39	9.41	9.42	9.44	9.45	9.46	9.47	9.47	9.48	9.49
	.050	19.40	19.41	19.43	19.45	19.45	19.46	19.47	19.48	19.49	19.50
	.010	99.40	99.42	99.43	99.45	99.46	99.47	99.47	99.48	99.49	99.50
3	.100	5.23	5.22	5.20	5.18	5.18	5.17	5.16	5.15	5.14	5.13
	.050	8.79	8.74	8.70	8.66	8.64	8.62	8.59	8.57	8.55	8.53
	.010	27.23	27.05	26.87	26.69	26.60	26.50	26.41	26.32	26.22	26.13
4	.100	3.92	3.90	3.87	3.84	3.83	3.82	3.80	3.79	3.78	3.76
	.050	5.96	5.91	5.86	5.80	5.77	5.75	5.72	5.69	5.66	5.63
	.010	14.55	14.37	14.20	14.02	13.93	13.84	13.75	13.65	13.56	13.46
5	.100	3.30	3.27	3.24	3.21	3.19	3.17	3.16	3.14	3.12	3.10
	.050	4.74	4.68	4.62	4.56	4.53	4.50	4.46	4.43	4.40	4.36
	.010	10.05	9.89	9.72	9.55	9.47	9.38	9.29	9.20	9.11	9.02
6	.100	2.94	2.90	2.87	2.84	2.82	2.80	2.78	2.76	2.74	2.72
	.050	4.06	4.00	3.94	3.87	3.84	3.81	3.77	3.74	3.70	3.67
	.010	7.87	7.72	7.56	7.40	7.31	7.23	7.14	7.06	6.97	6.88
7	.100	2.70	2.67	2.63	2.59	2.58	2.56	2.54	2.51	2.49	2.47
	.050	3.64	3.57	3.51	3.44	3.41	3.38	3.34	3.30	3.27	3.23
	.010	6.62	6.47	6.31	6.16	6.07	5.99	5.91	5.82	5.74	5.65
8	.100	2.54	2.50	2.46	2.42	2.40	2.38	2.36	2.34	2.32	2.29
	.050	3.35	3.28	3.22	3.15	3.12	3.08	3.04	3.01	2.97	2.93
	.010	5.81	5.67	5.52	5.36	5.28	5.20	5.12	5.03	4.95	4.86
9	.100	2.42	2.38	2.34	2.30	2.28	2.25	2.23	2.21	2.18	2.16
	.050	3.14	3.07	3.01	2.94	2.90	2.86	2.83	2.79	2.75	2.71
	.010	5.26	5.11	4.96	4.81	4.73	4.65	4.57	4.48	4.40	4.31
10	.100	2.32	2.28	2.24	2.20	2.18	2.16	2.13	2.11	2.08	2.06
	.050	2.98	2.91	2.85	2.77	2.74	2.70	2.66	2.62	2.58	2.54
	.010	4.85	4.71	4.56	4.41	4.33	4.25	4.17	4.08	4.00	3.91
11	.100	2.25	2.21	2.17	2.12	2.10	2.08	2.05	2.03	2.00	1.97
	.050	2.85	2.79	2.72	2.65	2.61	2.57	2.53	2.49	2.45	2.40
	.010	4.54	4.40	4.25	4.10	4.02	3.94	3.86	3.78	3.69	3.60
12	.100	2.19	2.15	2.10	2.06	2.04	2.01	1.99	1.96	1.93	1.90
	.050	2.75	2.69	2.62	2.54	2.51	2.47	2.43	2.38	2.34	2.30
	.010	4.30	4.16	4.01	3.86	3.78	3.70	3.62	3.54	3.45	3.36

표 4 F 분포표(계속)

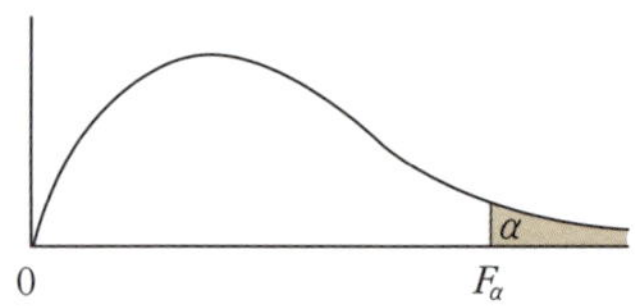

ν_2 \ ν_1	α	1	2	3	4	5	6	7	8	9
13	.100	3.14	2.76	2.56	2.43	2.35	2.28	2.23	2.20	2.16
	.050	4.67	3.81	3.41	3.18	3.03	2.92	2.83	2.77	2.71
	.010	9.07	6.70	5.74	5.21	4.86	4.62	4.44	4.30	4.19
14	.100	3.10	2.73	2.52	2.39	2.31	2.24	2.19	2.15	2.12
	.050	4.60	3.74	3.34	3.11	2.96	2.85	2.76	2.70	2.65
	.010	8.86	6.51	5.56	5.04	4.69	4.46	4.28	4.14	4.03
15	.100	3.07	2.70	2.49	2.36	2.27	2.21	2.16	2.12	2.09
	.050	4.54	3.68	3.29	3.06	2.90	2.79	2.71	2.64	2.59
	.010	8.68	6.36	5.42	4.89	4.56	4.32	4.14	4.00	3.89
16	.100	3.05	2.67	2.46	2.33	2.24	2.18	2.13	2.09	2.06
	.050	4.49	3.36	3.24	3.01	2.85	2.74	2.66	2.59	2.54
	.010	8.53	6.23	5.29	4.77	4.44	4.20	4.03	3.89	3.78
17	.100	3.03	2.64	2.44	2.31	2.22	2.15	2.10	2.06	2.03
	.050	4.45	3.59	3.20	2.96	2.81	2.70	2.61	2.55	2.49
	.010	8.40	6.11	5.18	4.67	4.31	4.10	3.93	3.79	3.68
18	.100	3.01	2.62	2.42	2.29	2.20	2.13	2.08	2.04	2.00
	.050	4.41	3.55	3.16	2.93	2.77	2.66	2.58	2.51	2.46
	.010	8.29	6.01	5.09	4.58	4.25	4.01	3.84	3.71	3.60
19	.100	2.99	2.61	2.40	2.27	2.18	2.11	2.06	2.02	1.98
	.050	4.38	3.52	3.13	2.90	2.74	2.63	2.54	2.48	2.42
	.010	8.18	5.93	5.01	4.50	4.17	3.94	3.77	3.63	3.52
20	.100	2.97	2.59	2.38	2.25	2.16	2.09	2.04	2.00	1.96
	.050	4.35	3.49	3.10	2.87	2.71	2.60	2.51	2.45	2.39
	.010	8.10	5.85	4.94	4.43	4.10	3.87	3.70	3.56	3.46
21	.100	2.96	2.57	2.36	2.23	2.14	2.08	2.02	1.98	1.95
	.050	4.32	3.47	3.07	2.84	2.68	2.57	2.49	2.42	2.37
	.010	8.02	5.78	4.87	4.37	4.04	3.81	3.64	3.51	3.40
22	.100	2.95	2.56	2.35	2.22	2.13	2.06	2.01	1.97	1.93
	.050	4.30	3.44	3.05	2.82	2.66	2.55	2.46	2.40	2.34
	.010	7.95	5.72	4.82	4.31	3.99	3.76	3.59	3.45	3.35
23	.100	2.94	2.55	2.34	2.21	2.11	2.05	1.99	1.95	1.92
	.050	4.28	3.42	3.03	2.80	2.64	2.53	2.44	2.37	2.32
	.010	7.88	5.66	4.76	4.26	3.94	3.71	3.54	3.41	3.30
24	.100	2.93	2.54	2.33	2.19	2.10	2.04	1.98	1.94	1.91
	.050	4.26	3.40	3.01	2.78	2.62	2.51	2.42	2.36	2.30
	.010	7.82	5.61	4.72	4.22	3.90	3.67	3.50	3.36	3.26

ν_2 \ ν_1	α	10	12	15	20	24	30	40	60	120	∞
13	.100	2.14	2.10	2.05	2.01	1.98	1.96	1.93	1.90	1.88	1.85
	.050	2.67	2.60	2.53	2.46	2.42	2.38	2.34	2.30	2.25	2.21
	.010	4.10	3.96	3.82	3.66	3.59	3.51	3.43	3.34	3.25	3.17
14	.100	2.10	2.05	2.01	1.96	1.94	1.91	1.89	1.86	1.83	1.80
	.050	2.60	2.53	2.46	2.39	2.35	2.31	2.27	2.22	2.18	2.13
	.010	3.94	3.80	3.66	3.51	3.43	3.35	3.27	3.18	3.09	3.00
15	.100	2.06	2.02	1.97	1.92	1.90	1.87	1.85	1.82	1.79	1.76
	.050	2.54	2.48	2.40	2.33	2.29	2.25	2.20	2.16	2.11	2.07
	.010	3.80	3.67	3.52	3.37	3.29	3.21	3.13	3.05	2.96	2.87
16	.100	2.03	1.99	1.94	1.89	1.87	1.84	1.81	1.78	1.75	1.72
	.050	2.49	2.42	2.35	2.28	2.24	2.19	2.15	2.11	2.06	2.01
	.010	3.69	3.55	3.41	3.26	3.18	3.10	3.02	2.93	2.84	2.75
17	.100	2.00	1.96	1.91	1.86	1.84	1.81	1.78	1.75	1.72	1.69
	.050	2.45	2.38	2.31	2.23	2.19	2.15	2.10	2.06	2.01	1.96
	.010	3.59	3.46	3.31	3.16	3.08	3.00	2.92	2.83	2.75	2.65
18	.100	1.98	1.93	1.89	1.87	1.81	1.78	1.75	1.72	1.69	1.66
	.050	2.41	2.34	2.27	2.19	2.15	2.11	2.06	2.02	1.97	1.92
	.010	3.51	3.37	3.23	3.08	3.00	2.92	2.84	2.75	2.66	2.57
19	.100	1.96	1.91	1.86	1.81	1.79	1.76	1.73	1.70	1.67	1.63
	.050	2.38	2.31	2.23	2.16	2.11	2.07	2.03	1.98	1.93	1.88
	.010	3.43	3.30	3.15	3.00	2.92	2.84	2.76	2.67	2.58	2.49
20	.100	1.94	1.89	1.84	1.79	1.77	1.74	1.71	1.68	1.64	1.61
	.050	2.35	2.28	2.20	2.12	2.08	2.04	1.99	1.95	1.90	1.84
	.010	3.37	3.23	3.09	2.94	2.86	2.78	2.69	2.61	2.52	2.42
21	.100	1.92	1.87	1.83	1.78	1.75	1.72	1.69	1.66	1.62	1.59
	.050	2.32	2.25	2.18	2.10	2.05	2.01	1.96	1.92	1.87	1.81
	.010	3.31	3.17	3.03	2.88	2.80	2.72	2.64	2.55	2.46	2.36
22	.100	1.90	1.86	1.81	1.76	1.73	1.70	1.67	1.64	1.60	1.57
	.050	2.30	2.23	2.15	2.07	2.03	1.98	1.94	1.89	1.84	1.78
	.010	3.26	3.12	2.98	2.83	2.75	2.67	2.58	2.50	2.40	2.31
23	.100	1.89	1.84	1.80	1.74	1.72	1.69	1.66	1.62	1.59	1.55
	.050	2.27	2.20	2.13	2.05	2.01	1.96	1.91	1.86	1.81	1.76
	.010	3.21	3.07	2.93	2.78	2.70	2.62	2.54	2.45	2.35	2.26
24	.100	1.88	1.83	1.78	1.73	1.70	1.67	1.64	1.61	1.57	1.53
	.050	2.25	2.18	2.11	2.03	1.98	1.94	1.89	1.84	1.79	1.73
	.010	3.17	3.03	2.89	2.74	2.66	2.58	2.49	2.40	2.31	2.21

표 4 F 분포표(계속)

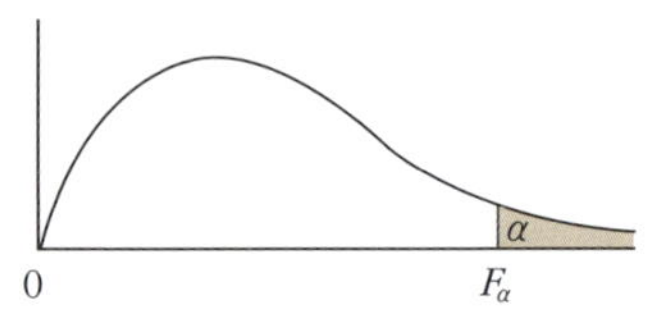

ν_2 \ ν_1	α	1	2	3	4	5	6	7	8	9
25	.100	2.92	2.53	2.32	2.18	2.09	2.02	1.97	1.93	1.89
	.050	4.24	3.39	2.99	2.76	2.60	2.49	2.40	2.34	2.28
	.010	7.77	5.57	4.68	4.18	3.85	3.63	3.46	3.32	3.22
26	.100	2.91	2.52	2.31	2.17	2.08	2.01	1.96	1.92	1.88
	.050	4.23	3.37	2.98	2.74	2.59	2.47	2.39	2.32	2.27
	.010	7.72	5.53	4.61	4.14	3.82	3.59	3.42	3.29	3.18
27	.100	2.90	2.51	2.30	2.17	2.07	2.00	1.95	1.91	1.87
	.050	4.21	3.35	2.96	2.73	2.57	2.46	2.37	2.31	2.25
	.010	7.68	5.49	4.60	4.11	3.78	3.56	3.39	3.26	3.15
28	.100	2.89	2.50	2.29	2.16	2.06	2.00	1.94	1.90	1.87
	.050	4.20	3.34	2.95	2.71	2.56	2.45	2.36	2.29	2.24
	.010	7.64	5.45	4.57	4.07	3.75	3.53	3.36	3.23	3.12
29	.100	2.89	2.50	2.28	2.15	2.06	1.99	1.93	1.89	1.86
	.050	4.18	3.33	2.93	2.70	2.55	2.43	2.35	2.28	2.22
	.010	7.60	5.42	4.54	4.04	3.73	3.50	3.33	3.20	3.09
30	.100	2.88	2.49	2.28	2.14	2.05	1.98	1.93	1.88	1.85
	.050	4.17	3.32	2.92	2.69	2.53	2.42	2.33	2.27	2.21
	.010	7.56	5.39	4.51	4.02	3.70	3.47	3.30	3.17	3.07
40	.100	2.84	2.44	2.23	2.09	2.00	1.93	1.87	1.83	1.79
	.050	4.08	3.23	2.84	2.61	2.45	2.34	2.25	2.18	2.12
	.010	7.31	5.18	4.31	3.83	3.51	3.29	3.12	2.99	2.89
60	.100	2.79	2.39	2.18	2.04	1.95	1.87	1.82	1.77	1.74
	.050	4.00	3.15	2.76	2.53	2.37	2.25	2.17	2.10	2.04
	.010	7.08	4.98	4.13	3.65	3.34	3.12	2.95	2.82	2.72
120	.100	2.75	2.35	2.13	1.99	1.90	1.82	1.77	1.72	1.68
	.050	3.92	3.07	2.68	2.45	2.29	2.17	2.09	2.02	1.96
	.010	6.85	4.79	3.95	3.48	3.17	2.96	2.79	2.66	2.56
∞	.100	2.71	2.30	2.08	1.94	1.85	1.77	1.72	1.67	1.63
	.050	3.84	3.00	2.60	2.37	2.21	2.10	2.01	1.94	1.63
	.010	6.63	4.61	3.78	3.32	3.02	2.80	2.64	2.51	2.41

ν_2 \ ν_1	α	10	12	15	20	24	30	40	60	120	∞
25	.100	1.87	1.82	1.77	1.72	1.69	1.66	1.63	1.59	1.56	1.52
	.050	2.24	2.16	2.09	2.01	1.96	1.92	1.87	1.82	1.77	1.71
	.010	3.13	2.99	2.85	2.70	2.62	2.54	2.45	2.36	2.27	2.17
26	.100	1.86	1.81	1.76	1.71	1.68	1.65	1.61	1.58	1.54	1.50
	.050	2.22	2.15	2.07	1.99	1.95	1.90	1.85	1.80	1.75	1.69
	.010	3.09	2.96	2.81	2.66	2.58	2.50	2.42	2.33	2.23	2.13
27	.100	1.85	1.80	1.75	1.70	1.67	1.64	1.60	1.57	1.53	1.49
	.050	2.20	2.13	2.06	1.97	1.93	1.88	1.84	1.79	1.73	1.67
	.010	3.06	2.93	2.78	2.63	2.55	2.47	2.38	2.29	2.20	2.10
28	.100	1.84	1.79	1.74	1.69	1.66	1.63	1.59	1.56	1.52	1.48
	.050	2.19	2.12	2.04	1.96	1.91	1.87	1.82	1.77	1.71	1.65
	.010	3.03	2.90	2.75	2.60	2.52	2.44	2.35	2.26	2.17	2.06
29	.100	1.83	1.78	1.73	1.68	1.65	1.62	1.58	1.55	1.51	1.47
	.050	2.18	2.10	2.03	1.94	1.90	1.85	1.81	1.75	1.70	1.64
	.010	3.00	2.87	2.73	2.57	2.49	2.41	2.33	2.23	2.14	2.03
30	.100	1.82	1.77	1.72	1.67	1.64	1.61	1.57	1.54	1.50	1.46
	.050	2.16	2.09	2.01	1.93	1.89	1.84	1.79	1.74	1.68	1.62
	.010	2.98	2.84	2.70	2.55	2.47	2.39	2.30	2.21	2.11	2.01
40	.100	1.76	1.71	1.66	1.61	1.57	1.54	1.51	1.47	1.42	1.38
	.050	2.08	2.00	1.92	1.84	1.79	1.74	1.69	1.64	1.58	1.51
	.010	2.80	2.66	2.52	2.37	2.29	2.20	2.11	2.02	1.92	1.80
60	.100	1.71	1.66	1.60	1.54	1.51	1.48	1.44	1.40	1.35	1.29
	.050	1.99	1.92	1.84	1.75	1.70	1.65	1.59	1.53	1.47	1.39
	.010	2.63	2.50	2.35	2.20	2.12	2.03	1.94	1.84	1.73	1.60
120	.100	1.65	1.60	1.55	1.48	1.45	1.41	1.37	1.32	1.26	1.19
	.050	1.91	1.83	1.75	1.66	1.61	1.55	1.50	1.43	1.35	1.25
	.010	2.47	2.34	2.19	2.03	1.95	1.86	1.76	1.66	1.53	1.38
∞	.100	1.60	1.55	1.49	1.42	1.38	1.34	1.30	1.24	1.17	1.00
	.050	1.83	1.75	1.67	1.57	1.52	1.46	1.39	1.32	1.22	1.00
	.010	2.32	2.18	2.04	1.88	1.79	1.70	1.59	1.47	1.32	1.00

Source: A portion of "Tables of percentage points of the inverted beta(E) distribution," *Biometrika*, Vol. 33(1943) by M. Merrington and C. M. Thompson and from Table 18 of *Biometrika Tables for Statisticians*, vol. 1, Cambridge University Press, 1954, edited by E. S. Pearson and H. O. Hartley.

표 5 Critical values for the Durbin-Watson *d* Statistic ($\alpha = .05$)

	$k=1$		$k=2$		$k=3$		$k=4$		$k=5$	
n	d_L	d_U	d_L	d_U	d_L	d_U	d_L	d_U	d_L	d_U
15	1.08	1.36	.95	1.54	.82	1.75	.69	1.97	.56	2.21
16	1.10	1.37	.98	1.54	.86	1.73	.74	1.93	.62	2.15
17	1.13	1.38	1.02	1.54	.90	1.71	.78	1.90	.67	2.10
18	1.16	1.39	1.05	1.53	.93	1.69	.82	1.87	.71	2.06
19	1.18	1.40	1.08	1.53	.97	1.68	.86	1.85	.75	2.02
20	1.20	1.41	1.10	1.54	1.00	1.68	.90	1.83	.79	1.99
21	1.22	1.42	1.13	1.54	1.03	1.67	.93	1.81	.83	1.96
22	1.24	1.43	1.15	1.54	1.05	1.66	.96	1.80	.86	1.94
23	1.26	1.44	1.17	1.54	1.08	1.66	.99	1.79	.90	1.92
24	1.27	1.45	1.19	1.55	1.10	1.66	1.01	1.78	.93	1.90
25	1.29	1.45	1.21	1.55	1.12	1.66	1.04	1.77	.95	1.89
26	1.30	1.46	1.22	1.55	1.14	1.65	1.06	1.76	.98	1.88
27	1.32	1.47	1.24	1.56	1.16	1.65	1.08	1.76	1.01	1.86
28	1.33	1.48	1.26	1.56	1.18	1.65	1.10	1.75	1.03	1.85
29	1.34	1.48	1.27	1.56	1.20	1.65	1.12	1.74	1.05	1.84
30	1.35	1.49	1.28	1.57	1.21	1.65	1.14	1.74	1.07	1.83
31	1.36	1.50	1.30	1.57	1.23	1.65	1.16	1.74	1.09	1.83
32	1.37	1.50	1.31	1.57	1.24	1.65	1.18	1.73	1.11	1.82
33	1.38	1.51	1.32	1.58	1.26	1.65	1.19	1.73	1.13	1.81
34	1.39	1.51	1.33	1.58	1.27	1.65	1.21	1.73	1.15	1.81
35	1.40	1.52	1.34	1.58	1.28	1.65	1.22	1.73	1.16	1.80
36	1.41	1.52	1.35	1.59	1.29	1.65	1.24	1.73	1.18	1.80
37	1.42	1.53	1.36	1.59	1.31	1.66	1.25	1.72	1.19	1.80
38	1.43	1.54	1.37	1.59	1.32	1.66	1.26	1.72	1.21	1.79
39	1.43	1.54	1.38	1.60	1.33	1.66	1.27	1.72	1.22	1.79
40	1.44	1.54	1.39	1.60	1.34	1.66	1.29	1.72	1.23	1.79
45	1.48	1.57	1.43	1.62	1.38	1.67	1.34	1.72	1.29	1.78
50	1.50	1.59	1.46	1.63	1.42	1.67	1.38	1.72	1.34	1.77
55	1.53	1.60	1.49	1.64	1.45	1.68	1.41	1.72	1.38	1.77
60	1.55	1.62	1.51	1.65	1.48	1.69	1.44	1.73	1.41	1.77
65	1.57	1.63	1.54	1.66	1.50	1.70	1.47	1.73	1.44	1.77
70	1.58	1.64	1.55	1.67	1.52	1.70	1.49	1.74	1.46	1.77
75	1.60	1.65	1.57	1.68	1.54	1.71	1.51	1.74	1.49	1.77
80	1.61	1.66	1.59	1.69	1.56	1.72	1.53	1.74	1.51	1.77
85	1.62	1.67	1.60	1.70	1.57	1.72	1.55	1.75	1.52	1.77
90	1.63	1.68	1.61	1.70	1.59	1.73	1.57	1.75	1.54	1.78
95	1.64	1.69	1.62	1.71	1.60	1.73	1.58	1.75	1.56	1.78
100	1.65	1.69	1.63	1.72	1.61	1.74	1.59	1.76	1.57	1.78

Source: From J. Durbin and G. S. Watson, "Testing for serial correlation in least squares regression, II," *Biometrika*, 1951, 30, 159-178.

표 5 Critical values for the Durbin-Watson *d* Statistic ($\alpha = .01$)

	$k=1$		$k=2$		$k=3$		$k=4$		$k=5$	
n	d_L	d_U	d_L	d_U	d_L	d_U	d_L	d_U	d_L	d_U
15	.81	1.07	.70	1.25	.59	1.46	.49	1.70	.39	1.96
16	.84	1.09	.74	1.25	.63	1.44	.53	1.66	.44	1.90
17	.87	1.10	.77	1.25	.67	1.43	.57	1.63	.48	1.85
18	.90	1.12	.80	1.26	.71	1.42	.61	1.60	.52	1.80
19	.93	1.13	.83	1.26	.74	1.41	.65	1.58	.56	1.77
20	.95	1.15	.86	1.27	.77	1.41	.68	1.57	.60	1.74
21	.97	1.16	.89	1.27	.80	1.41	.72	1.55	.63	1.71
22	1.00	1.17	.91	1.28	.83	1.40	.75	1.54	.66	1.69
23	1.02	1.19	.94	1.29	.86	1.40	.77	1.53	.70	1.67
24	1.04	1.20	.96	1.30	.88	1.41	.80	1.53	.72	1.66
25	1.05	1.21	.98	1.30	.90	1.41	.83	1.52	.75	1.65
26	1.07	1.22	1.00	1.31	.93	1.41	.85	1.52	.78	1.64
27	1.09	1.23	1.02	1.32	.95	1.41	.88	1.51	.81	1.63
28	1.10	1.24	1.04	1.32	.97	1.41	.90	1.51	.83	1.62
29	1.12	1.25	1.05	1.33	.99	1.42	.92	1.51	.85	1.61
30	1.13	1.26	1.07	1.34	1.01	1.42	.94	1.51	.88	1.61
31	1.15	1.27	1.08	1.34	1.02	1.42	.96	1.51	.90	1.60
32	1.16	1.28	1.10	1.35	1.04	1.43	.98	1.51	.92	1.60
33	1.17	1.29	1.11	1.36	1.05	1.43	1.00	1.51	.94	1.59
34	1.18	1.30	1.13	1.36	1.07	1.43	1.01	1.51	.95	1.59
35	1.19	1.31	1.14	1.37	1.08	1.44	1.03	1.51	.97	1.59
36	1.21	1.32	1.15	1.38	1.10	1.44	1.04	1.51	.99	1.59
37	1.22	1.32	1.16	1.38	1.11	1.45	1.06	1.51	1.00	1.59
38	1.23	1.33	1.18	1.39	1.12	1.45	1.07	1.52	1.02	1.58
39	1.24	1.34	1.19	1.39	1.14	1.45	1.09	1.52	1.03	1.58
40	1.25	1.34	1.20	1.40	1.15	1.46	1.10	1.52	1.05	1.58
45	1.29	1.38	1.24	1.42	1.20	1.48	1.16	1.53	1.11	1.58
50	1.32	1.40	1.28	1.45	1.24	1.49	1.20	1.54	1.16	1.59
55	1.36	1.43	1.32	1.47	1.28	1.51	1.25	1.55	1.21	1.59
60	1.38	1.45	1.35	1.48	1.32	1.52	1.28	1.56	1.25	1.60
65	1.41	1.47	1.38	1.50	1.35	1.53	1.31	1.57	1.28	1.61
70	1.43	1.49	1.40	1.52	1.37	1.55	1.34	1.58	1.31	1.61
75	1.45	1.50	1.42	1.53	1.39	1.56	1.37	1.59	1.34	1.62
80	1.47	1.52	1.44	1.54	1.42	1.57	1.39	1.60	1.36	1.62
85	1.48	1.53	1.46	1.55	1.43	1.58	1.41	1.60	1.39	1.63
90	1.50	1.54	1.47	1.56	1.45	1.59	1.43	1.61	1.41	1.64
95	1.51	1.55	1.49	1.57	1.47	1.60	1.45	1.62	1.42	1.64
100	1.52	1.56	1.50	1.58	1.48	1.60	1.46	1.63	1.44	1.65

Source: From J. Durbin and G. S. Watson, "Testing for serial correlation in least squares regression, II," *Biometrika*, 1951, 30, 159-178.

표 6 z' Transformation of r

r	z'	r	z'	r	z'	r	z'
.00	.000	.30	.310	.60	.693	.850	1.256
.01	.010	.31	.321	.61	.709	.855	1.274
.02	.020	.32	.332	.62	.725	.860	1.293
.03	.030	.33	.343	.63	.741	.865	1.313
.04	.040	.34	.354	.64	.758	.870	1.333
.05	.050	.35	.365	.65	.775	.875	1.354
.06	.060	.36	.377	.66	.793	.880	1.376
.07	.070	.37	.388	.67	.811	.885	1.398
.08	.080	.38	.400	.68	.829	.890	1.422
.09	.090	.39	.412	.69	.848	.895	1.447
.10	.100	.40	.424	.70	.867	.900	1.472
.11	.110	.41	.436	.71	.887	.905	1.499
.12	.121	.42	.448	.72	.908	.910	1.528
.13	.131	.43	.460	.73	.929	.915	1.557
.14	.141	.44	.472	.74	.950	.920	1.589
.15	.151	.45	.485	.75	.973	.925	1.623
.16	.161	.46	.497	.76	.996	.930	1.658
.17	.172	.47	.510	.77	1.020	.935	1.697
.18	1.82	.48	.523	.78	1.045	.940	1.738
.19	1.92	.49	.536	.79	1.071	.945	1.783
.20	.203	.50	.549	.800	1.099	.950	1.832
.21	.213	.51	.563	.805	1.113	.955	1.886
.22	.224	.52	.576	.810	1.127	.960	1.946
.23	.234	.53	.590	.815	1.142	.965	2.014
.24	.245	.54	.604	.820	1.157	.970	2.092
.25	.255	.55	.618	.825	1.172	.975	2.185
.26	.266	.56	.633	.830	1.188	.980	2.298
.27	.277	.57	.648	.835	1.204	.985	2.443
.28	.288	.58	.662	.840	1.221	.990	2.647
.29	.299	.59	.678	.845	1.238	.995	2.994

참 | 고 | 문 | 헌

Aiken, Leona S. and Stephen G. West (1991), *Multiple Regression: Testing and Interpreting Interactions*, Newbury Park, CA: Sage Publications.

Baron, Reuben M. and David A. Kenny (1986), "The Moderator-Mediator Variable Distinction in Social Psychological Research: Conceptual, Strategic, and Statistical Considerations, *Journal of Personality and Social Psychology*, 51(6), pp. 1173-1182.

Briñol, Pablo, Richard E. Petty, and Zakary L. Tormala (2004), "Self-Validation of Cognitive Response to Advertisements," *Journal of Consumer Research*, 30(4), March, pp. 559-573.

Chan, Kimmy Wa and Echo Wen Wan (2012), "How Can Stressed Employees Deliver Better Customer Service? The Underlying Self-Regulation Depletion Mechanism," *Journal of Marketing*, 76(1), January, pp. 119-137.

Chatterjee, Samprit and Ali S. Hadi (2006), *Regression Analysis by Example*, 4th ed., Wiley.

Chitturi, Ravindra, Rajagopal Raghunathan, and Vijay Mahajan (2008), "Delight by Design: The Role of Hedonic Versus Utilitarian Benefits," *Journal of Marketing*, 72(3), May, pp. 48-63.

Christensen, Larry B, R. Burke Johnson, and Lisa A. Turner (2011), *Research Methods, Design, and Analysis*, 11th ed., Pearson.

Cohen, Jacob (1988), *Statistical Power Analysis for the Behavioral Sciences*, 2nd ed., Hillsdale, NJ: Lawrence Erlbaum Associates, pp. 79-81.

Cohen, Jacob, Patricia Cohen, Stephen G. West, and Leona S. Aiken (2003), *Applied Multiple Regression/Correlation Analysis for the Behavioral Sciences*, 3rd ed., Lawrence Erlbaum, 2003.

Dechow, Patricia M. (1994), "Accounting Earnings and Cash Flows as Measures of Firm Performance: The Role of Accounting Accruals," *Journal of Accounting and Economics*, 18, pp. 3-42.

Echambadi, Raj and James D. Hess (2007), "Mean-Centering Does Not Alleviate Collinearity Problems in Moderated Multiple Regression Models," *Marketing Science*, May/June, 26, pp. 438-445.

Fang, Eric (Er), Robert W. Palmatier, Lisa K. Scheer, and Ning Li (2008), "Trust at Different Organizational Levels," *Journal of Marketing*, 72(2), March, pp. 80-98.

Greene, William H. (2000), *Econometric Analysis*, 4th ed., Prentice Hall.

Hair, Joseph F. Jr., William C. Black, Barry J. Babin, Rolph E. Anderson, and Ronald L. Tatham (2006), *Multivariate Data Analysis*, 6th ed., Pearson.

Hair, Joseph F. Jr., William C. Black, Barry J. Babin, and Rolph E. Anderson (2010), *Multivariate Data Analysis*, 7th ed., Pearson.

Heitmann, Mark, Donald R. Lehmann, and Andreas Herrmann (2007), "Choice Goal Attainment and Decision and Consumption Satisfaction," *Journal of Marketing Research*, 44(2), May, pp. 234-250.

Iacobucci, Dawn (2008), *Mediation Analysis*, Sage Publications.

Jaccard, James and Robert Turrisi (2003), *Interaction Effects in Multiple Regression*, 2nd ed., Sage Publications.

Johnson, Joseph and Gerald J. Tellis (2008), "Drivers of Success for Market Entry into China and India," *Journal of Marketing*, 72(3), May, pp. 1-13.

Joshi, Ashwin W. (2010), "Salesperson Influence on Product Development: Insights from a Study of Small Manufacturing Organizations," *Journal of Marketing*, 74(1), January, pp. 94-107.

Kelley, Ken and Scott E. Maxwell (2010), "Multiple Regression" in Gregory R. Hancock and Ralph O. Mueller, eds., *The Reviewer's Guide to Quantitative Methods in the Social Sciences*, Routledge, pp. 281-297.

Kleinbaum, David G., Lawrence L. Kupper, and Keith E. Muller (1988), *Applied Regression Analysis and Other Multivariate Methods*, 2nd ed., Boston: PWS-KENT.

Kline, Rex B. (2009), *Becoming a Behavioral Science Researcher: A Guide to Producing Research That Matters*, The Guilford Press.

Kromrey, Jeffrey D. and Lynn Foster-Johnson (1998), "Mean Centering in Moderated Multiple Regression: Much Ado about Nothing," *Educational and Psychological Measurement*, 58, February, pp. 42-67.

Lastovicka, John L. and Nancy J. Sirianni (2011), "Truly, Madly, Deeply: Consumers in the Throes of Material Possession Love," *Journal of Consumer Research*, 38(2), August, pp. 323-342.

MacKinnon, David P. (2008), *Introduction to Statistical Mediation Analysis*, Psychology Press.

Mendenhall, William and Terry Sincich (2012), *Regression Analysis*, 7th ed., Pearson, p. 119.

Muller, Dominique, Charles M. Judd, and Vincent Y. Yzerbyt (2005), "When Moderation Is Mediated and Mediation is Moderated," *Journal of Personality and Social Psychology*, 89(6), pp. 852-863.

Pallant, Julie (2010), *SPSS Survival Manual*, 4th ed., McGraw-Hill.

Ramani, Girish and V. Kumar (2008), "Interaction Orientation and Firm Performance," *Journal of Marketing*, 72(1), January, pp. 27-45.

Sethi, Rajesh and Zafar Iqbal (2008), "Stage-Gate Controls, Learning Failure, and Adverse Effect on Novel New Products," *Journal of Marketing*, 72(1), January, pp. 118-134.

Sethi, Rajesh, Zafar Iqbal, and Anju Sethi (2012), "Developing New-to-the-Firm Products: The Role of Micropolitical Strategies," *Journal of Marketing*, 76(2), 18, March, pp. 99-115.

Sharma, Subhash, Richard M. Durand, and Oded Gur-Arie (1981), "Identification and Analysis of Moderator Variables," *Journal of Marketing Research*, 18(3), August, pp. 291-300.

Sobel, Michael E. (1982), "Asymptotic Confidence Intervals for Indirect Effects in Structural Equation Models," *Sociological Methodology*, 13, pp. 290-312.

Swaminathan, Vanitha, Karen L. Page, Zeynep Gürhan-Canli (2007), "My Brand or Our Brand: The Effects of Brand Relationship Dimensions and Self-Construal on Brand Evaluations," *Journal of Consumer Research*, 34(2), August, pp. 248-259.

Vuong, Q. (1989), "Likelihood Ratio Tests for Model Selection and Non-nested Hypotheses," *Econometrica*, 57, pp. 307-334.

Walliman, Nicholas (2006), *Social Research Methods*, Sage Publications.

Winterich, Karen Page, Vikas Mittal, and William T. Ross, Jr. (2009), "Donation Behavior toward In-Groups and Out-Groups: The Role of Gender and Moral Identity," *Journal of Consumer Research*, 36(2), August, pp. 199-214.

Yang, Xiaojing, Torsten Ringberg, Huifang Mao, and Laura A. Peracchio (2011), "The Construal (In)compatibility Effect: The Moderating Role of a Creative Mind-Set," *Journal of Consumer Research*, 38(4), December, pp. 681-696.

Zhao, Xinshu, John G. Lynch, Jr., and Qimei Chen (2010), "Reconsidering Baron and Kenny: Myths and Truths about Mediation Analysis," *Journal of Consumer Research*, 37(2), August, pp. 197-206.

김장현, 이학식 (2011), "광고 노출 시 태도 및 태도자신감 형성 과정에서 사고 자신감의 역할," *경영학연구*, 12월, pp. 1417-1454.

이학식, 김장현 (2007), "브랜드 수식어의 플라시보 효과: 제품관여도와 제품지식의 조절적 역할," *마케팅연구*, 12월, pp. 85-113.

이학식, 김장현, 양신혜 (2009), "소비자의 사회심리적 성, 그리고 소비자-브랜드 성 일치성과 브랜드 태도의 관계," *소비자학연구*, 3월, pp. 177-208.

전선규, 이학식, 최영진 (2007), "소비자만족판단과정에서 성별효과: 제품성과가 만족도에 미치는 영향," *마케팅연구*, 9월, pp. 135-157.

국 | 문 | 색 | 인

영 | 문 | 색 | 인

[저자 소개]

李 學 湜

홍익대학교 경영대학 마케팅 교수
Michigan State University, Ph.D.(마케팅)
한국마케팅학회 마케팅연구 편집위원장 역임

[최근 논문]

광고노출시 태도 및 태도자신감 형성과정에서 사고자신감의 역할, *경영학연구*, 40(6), 2011. 12.
사회연결망이 구전과 고객 추천가치에 미치는 영향, *소비자학연구*, 22(4), 2011. 12.
모 브랜드의 적합도와 품질이 확장 브랜드 평가에 미치는 영향: 선발 대 후발 진입의 맥락에서, *상품학연구*, 28(5), 2010. 9.
공평성 지각이 소비자 감정과 만족에 미치는 영향: 성별의 조절적 역할, *마케팅연구*, 24(2), 2009. 6.
소비자의 사회심리적 성, 그리고 소비자-브랜드 성 일치성과 브랜드 태도의 관계, *소비자학연구*, 20(1), 2009. 3.
브랜드 수식어의 플라시보 효과: 제품관여도와 제품지식의 조절적 역할, *마케팅연구*, 22(4), 2007. 12.
소비자 만족판단과정에서 성별효과: 제품성과가 만족도에 미치는 영향을 중심으로, *마케팅연구*, 22(3), 2007. 9.
소비자 만족/불만족 판단과정에서 인지적 반응과 감성적 반응의 효과: 제품성과에 대한 기능적 편익과 심리적 편익의 구분에 따른 연구, *마케팅연구*, 22(2), 2007. 6.

[저 서]

마케팅조사, 3판, 집현재, 2012.
SPSS 18.0 매뉴얼, 집현재, 2011.
구조방정식 모형분석과 AMOS 18.0/19.0, 집현재, 2011.
소비자행동, 5판, 법문사, 2010.
마케팅, 2판, 법문사, 2009.

[학술상]

한국마케팅학회, 마케팅연구 최우수논문상 수상(2010)
한국경영학회, 경영학연구 최우수논문상 수상(2005)
한국조사연구학회, 최우수논문상(한국갤럽상) 수상(2003)
한국소비자학회, 소비자학연구 최우수논문상 수상(1999)

사회과학 연구를 위한 회귀분석

2012년 5월 21일 초판 인쇄
2012년 5월 25일 초판 발행

저 자 이 학 식
발행인 위 호 준
발행처 도서출판 **집현재**
121-130 서울시 마포구 토정로 198번지 204호
전화 (02)332-4922 Fax (02)3142-4922
홈페이지: www.jhjbook.co.kr
e-mail: jyp4922@naver.com

출판등록 2010년 10월 25일
등록번호 제105-91-57581호

정가 22,000원 ISBN 978-89-97304-06-6

이 저서는 2010학년도 홍익대학교 학술진흥연구비에 의하여 지원되었음.